被需值教育

王树生 著

厦门大学出版社
XIAMEN UNIVERSITY PRESS
国家一级出版社
全国百佳图书出版单位

图书在版编目（CIP）数据

被需值教育 / 王树生著. -- 厦门：厦门大学出版
社，2019.12（2023.8 重印）
ISBN 978-7-5615-7688-5

Ⅰ．①被… Ⅱ．①王… Ⅲ．①大学生-德育工作-研
究-中国 Ⅳ．①G641

中国版本图书馆CIP数据核字(2019)第273689号

出 版 人	郑文礼
责任编辑	陈进才　黄雅君
封面设计	夏　林
技术编辑	许克华

出版发行　**厦门大学出版社**

社　　址　厦门市软件园二期望海路 39 号
邮政编码　361008
总　　机　0592-2181111　0592-2181406(传真)
营销中心　0592-2184458　0592-2181365
网　　址　http://www.xmupress.com
邮　　箱　xmup@xmupress.com
印　　刷　厦门集大印刷有限公司

开本　787 mm×1 092 mm　1/16
印张　13
字数　300 千字
版次　2019 年 12 月第 1 版
印次　2023 年 8 月第 3 次印刷
定价　38.00 元

厦门大学出版社
微信二维码

厦门大学出版社
微博二维码

本书如有印装质量问题请直接寄承印厂调换

习近平总书记在中国共产党第二十次全国代表大会上提出："教育、科技、人才是全面建设社会主义现代化国家的基础性、战略性支撑。必须坚持科技是第一生产力、人才是第一资源、创新是第一动力,深入实施科教兴国战略、人才强国战略、创新驱动发展战略,开辟发展新领域新赛道,不断塑造发展新动能新优势。""教育是国之大计、党之大计。培养什么人、怎样培养人、为谁培养人是教育的根本问题。育人的根本在于立德。全面贯彻党的教育方针,落实立德树人根本任务,培养德智体美劳全面发展的社会主义建设者和接班人。"

教育之本质是培养人的社会实践活动。在人的培养中,发展个性固然必需,但共性培养更加重要。每个人的奋斗、成长与进步都与国家、社会、他人紧紧相连,密不可分。古今中外,"个体本位"还是"社会本位"这一教育学界始终持续的"本位之争"对我们更大的意义,其实并非盲目决断出孰对孰错,其真正价值在于启示我们不断思考和探索如何将二者有效融通并贯穿于每个人的奋斗、成长与发展的全程,如何将个体之"小我"与国家之"大我"自然交合,形成真正扎实的命运共同体。王树生博士是我的弟子,搏击商海做得风生水起时,他初心不改,陡然转向,创建了泉州轻工职业学院。在建院近十年的奋斗历程中,他立足于当今中国大力发展职业教育、实现科教兴国和人才强国战略的宏观背景,充分认识到职业教育之于社会发展价值的核心,不在于修业年限的长短,而是使人们通过教育获得工作所需的专业知识与工作技能,从而提升其职场上的社会竞争力,共同推动社会和个体更好地生存与发展。基于此,他"头顶星空、脚踩大地",基于对教育现实的深刻反思,借助其哲学、社会学、经济学、心理学等方面的深厚理论支撑,创新性地提出了"被需值教育"。习近平在全国哲学社会科学工作座谈会上指出:"当代中国正经历着我国历史上最为广泛而深刻的社会变革,也正进行着人类历史上最为宏大而独特的实践创新。这种前无古人的伟大实践,必将给理论创造、学术繁荣提供强大动力和广阔空间。这是一个需要理论而且一定能够产生理论的时代,这是一个需要思想而且一定能够产生思想的时代。"

被需值教育是提升学生被需要的素养及其价值的教育,意义在于通过教育使学生能够站在"为人"的立场,培养其为他人服务的意识、同情他人的情感、满足他人要求的能力,从而达到自我价值与社会价值的统一，彼此建立互助的交往关系，最终构建和谐社会。正如马克思所说："历史承认那些为共同目标劳动因而自己变得高尚的人是伟大人物；经验赞美那些为大多数人带来幸福的人是最幸福的人。"必须看到，被需值教育是根据社会需要和职业教育特点而展开的一种旨在提升学生被需要素养的全新教育理念，它将社会主义核心价值观落到了实处。社会主义核心价值观是人民的精神支柱和行动方向。倡导"被需要"，就是从公民的人际和谐出发，从"他需"的角度，站在为人民服务的立场上，从"获得"转为"给予"，真正实现互帮互助的理想境界。

"哲学家们只是用不同的方式解释世界，而问题在于改变世界。"马克思一语中的，道出面对世界万物和发展实践的最大难点。王树生博士的著作《被需值教育》不仅在理论上勾勒了"解释世界"的框架，其更大价值在于从德育工作、教学工作、学生工作、教师队伍建设、社会服务功能等多角度、多维度建构起"改变世界"的实践逻辑。为了实现"目中有人、心中有情、手中有爱"的学生培养目标，被需值教育强调以学生导向与需求导向为课程建构原则，实现课程设置市场化、课程内容实用化、课程建设开放化、素养课程多样化和校企合作特色化；以效果导向与问题导向为教学体系原则，变革传统教学、开展小组合作、实施多元评价等；校园文化价值定位重视大学生思想政治教育，以被需值教育为内在核心，以氛围和节奏为外在表现，着力于环境创设、精神陶冶、制度保障、行为提升等方面的建设；中华优秀传统美德教育通过国粹育人传承美德、通过"帮帮堂"传递美德、通过"一带一路"传播美德等。

列宁说："判断一个人的历史贡献，不是看他为历史发展贡献了多少，而是看他贡献了哪些新东西。""被需值教育"是王树生博士提出的新主张和新构想，在众多教育理论著作中让人眼前一亮。其实，放远思量，被需要在哲学、经济学、社会学、文化学等诸多学科领域，都有极广的话语空间。被需要可以确证一人、一物、一品、一地、一事等的存在价值和发展趋势。《被需值教育》反映了王树生博士对"优教"的"忧思"，即一方面"忧思"中国职业教育的基本现状，另一方面积极探索中国职业教育通达"优教"之路。虽鉴于其研究时间、研究能力在一定程度上受限，书中的阐述和论证未必十分严谨周密，但作为一名有志于将理论与实践有效融合的教育学人，能敏锐洞察中国职业教育发展现实，并以一腔热血和高度社会责任感实际践行且著书立作，已十分难能可贵。王树生博士已过不惑之年，然而，"惑"本是人之为人的存在方式，也是人之生存的思考常态。在他这样"精神不死鸟"般"无知者无畏"，甚至"蚍蜉撼大树"的不懈努力中，使我们乐见的，正是中国教育学人胸有成竹的美好时代。

柳海民

2023 年 8 月

目录 *Contents*

第一章　被需值教育：一个全新理念的诠释

✦📖 内容提要

　　被需值教育是旨在提升学生被需要的素养及其价值的教育。通过教育，使学生能够站在"为人"的立场，拥有为他人服务的意识、同情他人的情感、满足他人需求的能力，促使学生达到自我价值与社会价值的统一。被需值教育理念的提出，既是基于教育现实的深刻思考，又有深厚的理论支撑，哲学、社会学、经济学、心理学等都为被需值教育提供了理论依据。被需值教育以课程体系、校园文化、校企合作为载体，通过"感、积、观、提、验、展"六蜕变，培养学生的被需值，提升学生的职业核心素养。被需值教育理论体系是现代职业教育发展的新"引擎"。

第一节　被需值教育提出的背景

一、时代呼唤高素养专业人才

　　中国社会正以令人惊异的速度发展着，变化性、不确定性、新旧交替的迅疾性使得"多元"成为当代社会中价值文化的鲜明特征，多种不同的价值观念必然造成混乱与冲突，尤其对社会主流价值观念的冲击非常大。伴随着经济高速增长，人们却对道德现状越来越失望，对人心越来越不信任。例如，有的人对救助自己的人缺乏感恩之心；有的人将"以人为本"曲解为"以我为本"，只维护自己的利益；有的人丧失最起码的社会公德心，想方设法地算计着损公肥私的事情；有的人缺乏规则意识，任意违规；等等，此类社会现象不胜枚举。焦灼的人们大声疾呼：坚守关怀、良知、诚信、责任等社会道德底线！提升社会公民的道德意识和道德水平，重建泱泱中华民族的道德修养，才能真正实现和谐的人际社会。

　　2016 年 9 月，《中国学生发展核心素养》发布，从文化基础、自主发展、社会参与三个维度出发，确立了人文底蕴、科学精神、学会学习、健康生活、责任担当、实践创新六个方面的核心素养，构建了以培养全面发展的人为核心的素养教育框架。有关职业教育核心素养的表述最早可以追溯到 2006 年《关于全面提高高等职业教育教学质量的若干意见》,该文件明确指出:"要针对高职学生的特点,培养学生的社会适应性,教育学生树立终身学习理念,提高学习能力,学会交流沟通和团队协作,提高学生的实践能力、创造能力、就业能力和创业能力,培养德智体美全面发展的社会主义的建设者和接班人"。可见,职业教育应作为一种素养教育而存在。然而,受"工具理性""技能至上"等传统观念的影响,职业教育往往忽视了除学生职业素养之外其他素养的培育。在我国经济社会发展新常态以及国家大力发展职业教育的背景下,职业教育的弊端也日益突显。目前,我国职业教育就业市场存在两大问题:一是由于忽视社会发展新需求,其专业设置明显过于陈旧,进而导致毕业生就业结构性矛盾突出;二是忽视学生的个体发展需要,导致学生的学习动力不足、职业技能不强、知识结构不健全、职业忠诚度低下等。由此可见,传统的职业教育育人模式已难以满足个体发展需要以及社会发展需求。为打造现代职业教育发展的新引擎,克服经济社会发展新常态背景下职业教育发展的既有弊端,亟须变革传统高等职业教育的育人模式。而新型育人模式必须"以生为本",要充分发挥受教育者的主体作用,即充分调动受教育者的积极性、主动性和创造性;要以满足社会发展需求为目标,合理进行专业的动态调整与设置,切实做好供给与需求之间的无缝对接。被需值教育正是这种新型育人模式的具体实践样态。

在此时代背景下,我国提出社会主义核心价值观建设,将社会发展需要的价值共识分为国家层面、社会层面和个人层面三个部分。其中,个人层面明确提出敬业、友善,强调以服务为主的社会主义职业精神,公民之间要建立互尊、互助、和谐的人际关系。核心价值观是人民的精神支柱和行动向导;倡导"被需要",就是从公民的人际和谐出发,从他需的角度,站在为人服务的立场上,从获得转为给予,真正实现互帮互助的社会价值。被需值教育是根据社会需要和职业教育特点而展开的一种旨在提升学生被需要素养与价值的全新教育理念。被需值教育将社会主义核心价值观落实到了职业教育的实处。

二、被需值教育提出背景

被需值,顾名思义,就是主体被客体所需要的程度,实质是主体存在价值的体现。运用到职业教育领域,主要是指职业教育中的被教育者被社会、学校、他人所需要的程度。被需值教育是指教育客体在尊重教育主体的基础上,把教育主体作为教育对象,并依据教育主体被社会、学校、他人的需要程度,由教育主体进行自我选择、内化、控制等过程,有意识地改造和提高教育主体的素质和品格,进而使其最大限度地满足社会、学校、他人需要的一种高度自制自觉的教育活动。简言之,被需值教育是以学生发展为基本出发点,以社会发展需求为导向,探求职业高等教育发展的崭新路径。马克思主义唯物辩证法指出:"内因是事物发展的根本原因,它规定着事物发展的根本方向;外因是事物发展的条件,外因必须通过内因才能起作用。"基于马克思主义关于内、外因论的经典论述可知,被需值教育更加强调发挥学生的主体作用,并以社会发展需求为导向组织开展职业教育活动,这必然有利于提升我国职业教育的质量和水平。此外,被需值教育还实现了适应性与超越性的统一:适应性是对满足社会发展需求工具理性的回应,超越性是对个体发展需要价值理性的回应。因此,被需值教育是经济社会发展新常态背景下职业教育提高教育质量的突破口,是进行供给侧改革的主要着力点,是建设现代职业教育体系的重要落脚点。

职业教育是指为了使受教育者具备从事某种职业或者职业发展所需要的职业道德、专业知识、技术技能和能力素质而实施的教育活动。职业教育旨在以学生为本,以社会发展需求为导向,培养社会主义现代化建设事业的应用型技术技能人才。学生作为学校教育中的一个重要群体,具有其独特性,如思想趋于成熟、创新思维活跃以及鲜明的个性等特征。在经济社会发展新常态背景下,学校在人才培养上,要更加注重对受教育者核心素养的塑造,要以受教育者为本,要充分发挥受教育者的主体作用,即充分调动受教育者的积极性、主动性和创造性;要以满足社会发展需求为目标,合理进行专业的动态调整与设置,做好供给与需求之间的无缝对接。被需值教育始终坚持以生为本,以满足社会发展需求为导向,尤其重视受教育者的主体作用,并在体验自我存在价值的基础上不断完善自身职业素养。因此,被需值教育是新型育人模式的一个具体实践,必将有力推动职业教育的健康发展,有利于新型育人模式的建立与完善。

综上所述,在经济社会发展新常态的背景下,被需值教育的育人精髓与时代需求正逐步趋于统一,即在充分调动受教育者积极性、主动性及创造性的基础上,最大限度地满足经济社会发展的新需求,这必然能有力地提升我国职业高等学校的教育质量,进而加快我国新型工业化进程的步伐。同时,在此过程中也实现了发展职业高等学校学生核心素养的目标。一言以蔽之,被需值教育视野下职业高等学校学生核心素养的发展就是塑造学生的被需值。

(本文节选自 2017 年 12 月《教育评论》,王树生"被需值教育:一种全新的教育理念")

第二节　被需值教育的核心主张

一、理念的核心内涵

"理念"一词,过去很时髦,现在很普遍。理:理性、道理、哲理、学理。念:观念、观点、主张、认识。二者合一,即理念指的是引领一件事物发展的哲学观或价值观。理念就是一个形而上的哲学价值观(philosophy of value),它不是一个简单的观念(idea),而是一个高于观念的哲学价值观。理念的话语最早来自古希腊哲学家柏拉图,在他的《理念论》中指出:人类世界由两个世界构成——理念世界和物质世界,且理念世界决定物质世界,称之为客观唯心主义。这是因为这个时代,知识界的主流价值观是辩证唯物主义。辩证唯物主义的两个基本问题:一个是物质和精神,且物质决定精神;另外一个是存在和意识,且存在决定意识。理念的结构:善的理念、道德和美的理念、数学和科学的理念、具体事物的理念。所以,辩证唯物主义被称为科学的世界观和方法论。

理念之所以重要,是因为富有征服力的理念直接影响着人的思想认识、工作思路、行动取向以及实践策略。从历史的角度审视,社会理念曾经深深地影响了社会发展,教育理念则影响了教育发展以及人的思想和行为。

(一)理念给社会发展以道路

毛泽东思想、邓小平理论、"三个代表"重要思想、科学发展观和习近平新时代中国特色社会主义思想,使中国用 70 年的奋斗由一个贫穷落后的国家变成世界第二大经济体。让中国人民站起来、富起来、强起来的动力主要来自这些思想理念的领导。

(二)理念给教育发展以方向

纵观我国的教育领域,有的领导在理念上强调要让每一所学校都优质,每一位校长都卓越,每一位教师都优秀,每一个学生都出色;有的领导则认为要让学校有品质,让学科有品性,让课堂有品位,让教师有品格,让学生有品行。

(三)理念也给学生学习以使命

日本教育家小原国芳在 1921 年日本"八大教育主张"讲演会上首次正式提出他的"全人教育"主张。他认为,教育的内容应包含全部人类文化,包括学问、道德、艺术、宗教、身体及生活 6 个方面,而真正的教育即"全人教育",应是人在这 6 个方面的和谐发展。学问的理想在于真,道德的理想在于善,艺术的理想在于美,宗教的理想在于圣,身体的理想在于健,生活的理想在于富。而湖南岳麓书院当年为学子确立的理念极具历史底蕴:"是非审之于己,毁誉听之于人,得失安之于数,陟岳麓峰头,朗月清风,太极悠然可会;君亲恩何以酬,民物命何以立,圣贤道何以传,登赫曦台上,衡云湘水,斯文定有攸归。"

我国著名教育学家叶圣陶提出:教育干什么? 教育就是培养学生形成良好习惯,改掉不好习惯。教育的价值就在于:以教育认识自己,以教育革新自己,以教育成就自己。这就是我们要受教育的原因:通过教育改变自己,改变社会。

著名教育学家陶行知先生则重新定义师德:好教师就是"捧着一颗心来,不带半根草去"。之于教学,好教师是"千教万教教人求真,千学万学学做真人"。之于教师,强调"学为人师,行为世范"。北京师范大学就以此为校训勉励师生。之于校长,强调其中的三种类型:政客教育家——运动、把持、说官话;书生教育家——读书、教书、做文章;经验教育家——盲动、盲心、闷头干。须在下列两种要素中选取一种方为一流的人物。他所说的两种要素即"敢探未发明的新理,敢入未开化的边疆"。"敢探未发明的新理"指的是,一个校长敢于、善于独到地提出独有的教育主张、办学理念、教育理念;"敢入未开化的边疆"指的是,一个校长敢于涉足、涉猎别人不曾涉足的教育改革、教学改革领域,才能成为卓越的校长。理念是引领,它可以引领国家教育改革发展的思路;引领学校的发展未来。理念是指导,它可以指导教育发展的顶层设计;指导教育行动的实践操作。理念是取向,包括价值取向、发展取向、政策取向、行动取向。

二、被需值教育理念的本质

需要与被需要是对立统一的矛盾体。《马克思主义哲学大辞典》把"需要"定义为:个体从事一切生命实践活动的动力。马斯洛在他的"需要层次理论"中指出:人的最高层次需要是"自我实现"。

"被需要"表示个人价值得到肯定,从某种意义上说也是"自我实现"的一种方式。需要是"取",被需要是"给";人不可能永远"取"而不"给",或者"给"而不"取"。需要与"被需要"的相互交替过程推动了人与外部世界的互动和平衡。关注教育过程中学生的"被需要",实现了教育过程的"主体反转",即引导受教育者从"被给予者"变成"给予者",由旁观者变成过程"主角",这就实现了教育过程的"双主体互动"。

被需值教育的本质是基于职业教育与经济社会发展和用户需求的适切度,旨在提升学校发展质量和学生被需要素养及其价值的教育。

(一)被需值教育的"值"

1. 价值

价值,即有用值。他人需要自己,证明自己有价值。怎么实现? 瞄准需求,主动作为,在满足外部要求的同时成就个体,获得存在感、提升主体感、产生价值感。

2. 质量

质量,即满意值。达到标准和用户需求的程度,程度越高,质量越高,价值越大。

3. 水平

水平,即能力值,产品拥有多少技术、功能特性,可在多大程度上满足社会的需求。

(二)被需值教育"被需"的三个维度

1. 被需主体

被需主体指个体、群体和社会。被个体需要,能够满足自我生存,可刷存在感;被群体需要,在家庭、单位、组织等群体中拥有不可或缺的地位,可刷价值感;被社会需要,在社会发展、人类生活等更广阔的空间中做出贡献,可刷成就感。

2. 被需内容

被需值教育的素养主要指两个方面,即道德与能力。道德是首要的,指主动为他人付出,包括:个体、家庭、国家、社会、世界贡献和付出的意识、态度、情感和责任感;能力则是必要的,指满足自我和他者需要的知识与技能。

3. 被需方法

被需方法主要有两个方面,即"发现"与"有度"。发现旨在主动寻找需求点,做到"目中有人、心中有情、手中有爱",通过关爱他人实现主动作为;"有度"指把握需要与满足需要之间的尺度,不强迫,不疏离,精准服务,体现针对性和有效性(图 1-1)。

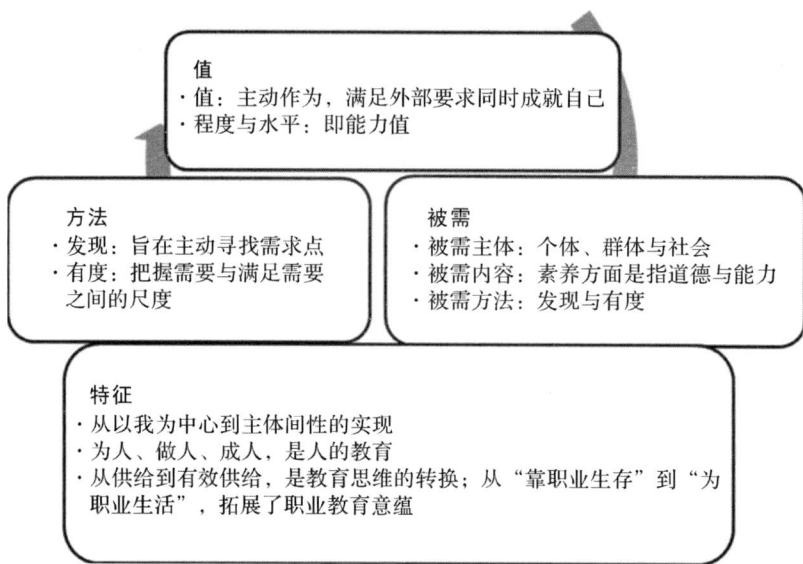

图 1-1 被需值内涵

三、被需值的内涵与体系

借鉴《21 世纪中国学生发展核心素养》的研究成果,结合职业高等教育的自身特点,我们把职业高等学校学生发展被需值界定为:学生在接受职业教育的过程中被社会、学校、他人所需要的程度,并据此形成的职业必备品格与关键能力。它是关于学生知识、技能、情感、态度、价值观等多方面要求的综合体;它指向过程,关注学生在其培养过程中的体验,而非结果取向。学生发展被需值不仅实现了适应性与超越性的统一,适应性旨在满足社会发展的需要,超越性是在适应性的基础上实现个体的个性发展;同时,学生发展被需值还实现了稳定性和发展性的统一,即被需值教育是一个伴随终身且与时俱进的动态化过程,它为个体适应未来社会以及实现自身的全面发展提供基本保障。学生发展被需值不仅能够促进个体的全面发展、满足社会的发展需求,也有助于和谐社会的构建与运行。基于经济社会发展新常态背景下对学生发展质量的需求,本研究把学生发展被需值具体分为学习与创新被需值,信息、媒介与技术被需值,生活与职业被需值三大方面。

(一)学习与创新被需值

学习与创新被需值是指对学生学习与创新能力的要求,其中包括创造力与创新能力被需值、批判思维与问题解决被需值、交流沟通与合作被需值。详言之,创造力与创新能力被需值是对学生创新思维、创新能力的要求,如在学习和工作过程中所展现出来的创造和发明才能,能够提出和实施有创意的设想,并为技术革新做出有益贡献。批判思维与问题解决被需值是指对学生对待具体事物、解决问题能力的要求,如在学习过程中运用正确的推理来理解事物、解决问题的能力。交流沟通与合作被需值是指对学生人际交往与语言表达能力的要求，如能够用口头和书面的方式，清楚准确地表达自我设想和观点，并与不同团队有效合作共事、共同承担责任的能力。

(二)信息、媒介与技术被需值

信息、媒介与技术被需值是指对学生信息、媒介与通信技术方面的需求，包括信息被需值、媒介被需值和技术被需值。信息被需值是指对学生信息获取、筛选、应用能力的要求，如在令人眼花缭乱的信息中快速地获取有用信息，并准确且创造性地使用信息解决眼前的问题或事件。媒体被需值是指对学生现代传媒素养的要求，如了解媒体信息的构成、目的、特点和惯例，以及使用的载体，并能有效地进行信息甄选与鉴别等。通信技术被需值是指对学生现代通信技术能力的需求，如合理使用数码技术、通信工具和网络进行访问、管理、整合、评估及创建信息，以便在知识经济中发挥相应功能，并将其作为一种工具用于研究、组织、评估和沟通信息等。

(三)生活与职业被需值

生活与职业被需值是指对学生在学习、职业以及社会生活的要求，包括适应性被需值、超越性被需值、跨文化被需值、责任被需值、领导被需值。适应性被需值是指对学生应变能力的需求，如能适应社会及职业生活中的不同角色和职责，在复杂多变的职业和社会环境中有效地开展工作。超越性被需值是指对学生自主能力的要求，如不满足于对基本职业技能和课程的掌握，以及社会的基本需求，而是积极探索和扩大自己的学习领域，进而获得更高的专业知识和技能，合理进行职业规划，逐步展现对终身学习的向往与追求。跨文化被需值是指在国际交往日益频繁的时代背景下对学生多元文化素质的要求，如在不同国家、不同文化氛围中能与他人和谐且高效地合作共事的能力。责任被需值是指对学生现在及未来责任担当的要求，如在预设并努力达到高标准、高目标的前提下，学生在此过程中所展现出来的勤奋和积极工作的能力及态度。领导被需值是指对学生领导能力的要求，如为实现共同的目标通过人际交往影响和引导他人朝着目标努力，善于发现和运用他人所长，并在此过程中表现出来的诚信和道德行为。

(本文节选自 2018 年 2 月《教育评论》，王树生"被需值的意蕴及其提升策略")

四、被需值教育的特征

(一)从"以我为中心"到主体间性的实现

启蒙运动以来，人的主体性被慢慢推升到一个从未有过的高度。每个人都能够以自己主体的立场去看待整个世界，这固然有其进步的一面，但是，以自己为主体，就不免将世界对象化，以主体与客体的关系为处事逻辑，主体无论如何对待客体似乎都有其合理性和解释力。"以我为中心"的思考方式和处事方式就变得很"正常"也很"正确"，逐渐消解了中国传统文化的人际体系中站在他人立场处理问题的思维方式。被需值教育倡导提升自己"被需要"的能力和价值,强调站在他人需要的角度,就是尊重他人的主体性,将他者与自己都视为同样重要的个体。人与人之间的交往应该是主体与主体之间的交往,被需值教育能够将这种主体间性的思想在教育中落到实处。

(二)真正"人"的教育:为人、做人、成人

被需值教育基于教育的本真意蕴,强调"人"的教育。首先要给学生一个明确的思想导向,即"为人即为己",这一点在中国的传统文化中有着丰富的体现。马克思主义哲学思想也将一个人的本性需要放在社会关系中去认识,认为人的社会价值的体现过程才是人的实践性显露的过程,将个体价值和社会价值辩证统一起来。其次,被需值教育通过被需要能力的培养,使教育过程体现出了教会学生做人的核心。做人,意味着被认识,被尊重,被需求。只有在具体的被人、被事需要的过程中,人才能认识到自我的独特性、不可替代性、价值性和珍贵性。一个生命,只有当其认识到他(她)能改变周围境况时,才能认识到自我是充满力量的,才会建立真正的自信,确证生命的意义。最后,人将自我变成了大写的"人",即完成了教育"成人"的目的。成人不意味着完全由外部的需求来佐证自己的价值,而是以被需要为途径,在为人服务的过程中体验自身成长所获得的成就感,追寻自我生存的意义感,将自我内部的意义感和外部的能力需要融合在一起,重构一个强大的完整人格。因此,被需值教育是真正回归"人"的教育,是体现教育本义的教育。

(三)从"供给"到"有效供给",是教育思维的转换

一直以来,办教育的逻辑往往是:教育者预设一种理想型人格,预测未来人需要的能力,然后按照这种预设去寻找合适的师资,进行教育投入,最后期待教育对象符合其预期,并将教育成品投入社会使用。这种典型的"供给"教育模式有其自身的优势,可以在人类教育共识的基础上生产出合格的教育产品,不会太过偏离轨道。教育以其固有的保守性,与市场保持着若即若离的"安全"距离。但是,这种教育供给是单向的输出,对市场和社会的需求是基于想象而非现实本身,容易出现人才的能力与市场需求和社会发展的需要脱节的情况。被需值教育是教育的一场思维革命,"有效供给"是站在教育与社会双方的立场上,通过提升学生的被需值,达到教育与市场的有效沟通,实现了人才培养与市场需要的有效联结。以满足综合需要为目的的教育,其产品既会使个体和家庭满意,也会使时代和社会满意。

(四)变"靠职业生存"为"为职业生活"

被需值教育拓展了职业教育的意蕴。教育的功能之一就是帮助受教育者发展其生存能力,职业教育尤其如此。被需值教育的提出源于职业教育的办学实践和思考,不断思量当今职业教育的作用并对未来的办学方向提出了前瞻性的建议,"靠职业生存"还是"为职业生活"? 这是一个关乎生存意义和工作意义的话题。靠从事某种职业,付出劳动,挣得报酬,是交易关系。这种交易关系使人缺乏热情,职业和劳动者之间没有必需的关系,职位换人来做也可,劳动者换职业也可,从业者既没有非我不可的独特价值感,也就无所谓身在其位的责

任心。而为了某种职业生活，职业是联结劳动者与世界的载体，职业与劳动者之间就建立了一种亲密的关系，职业进入了劳动者的生活中，变成其生命的重要部分。从事某种职业就意味着围绕这种职业形成了某种生活方式，职业需要劳动者来奉献智慧和精神，而劳动者也需要职业为其提供舞台展示自己的才能和价值。劳动者和职业之间是互相需要的关系，是难以割舍的情感关系，是生活中不能轻易舍弃的同伴关系。自此职业就变成了事业，目的是使劳动者更好地认识自我，达成自我实现的目的。

被需值教育从需求入手，在职前阶段就给学生渗透"为职业生活"的思想，促使学生对未来要从事的职业充满热情与期待，并在任职后，以尊重、负责、敬业的态度来从事职业，使他们在获得职业成功的同时，自我也得到极大的成长。这不仅是对工作负责，更是对自己的生命负责。

五、被需值教育的意义

被需值的提出，意味着将人们从利益的享受者、道德的旁观者、行为的评论者变为道德的建设者。在人人追求个人利益而缺乏公共精神的时候，谁来付出？如果人人都不愿意付出，那么又如何获得？因此，每个公民都负有道德建设的责任，都是道德建设的主体。"我为人人，人人为我"这句话的表达是有逻辑次序的，"我"首先是"人人"的需要，先提高自己的被需值，再来满足自己的需要，这样的境界才是我们道德家园的理想之地。

（一）被需值教育是教育本真目的的实现

教育的本质是育人。从育人到为人、做人、成人，是真正"全人"的教育。所以，教育是培养人的事业，其本质目的是使人成为"人"。它教给学生一个明确的做人哲学，即"为人即为己"，这也是中华民族的传统美德。被需值教育通过被需要能力的培养，使教育过程体现出了教学生做人的核心。做人，只有在被认识、被尊重、被需求的时候，才能认识到自身存在的独特性、价值性、珍贵性和不可替代性。一个生命，只有当其认识到自己是被需要的，才能认识到自己的力量，建立真正的自信，确证生命的意义，佐证自己的价值，体验自身成长的成就感，重构一个强大的完整人格。

20 世纪 80 年代，联合国教科文组织就提出教育的四大支柱："学会认知、学会做事、学会共同生活、学会生存。"被需值教育在此基础上，提出了更本土化、特色化、具体化的"四会"，即"学会学习、学会交往、学会生活、学会工作"。其核心即认为教育要面向 21 世纪人的生存状态：在社会分工越来越细化时能学会团队化工作；在科技越来越高端、信息化越来越膨胀时能有持续学习的热情和能力；在个体越来越独立时能保持关照他人的情感。被需值教育的提出，是教育本真目的在当代社会实现的需要。被需值教育从学生个体被需要的程度和价值出发，培养其能力和品行，促使学生在做人做事方面能够主动作为，在他人与自己的共同价值上实现双赢。

(二)被需值教育深化了职业教育创新发展理论

职业教育的核心是使人们能通过教育获得工作所需的知识与技能,从而在市场上进行价值交换,共同实现更好的生存和发展。被需值教育的提出是针对社会发展和市场需求,从对人才的期待和要求出发,通过职业教育的培养,直接提升人的被需要的能力与水平,打破了以往基于人才能力考虑能做什么工作的思路,实现了社会工作所需与个体能力的直接匹配,使职业教育的培养模式实现了革命性的转变。

(三)被需值教育体现了个体生命的独特价值

伴随着市场经济的发展,商业文化也越来越呈现出自私自利的现象。同时,现代社会精细的社会分工,使我们能在自己能做、善为的领域里发挥所长,但也使每个人的独特性被湮没,成为"螺丝钉",即一个虽有用但也能够被无数个具有同样作用的"螺丝钉"代替的物体。如果每个人都能时时感受到自己的可替代性,就会有强烈的不安全感,人们之间的竞争性就愈加激烈。每个人都戒备他人的能力与地位是否比自己高,自己是否会随时被替代,就竭力地争夺自己的利益和资源,不断武装和包装自己。在狭隘的利己主义漩涡里,同情、互助的道德关系何以安存? 独特的、不可替代的个人价值感是一个人道德责任的前提。被需要,是自己作为一个独特的个体存在的强有力证明,因为被各种各样的人需要,才突显出自己的不可替代性,也是个体存在于世界的意义所在。一个重要的事实是,人并非对自己才是自足的。生命只有当服务于自身之外的目的时,只有当对别人有价值时,才是有意义的。因此,只有当个人努力参与并在当下创造价值时,价值才存在。中国传统文化中,认为一个人的福气(即所有生存资源)在出生时就由命运赋予了,但是在整个生命长河中却可以通过自己的努力来改变福气的多寡。因此,在无能力积累的幼年时代,要"惜福";在身强力壮的青壮年时代,要"造福";在年弱无力的老年时代,便可"享福"。这就告诉我们一个非常朴素的真理,并不是人所有的时段都可以积累福报的,只有在有能力的时候,才能够通过为他人服务来造福。孩提时代的获取与成年之后的给予共同构成了我们人类社会绵延下去的血脉。

(四)被需值教育是两类规律的叠加

一类是经济规律,供求关系,即产品与市场需求的关系,有价值的产品一定有市场需求;价值与价格的关系,即价格随价值上下波动,人有价值,不计价码。另一类是教育规律,教育要适应并促进社会的发展;教育要适应并促进人的身心发展。强调被需值教育,是为了使职业教育产品,即毕业生的专业素质更加适应社会市场需求,始终保持很高的就业率,这样的教育才是优质教育,这样的毕业生才会倍受社会赞誉。

(五)被需值教育是提高教育质量的现实表达

教育部高教司提出创建中国特色的质量文化,即质量意识、质量革命、质量行动。被需值教育的理念呼应了国家和教育部的质量行动。作为一所职业高等学校,为社会培养急需的、有一技之长的大国工匠,这同样是崇高而神圣的使命。中国的经济社会发展,既需要科学家发明新的科学技术实现中国创造,与世界发达国家一较高下;也需要众多的大国工匠,用他们精湛的技艺继续高扬中国制造,领先世界产品市场。使毕业生被中国的企业需要,被世界各国的消费者需要,这是对职业教育高质量的确证。

(六)被需值教育为推动教育的供给侧结构性改革提供了范例

变"朦胧供给"为"有效供给",是教育发展方式的重大转换。一直以来,教育以其固有的稳定性和保守性,与市场保持着若即若离的"安全"距离,学校培养和个人能力与市场需求、社会变化脱节已成常态。被需值教育是教育的一场思维革命,"有效供给"是站在教育与社会双方的立场上,通过提升学生的被需值,达到教育与市场的无缝对接,实现人才培养与市场需要的有效联结。以满足社会需要为目的的人才培养,才能获取社会爱戴、家长放心、学生满意的社会评价。

(七)被需值教育确立了人新的生活方式

从"靠职业生存"到"为职业生活",确立了人新的生活方式。被需值教育理念的提出源于职业教育办学实践的思考,聚焦当今职业教育的办学方向,为职业教育提出了具有前瞻性的发展战略。"靠职业生存",对于学校,是一种维持运行的发展现状;对于个人,是一种养家糊口的生存状态。而"为职业生活",对于学校,需要与时俱进、对接需求,创新人才培养过程;对于个人,则是指将职业变成其生命的一部分。劳动者和职业之间是互相需要、难以割舍的情感关系,是不能轻易舍弃的同伴关系。如此,职业就变成了事业,工作就变成了享受,生活就充满了幸福。

(八)被需值教育可有效提升职业教育的生命力和竞争力

伟大的文学家鲁迅曾说:"地上本没有路,走的人多了,也便成了路。"现行职业教育之所以缺乏市场竞争力,重要原因是同质化严重,缺乏特色。企业生存的一个基本法则是错位发展。职业教育要具有市场竞争力,就应该与普通教育保持合理张力,追求特色。

(九)被需值教育有助于培育并提升人的道德品质

在学校营造"被需"的人际氛围,可以在最真实的生活中让学生体会被他人需要的情感、能力被认可的尊重、非功利性帮助别人带来的最纯粹的快乐。养成为他人着想的习惯,形成分享公共利益的心态,感受他人的回馈带来的温暖和幸福。这些建构人与人之间的亲近、持久的交往和对话关系的道德教育实践,不仅是提高德育实效性的手段,更是将一个和谐社会公民所应该具备的道德素养濡化浸入人心的最佳方式。学校作为其中的一种社会单元,在保持人际交流的纯粹性和人性的深度交往方面有相当大的优势。无论是中小学还是大学,学生与教师总有大量的时间是面对面的,学生之间吃、住、学、玩也是在一起进行的,很容易创造"搭把手""帮个小忙""帮我跑一趟"等身边的"被需机会",从而营造满足他人需求、服务他人愿望、体现互助风尚的"被需氛围"。"如果学校能够坚守自身特性,就可发挥自身心灵沟通、情感交流、精神际会、道德熏染、经验分享等方面的独特作用,制衡、弥补电子媒介和网络所导致的道德冷漠。"

(十)被需值教育有助于构建和谐社会

一个有组织管理和文化建设的"社会单元"里会形成小型的熟人社会,其成员会有必要的情感互动、组织依赖和良性的道德舆论。反之,如果缺乏这些,这种社会单元中的成员无论相处多长时间,依然是陌生人社会形态,各顾各的利益,且道德感低落。尤其是网络、数字技术、触摸式电子产品的广泛普及,占据了家人和朋友在我们身边的位置,人们尽管聚在一起,却是"人机"交流频繁,而"人际"互动甚少,加剧了人与人之间情感的冷漠化,人们感到前所未有的疏离感和孤独感。与关系原则相对的就是个体原则,弗洛姆曾经指出:利己主义的谬误在于,它认为利己自保是人的本能。这种利己主义是在个体原则下思考的。个体原则即人们不择手段地追求一己私利,而把他人当作实现自我利益的工具。只有当人们能够以关系原则为准去理解利益和价值时,合作和幸福才成为可能。人们难以合作的原因与其说是自私,不如说是愚蠢:人们往往没有意识到自私最大化不等于利己最大化。最大最重的利益和幸福是无法独占的。幸福的不可独占性颠覆了个体原则的绝对性和优先性,同时证明了关系原则的绝对性和优先性。在关系原则中考虑人际,就是需要和被需要,就是合作和互助,就是先舍再得的辩证关系。无论是现代还是古代,其实人们早就意识到了站在"他者立场"去思考、去做事的价值,"为他就等于为己"不仅仅是一句道德口号,"他好我才好"更不仅仅是一句被庸俗使用的广告,而是千百年来智者的共识。增强被需性,需求才能水到渠成地获得满足。

(本文节选自《教育评论》2017年12月,王树生"被需值教育:一种新的教育理念")

第三节　被需值教育的理论基础

被需值教育的提出,既是基于教育现实的深刻思考,又有深厚的理论支撑。许多学科都或多或少涉及这一核心思想,特别是哲学、社会学、经济学、心理学等方面的研究,更是为被需值教育的理论与实践提供了丰富的参考。

一、哲学基础

被需值教育的哲学基础即中国传统文化中"仁"的思想。中国传统文化中提出"仁""义"的理念,"仁"就是"两个人",就是说,人只有在面对他人时才有意义,每个人作为人的意义由他人作证。在"义"(義)这个字中,上面是个"羊"字,下面是个"我"字,指的是在共同体中自己背负着祭祀时绝对必要的珍贵之物,它既是自己肩负着对共同体的责任,即在水平方向上应答其他成员的期待和委托;又是自己肩负着对上天的责任,即在垂直方向上对超越性存在的应答。义即告诉我们要遵循天地之间的规则,又要与他人共命运,人与人之间有不可推卸的责任,这是义务,也是义不容辞的本有之义。孔子提出的人际关系的黄金原则:"己所不欲勿施于人"(出自《论语·颜渊》),即底线为不伤害他人;同时又提出"己欲立而立人,己欲达而达人"(出自《论语•雍也》),即在积极层面倡导力所能及地协助他人,与他人一起收获成就。马克思主义认为,要以人的需要为价值尺度,并搭建了其"需要理论"的逻辑架构。"个人价值同社会价值互为条件、互为目的。个人应以自己的活动、贡献来满足他人和社会的需要,同时个人还要从社会或他人那里获得自身需要的满足。个人价值的实现是一个由个人价值不断转化为社会价值,社会价值又反过来充实、丰富个人价值的过程。"

二、社会学基础

在关系原则中构建人与人的交往。笛卡尔的"我思故我在"(I think, therefore I am)是其全部认识论哲学的起点。我国学者赵汀阳认为,"我思"是一个个体独立为之的事情,是孤独的,而且"思"无法解释生活,解释我们生活于其中的世界。因此,他提出"我做故我在"(I do, therefore I am),认为"我做"创造了人际关系和互动行为。只有做事,才能将我与他人关联起来,让他人成为我做的事的证明。因此,人是在人际关系中存在的,应该用关系原则的立场来看待人的生存。马克思主义也认为人的本质是一切社会关系的总和,即每个人都处在一定的社会关系中,共存于世界,每个人都有对他人的责任。如果不被他人需要,人就会被人际的圈子排挤出去,必然会面临内在的孤独、寂寞与失落,这些会演绎成不安全感、没有价值感、无意义感,甚至导致更严重的抑郁等。

三、经济学基础

经济的发展自有其规律,追求利益也是其内在的必然性。人们单一地认为"追求利益最大化"是市场经济的本质,用经济中的利益原则替代了所有的一切。这种单一认知很容易抹杀"经济"二字中还存在的"济"的本质,即通过价值的交换、财富的流动、仁义的施舍等实现"济世"的目的。"经济"二字本身就带有寻找需求、满足需求,方便他人的同时获得利益的含义。当今时代,国家供给侧改革就是以市场为导向的经济。以市场机会为指引,立项、生产、营销,发现机会、抓住机会、兑现机会;从市场的需求出发,深入调研消费者的各种需要,然后满足需求,这就是经济被需值。

四、心理学基础

被需值体现为自我价值实现需求。著名的马斯洛需求层次理论,将人的需求分为五个层次:生理需求、安全需求、归属与爱的需求、尊重需求和自我实现的需求。五个需求是逐层递进的一个过程,从低级到高级,一个需求满足了就会自动跃入另一个需求的追逐。自我价值实现需求,处在整个需求金字塔的顶端,而被需值就蕴含在塔尖,有着特殊的意义。一个被需值高的人,他的自我实现价值将在被需要中一点点强化,从而更加明确所处的位置和存在的价值。越是出色的人,其被需值越高,也越有一颗追求高被需值的迫切的心(图1-2)。

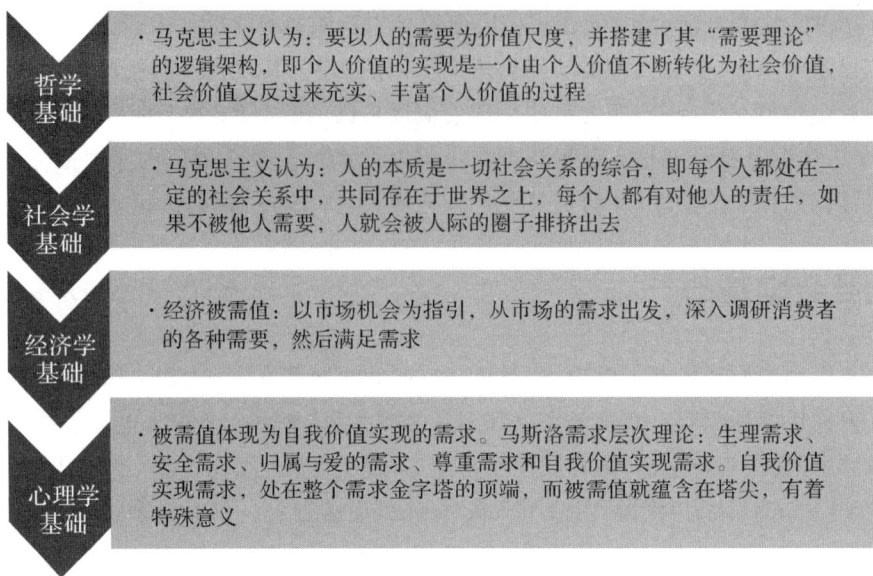

哲学基础	· 马克思主义认为：要以人的需要为价值尺度，并搭建了其"需要理论"的逻辑架构，即个人价值的实现是一个由个人价值不断转化为社会价值，社会价值又反过来充实、丰富个人价值的过程
社会学基础	· 马克思主义认为：人的本质是一切社会关系的综合，即每个人都处在一定的社会关系中，共同存在于世界之上，每个人都有对他人的责任，如果不被他人需要，人就会被人际的圈子排挤出去
经济学基础	· 经济被需值：以市场机会为指引，从市场的需求出发，深入调研消费者的各种需要，然后满足需求
心理学基础	· 被需值体现为自我价值实现的需求。马斯洛需求层次理论：生理需求、安全需求、归属与爱的需求、尊重需求和自我价值实现需求。自我价值实现需求，处在整个需求金字塔的顶端，而被需值就蕴含在塔尖，有着特殊意义

图 1-2　被需值教育的理论基础

（本文节选自《澳门城市研究》2018 年第一辑，王树生"被需值教育的研究与实践"）

第四节　被需值教育的价值指向

"人活一世、草木一秋"（出自《增广贤文》）意思是人生一世像草木生一春一秋一样短暂，人们以此来形容生命的珍贵。就时间的长度来说，人与人之间似乎没有多大差别；就生命的价值来说，人与人之间则有显著的差异，有的人遗臭万年，有的人名垂青史。说到底，关于人的生命价值是一个既古老又新鲜的终极话题，常谈常新。当我们从"被需要"的角度进行审视时，价值观则呈现出新时期的面貌和转向，以被需要的程度作为衡量标准，就会自然延伸出被需值的全新概念。而被需值在其本质上，又与人的幸福有着内在逻辑关联，从被需值出发，对人的认知又多了一层维度，人的形象也变得厚重和丰满。

一、被需要的含义

"被需"的价值诉求有着强烈的现实指向，然而又与马斯洛需求层次理论不同，它更多地向外发力而非向内，是服务他人而非自我，是关注集体而非个人，与社会主义价值观是一脉相承的。众所周知，马斯洛需求层次理论是建构在对自我存在和自我价值强调基础上，其理论的内核，实质上是典型个人主义价值观的延伸和拓展。"被需要"概念的提出，实际上立足于集体主义价值观，是对马斯洛需求层次理论的扬弃。当我们换一种角度，对"需要"进行翻转，加上一个"被"字，把"被需要"作为一种价值导向，乃至一种生活态度时，情况则变得不同。人与人之间的关系又多了一层，人的社会关系网也因此多了一个"网点"。每一个人都是社会关系网的"网点",也都因社会关系而存在。从这一层面上看,"被需要"可以看作是为实现自我价值和社会价值的高度统一提供了全新切入点。

众所周知,阳光的可贵在于无私给予,雨露的价值在于润物无声,其共同表现为利他的价值指向,这是自然世界之中最质朴的道理。阳光和雨露因"被需要"而显得弥足珍贵,显得与众不同。当把目光转向"人"自身时,我们同样会发现,无论是栉风沐雨后功成名就,还是浑浑噩噩一世蹉跎,不管是成功还是失败,大体上相同的是身份在增多,角色在变化,每一个人都走在一条"被需要"的道路上,从"小写"走向"大写",并最终走向人生的圆满。

所谓"大写"的人生,绝不是笛卡尔式的"我思故我在",强调自己就是世界的中心;也不是佛家眼中的"万物皆空",在觉悟中走向虚无;更不是老子心中的"我无为而民自化",一不小心,碌碌无为;而是在平凡的点滴生活中不断地寻找自我、超越自我、成就自我,是有着浓烈"入世"感的人生,是伴随着"需要"和"被需要"互相缠绕、交互显现的矛盾历程,并以螺旋式上升的状态走向生活的彼岸。如果把"被需要"理解为一种生活状态,则伴随我们心中浮现的就是一种强烈的存在感、责任感和使命感,关乎尊严,关乎他人,关乎未来。若能如此,就个人而言,内化于心时有着不一样的所思所想,外化于行时有着不一样的所作所为,这所想和所为提醒每一个人都时刻准备着,准备着责任,准备着热情,准备着付出,准备着奉献。

有一种生活状态称为"仰望星空,脚踩大地",寓意平凡中包含着卓越,世俗中渗透着高雅。康德用仰望星空寓意我们心中的信仰,用脚踏实地指称我们的现世追求,以此来寻求人类思维的价值趋向。"被需要"所呈现的就是这种平凡与卓越、世俗与高雅的"双重逻辑",其浓浓的人文情怀是对"以人为本"最好的诠释。"被需要"可以是寒冷冬日的一缕阳光,也可以是炎炎夏日的一湾清泉。"落花有情、流水无意"展现的不是流水的绝情,而是落花没有"被需值"的无奈。

二、从被需要到被需值的逻辑演进

"被需要"至少包含着两个关键词,即"谁被需要"和"被谁需要",对"被需要"的正确认知和躬身实践是努力提升被需值的前提。"被需要"要接地气,扎根于现实,但不能庸俗化,不是简单的功利主义;"被需要"要有奉献精神,但不等于失去自我;"被需要"倡导的是"送人玫瑰,手有余香",但不代表要把"悲伤留给自己"。换言之,要做到主客体的统一,才是对"被需要"的完美演绎。

就"被需要"的类型来说,可以是物质财富,不一定价值千金,却一定物有所值,就像人们常说的"世上本没有垃圾,有的只是放错了位置的资源而已"。当然,作为物质本身,它无法通过自己获得改变,不能决定自己的命运。所以,物质很多,能成为财富的物质很少。"被需要"也可以是精神产品,人之所以是高贵的动物,就在于精神产品的创造和积累,它无形却有力,历久而弥坚,像一束光穿透古今,带着璀璨的光芒,带着神圣的使命,似乎永不变色,初心不改,指引着人类未来的方向。

此外,"被需要"常常蕴含在那些最简单平凡的日常生活中,看似微不足道,却饱含力量,富有价值。"被需要"还可以是一句问候、一个拥抱,甚至是一个微笑、一次点赞,就是这些看似简单而平凡的行为,却饱含深情与力量,微不足道之中彰显价值。这价值是行动的价值,是存在的价值,是对你我结伴而行的敬畏,是对你我共在的抚慰,它预示着在前行的路上,灵魂并不孤独。就青年学生来说,若在成长过程中不断体会到自己的被需要,突显出自己对他人的正面价值,不但有利于他人,而且会助推自我的成长和完善,唤醒自我的潜能。说到底,"被需要"一词是通过对人与人之间相处之道的追问,意在达到对人生自我价值的终极探究。从"被需要"到被需值,虽只有一字之差,却实现了从外向内、由表及里、从现象到本质的跳跃,恰到好处地表达了两者之间的逻辑关系,是一种"大我"与"小我"的统一与升华。如果说"被需要"还不能充分体现主体自由的话,那么被需值的建构则最大限度地体现了自由的张力,在实现主体"被需要"的点滴过程中,被需值在不断积累、不断提升、不断放大。

三、被需值教育价值指向——幸福

马克思曾指出,价值是凝结在商品中无差别的人类劳动,巧妙地把劳动从商品中抽离出来,并借此赋予了价值以新的内涵,即人的劳动是有价值的。同样,人的"被需要"也是有价值的,即被需值。被需值的大小取决于"被需要"的程度,体现在人与人的互动之间,它讲究的是给予,而不是索取,它关注的是他人,而不是自我。它主观上与"为人民服务"的宗旨是高度契合的,是一种崇尚集体主义的价值观,是对生命价值多元化的全新阐述,开启了一层价值认知的全新视角。

被需值既标示着被人需要的程度,还是一张彰显自我存在的名片,是由内而外散发出来的无形"颜值",与生物性的"颜值"不同,它会随着岁月的打磨而愈发光彩照人。可以说,是一次次的"被需要"成就了被需值的提升,与此同时也是一个自我塑造和成长的过程。但被需值绝不仅是外在的"颜值",其内涵的本质,离不开爱和尊重,只有真正懂得爱和尊重的人,才是真正的"颜值"担当。人生最大的需要,是被需要。社会需要你,你就有做不完的事业;他人需要你,你就有交不完的朋友;亲朋需要你,你就有享不尽的欢乐。

就人的本性来说,大多数时候,常常想着被人爱,这与自我崇拜似乎有相通之处,是一种不自觉的自我中心主义,这大概是婴儿时期心理的某种延续。但我们忽略了,还需要常常想着爱别人,表现为"想别人之所想""爱人如爱己",并把满足他人所需付诸行动,虽不至于完美诠释,但"被需要"至少提供了无限可能性,可以帮助我们整理那些生命中的过往,珍惜生命中的现在,读懂生命中的永恒。

被需值在实践过程中表现为一种难以获得又容易失去的矛盾状态,并且需要经过时间的积累和沉淀。电影《教父》里的维托·柯里昂用一生的时间在努力提升自己的被需值,维系着家族的荣耀。维托·柯里昂临危受命,不惜牺牲爱情,终身走在被家族需要的路上,成就了自己的被需值。可以说,个人被需值的提升是要用一生的时间来检验。某种程度上来说,这种被需值在个人有生之年也很难获得圆满,一个侧面的提升往往伴随着另一个侧面的下降,呈现出一种此起彼伏的状态。某种程度上,一个不被需要的人是没有价值的,是缺乏快乐的,是注定孤独的。然而,无须欢喜,无须忧愁,我们一直走在努力提升被需值的道路上。

可见，"被需要"是一种生存智慧和处事准则，被需值教育就是要通过课堂教学、校园文化、实习实践、社会生活等教育教学手段，传授学生知识并内化为智慧，外化为能力，使学生会学习、会交往、会生活、会工作，培育学生服务精神和担当意识，做到目中有人、心中有情、手中有爱，生活和工作中的各种角色都能拿得起、放得下。无疑，需要的背后是角色和责任，角色和责任的背后是幸福和快乐，努力做一个"被需要"的人，编织属于自己的社会之网，做被需值高和受欢迎的人，继而成就幸福的人生。这就被需值教育的价值所在。

（本文节选自学校 2017 年 8 月《被需值教育文集》，王树生"被需值新时期价值观的新指向和新视角"）

第五节　被需值教育的策略

被需值教育以满足个体发展为根本，以适应社会需求为导向，以促进学生发展被需值为核心，以校企合作为抓手，以满足国家、社会、他人需求为宗旨，在教育教学的实践中逐步形成"三载体六蜕变"的育人模式，即以课程体系、校园活动和校企合作为载体，通过"感、积、观、提、验、展"六蜕变，提升学生的被需值。

一、迈入校园"感"被需值

被需值教育在某种意义上来说等同于一种情境教育，情境营造的好坏直接关系着被需值教育的成败。首先，学校在新生入学后通过开展一系列的讲座活动，使学生对被需值的概念有所感知，并通过专业入学教育专题活动，在学生对所学专业的社会需求状况有所了解的基础上，根据自身发展需求制定职业发展规划。其次，组织开展社团活动，营造浓郁的被需值文化。通过开展与被需值相关的文娱活动，如被需值演讲比赛、"唱响被需值、努力被需要"师生歌唱大赛等社团活动，潜移默化地增强学生的组织能力、表达能力及合作意识。此外，学校通过开展班级活动，不断增强高职学生的集体荣誉感和职业责任心，比如开展"今天你被需要了吗"等系列主题班会，旨在培养学生的集体荣誉感、合作能力及创新意识。

二、课程教学"积"被需值

课程教学"积"被需值是指通过专门课程，以社会需求为导向，以个体发展为根本，以职业能力为本位，运用任务驱动型实践课程使学生逐步习得当前社会发展所需要的知识和技能，进而形成学会认知、学会做事、学会共处、学会创新的习惯和能力，从而使其对高职学生发展被需值具有一个完整且清晰的认知。在教学活动中，应采用以学生为主、教师为辅的探究式教学模式，即教师作为教学活动的引导者，其职责在于引导学生明确学习目标及任务，并通过相关评估准确把握学生的学习状况，进而实施因材施教。在实施过程中，对学生的被需值进行量化评估、动态管理，并以此作为评奖评优的依据。同时，要避免以结果为导向的评估模式,因为被需值的量化评估并非是对学生活动结果的简单评定,而是更加关注学生在学习过程中的体验和表现。

三、企业见习"观"被需值

步入企业"观"被需值旨在让学生亲眼观看、亲身感受被需值的价值和意义,而非停留在被需值符号化的概念上。课堂教学所呈现给学生的往往是抽象化的概念和碎片化的知识图式,仅凭头脑中固态化的记忆和想象已难以应对瞬时万变的工作需要。因此,各专业教师通过组织学生步入相关企业,认真考察真实的工作场景,并有意识地引导学生将实际情况与头脑中已有的知识图式和命题进行对比,在去伪存真的基础上逐步优化学生对被需值的认知与感悟。此外,学生参观完毕后需提交一份被需值认知考察报告,并由相关指导教师对其认知力和观察力进行评估,进而切实提升学生参观企业的有效性。

四、实习实训"提"被需值

实习实训不仅要学生"练"技能,更要"提"学生的被需值。详言之,实习实训不仅可以超越课堂教学的局限,让学生在真实的职业环境中切实感受、体验被需值的价值及意义;还能使学生与行业专家进行交流与合作,通过"边缘性参与"切实提升学生的被需值。在实习实训过程中应注意把握以下方面,一是应组织开展情景化教学,让学生在实践中完成既定目标;二是应关注学生完成任务的结果和过程,并对此进行规划管理和精准指导,有意识地塑造学生的效率意识、竞争意识、服务意识以及团队精神等。同时,指导教师还应以身示范、指导技能、充分展示被需值的魅力及价值。此外,实习实训结束后,学生应撰写实训报告及反思,并由指导教师和企业相关负责人共同评定,以此作为实习成绩的重要组成部分,从而不断提升学生的被需值。

五、顶岗实习"验"被需值

顶岗实习对学生被需值的塑造具有重要意义。通过顶岗实习,一方面,可以使学生切实地感受被需值的价值和意义,及时发现和弥补自身职业中的"空白区域";另一方面,可以使学生辨别学习与创新被需值、生活与职业被需值中的真伪和价值,进而提升学生对被需值的认同。顶岗实习结束后,学生要以实习内容为主题,以实习岗位中的被需值风采为内容,通过图片、视频或PPT的形式进行汇报,并由相关指导教师进行评估。

六、职场驰骋"展"被需值

学生步入职场,并不意味着学校对学生发展被需值塑造的终结。学校或二级学院应建立"职场回访"、"职场跟踪反馈"机制及时掌握初入职场学生的心理及工作表现,对已工作三个月、六个月、一年、三年的高职学生分别进行被需值调查,同时听取相关企业及负责人对学生被需值的反馈意见,并据此创建毕业生被需值报告和案例分析报告数据库,进而为开展和完善被需值教育提供大数据的支撑,从而推动我国现代职业教育体系的建立。

概而言之,学生的职业行为和未来发展依赖于被需值教育的塑造。然而,学生被需值的塑造是一项自上而下的实践活动,学校的观念、思维和行动直接影响高职学生发展被需值的营造效果,因为人文实践是文化的实践,其主要特征在于一定的价值观念贯穿于整个实践当中,并直接应用于具体的教育实践,在此过程中就能切实感受到教育行动是以教育价值观念为土壤和前提的。由此观之,学生发展被需值的塑造应切实纳入到学校的教学任务和教学实践之中,那种似强制非自愿的形式逻辑在实践中无益于学生发展被需值的塑造,因为教育教学过程就是学生发展"被需值"形成的土壤和前提。

(本文节选自 2018 年 2 月《教育评论》,王树生"被需值的意蕴及其提升策略")

同步思考

1. 解释概念:被需值、被需值的三个维度、被需值教育。
2. 论述被需值"三个维度"的逻辑关系。
3. 简述被需值教育的意义。
4. 简述被需值教育的理论基础。
5. 论述"被需要"与"被需值"的逻辑关系。
6. 简述提升个体被需值的主要策略。

同步链接

中国学生发展核心素养

学生发展核心素养,主要指学生应具备的、能够适应终身发展和社会发展需要的必备品格和关键能力。研究学生发展核心素养是落实立德树人根本任务的一项重要举措,也是适应世界教育改革发展趋势、提升我国教育国际竞争力的迫切需要。

一、总体框架

中国学生发展核心素养,以科学性、时代性和民族性为基本原则,以培养"全面发展的人"为核心,分为文化基础、自主发展、社会参与三个方面。

综合表现为人文底蕴、科学精神、学会学习、健康生活、责任担当、实践创新六大素养,具体细化为国家认同等十八个基本要点。根据这一总体框架,可针对学生年龄特点进一步提出各学段学生的具体表现要求。

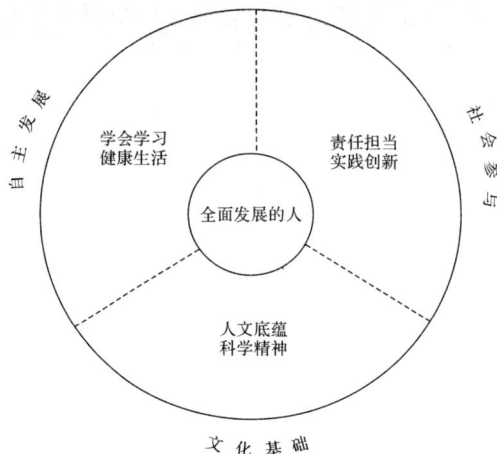

二、基本内涵

核心素养课题组历时三年集中攻关,并经教育部基础教育课程教材专家工作委员会审议,最终形成研究成果,确立了以下六大学生核心素养。

(一)文化基础

文化是人存在的根和魂。文化基础,重在强调能习得人文、科学等各领域的知识和技能,掌握和运用人类优秀智慧成果,涵养内在精神,追求真善美的统一,发展成为有宽厚文化基础、有更高精神追求的人。

(1)人文底蕴。主要是学生在学习、理解、运用人文领域知识和技能等方面所形成的基本能力、情感态度和价值取向。具体包括人文积淀、人文情怀和审美情趣等基本要点。

(2)科学精神。主要是学生在学习、理解、运用科学知识和技能等方面所形成的价值标准、思维方式和行为表现。具体包括理性思维、批判质疑、勇于探究等基本要点。

(二)自主发展

自主性是人作为主体的根本属性。自主发展,重在强调能有效管理自己的学习和生活,认识和发现自我价值,发掘自身潜力,有效应对复杂多变的环境,成就出彩人生,发展成为有明确人生方向、有生活品质的人。

(1)学会学习。主要是学生在学习意识形成、学习方式方法选择、学习进程评估调控等方面的综合表现。具体包括乐学善学、勤于反思、信息意识等基本要点。

(2)健康生活。主要是学生在认识自我、发展身心、规划人生等方面的综合表现。具体包括珍爱生命、健全人格、自我管理等基本要点。

(三)社会参与

社会性是人的本质属性。社会参与,重在强调能处理好自我与社会的关系,养成现代公民所必须遵守和履行的道德准则和行为规范,增强社会责任感,提升创新精神和实践能力,促进个人价值实现,推动社会发展进步,发展成为有理想信念、敢于担当的人。

(1)责任担当。主要是学生在处理与社会、国家、国际等关系方面所形成的情感态度、价值取向和行为方式。具体包括社会责任、国家认同、国际理解等基本要点。

(2)实践创新。主要是学生在日常活动、问题解决、适应挑战等方面所形成的实践能力、创新意识和行为表现。具体包括劳动意识、问题解决、技术应用等基本要点。

三、主要表现

那么，人文底蕴、科学精神、学会学习、健康生活、责任担当、实践创新六大核心素养具体包括哪些要点呢？六大素养还具体细化为人文积淀、国家认同、批判质疑等18个要点，各要点也确定了重点关注的内涵。

(一)文化基础——人文底蕴

1.人文积淀

重点是：具有古今中外人文领域基本知识和成果的积累；能理解和掌握人文思想中所蕴含的认识方法和实践方法等。

2.人文情怀

重点是：具有以人为本的意识，尊重、维护人的尊严和价值；能关切人的生存、发展和幸福等。

3.审美情趣

重点是：具有艺术知识、技能与方法的积累；能理解和尊重文化艺术的多样性，具有发现、感知、欣赏、评价美的意识和基本能力；具有健康的审美价值取向；具有艺术表达和创意表现的兴趣和意识，能在生活中拓展和升华美等。

(二)文化基础——科学精神

1.理性思维

重点是：崇尚真知，能理解和掌握基本的科学原理和方法；尊重事实和证据，有实证意识和严谨的求知态度；逻辑清晰，能运用科学的思维方式认识事物、解决问题、指导行为等。

2.批判质疑

重点是：具有问题意识；能独立思考、独立判断；思维缜密，能多角度、辩证地分析问题，做出选择和决定等。

3.勇于探究

重点是：具有好奇心和想象力；能不畏困难，有坚持不懈的探索精神；能大胆尝试，积极寻求有效的问题解决方法等。

(三)自主发展——学会学习

1.乐学善学

重点是：能正确认识和理解学习的价值，具有积极的学习态度和浓厚的学习兴趣；能养成良好的学习习惯，掌握适合自身的学习方法；能自主学习，具有终身学习的意识和能力等。

2.勤于反思

重点是：具有对自己的学习状态进行审视的意识和习惯，善于总结经验；能够根据不同情境和自身实际，选择或调整学习策略和方法等。

3.信息意识

重点是：能自觉、有效地获取、评估、鉴别、使用信息；具有数字化生存能力，主动适应"互联网＋"等社会信息化发展趋势；具有网络伦理道德与信息安全意识等。

(四)自主发展——健康生活

1.珍爱生命

重点是:理解生命意义和人生价值;具有安全意识与自我保护能力;掌握适合自身的运动方法和技能,养成健康文明的行为习惯和生活方式等。

2.健全人格

重点是:具有积极的心理品质,自信自爱,坚韧乐观;有自制力,能调节和管理自己的情绪,具有抗挫折能力等。

3.自我管理

重点是:能正确认识与评估自我;依据自身个性和潜质选择适合的发展方向;合理分配和使用时间与精力;具有达成目标的持续行动力等。

(五)社会参与——责任担当

1.社会责任

重点是:自尊自律,文明礼貌,诚信友善,宽和待人;孝亲敬长,有感恩之心;热心公益和志愿服务,敬业奉献,具有团队意识和互助精神;能主动作为,履职尽责,对自我和他人负责;能明辨是非,具有规则与法治意识,积极履行公民义务,理性行使公民权利;崇尚自由平等,能维护社会公平正义;热爱并尊重自然,具有绿色生活方式和可持续发展理念及行动等。

2.国家认同

重点是:具有国家意识,了解国情历史,认同国民身份,能自觉捍卫国家主权、尊严和利益;具有文化自信,尊重中华民族的优秀文明成果,能传播弘扬中华优秀传统文化和社会主义先进文化;了解中国共产党的历史和光荣传统,具有热爱党、拥护党的意识和行动;理解、接受并自觉践行社会主义核心价值观,具有中国特色社会主义共同理想,有为实现中华民族伟大复兴中国梦而不懈奋斗的信念和行动。

3.国际理解

重点是:具有全球意识和开放的心态,了解人类文明进程和世界发展动态;能尊重世界多元文化的多样性和差异性,积极参与跨文化交流;关注人类面临的全球性挑战,理解人类命运共同体的内涵与价值等。

(六)社会参与——实践创新

1.劳动意识

重点是:尊重劳动,具有积极的劳动态度和良好的劳动习惯;具有动手操作能力,掌握一定的劳动技能;在主动参加的家务劳动、生产劳动、公益活动和社会实践中,具有改进和创新劳动方式、提高劳动效率的意识;具有通过诚实合法劳动创造成功生活的意识和行动等。

2.问题解决

重点是:善于发现和提出问题,有解决问题的兴趣和热情;能依据特定情境和具体条件,选择制订合理的解决方案;具有在复杂环境中行动的能力等。

3.技术运用

重点是:理解技术与人类文明的有机联系,具有学习掌握技术的兴趣和意愿;具有工程思维,能将创意和方案转化为有形物品或对已有物品进行改进与优化等。

教育部

2016 年 9 月 14 日

第二章　立德树人：被需值教育的方向

📖 内容提要

　　构建学校、家庭、社会、学生"四位一体"的育人机制，把思想政治教育贯穿于教育教学全过程，将思想道德教育、文化知识教育、社会实践等各环节有机融合，教书育人、科研育人、实践育人、管理育人、服务育人、文化育人、组织育人，实现全员育人、全程育人、全方位育人。被需值教育作为德育工作的落脚点和社会主义核心价值观教育的抓手，着力回答了"培养什么人、怎样培养人、为谁培养人"的问题，将立德树人、文化育人落到实处，全方位培养学生主动为国家、为社会、为他人服务的能力。

第一节　被需值教育与立德树人

一、时代之需，被需值教育与立德树人的耦合呼应

　　立德树人是教育的根本任务，立德树人成效是检验学校工作的根本标准。2018 年 9 月 10 日，习总书记在全国教育大会上强调："要坚持把立德树人作为教育的根本任务，培养德智体美劳全面发展的社会主义建设者和接班人。"《中国教育现代化 2035》中要求："全面落实立德树人根本任务，广泛开展理想信念教育，厚植爱国主义情怀，加强品德修养，增长知识见识，培养奋斗精神，不断提高学生思想水平、政治觉悟、道德品质、文化素养。"立德树人系统地回答了"培养什么人、怎样培养人、为谁培养人"三个核心教育问题，其根植于中华优秀传统文化之中，又被赋予了新时代的内涵。

　　新时代开启的教育改革新征程，为立德树人提出了新的任务与挑战。中华人民共和国成立 70 年，特别是改革开放 40 年，中国社会在工业化、市场化、城市化和全球化叠加力量的推动下，书写着史诗般的转型巨变，中国特色社会主义进入了新时代。扎根中国大地办教育，从"有学上"到"上好学"，新时代是立德树人的出卷人，教育只有回归育人本质，积极回应

时代需求,才能交出人民满意的答卷。"人"是立德树人的主体,促进人的全面发展是立德树人的最终旨归;人在时代中行走,被烙刻了鲜明的时代特色;人在时代中奋斗,融入并书写着新时代。

为新时代立德树人,应认真解读时代新人的特点。我们的学生是怎样的"一群人"? 首先,这代学生是出生在"倒金字塔"型家庭之中的"时代宠儿"。"倒金字塔"型的家庭结构使孩子自出生便承载着家庭的未来和希望。一方面,家庭的关注使孩子获得了满满的爱,个性张扬、充满自信;另一方面,追求卓越与成功的教育理念、家长的过度关注、教育焦虑、除学习之外的大包大揽等导致了这些孩子以自我为中心,抗挫能力较弱,心理负担较重,甚至出现偏激行为。其次,这代学生是生活在虚拟世界之中的"数字原住民"。数字虚拟世界改变着人际互动方式。数字时代为人们提供了自由选择、自由表达、自由交往的网络平台,也衍生出诸多低头族、网络依赖症患者。当人们面对液晶屏幕享受信息时代的便捷生活时,也不可忽视现实人际互动缺失带来的弊端。最后,这代学生又必然是即将融入共享服务型社会的"时代创造者"。世界是个地球村,人们相互联系,相互依存,需要学会共享。2017 年,由联合国教科文组织出版的《反思教育:向"全球共同利益"的理念转变》一书,将教育视为全人类的共同利益,呼吁教导人们学会如何在承受压力的地球上共处。服务业作为当前我国经济的一大产业,已成为国民经济发展的新引擎,中国正步入服务经济时代。服务经济是社会经济学中的一个概念,包括生活服务、生产服务和公共服务。服务理念呼唤关注他需,共同创造互尊、互助、和谐的共享服务型社会。

为新时代立德树人,教育正经历着深刻的变革,这种变革呼唤新的教育理念,被需值教育理念对新时代立德树人根本任务做出了积极回应。被需值教育是一种旨在提升学生被需要素养和价值的全新教育理念,将"己需—获得—满足"的自我中心模式转化为"他需—给予—满足"的价值实现模式,使学生能够站在"为人"的立场上,提升服务他人的意识、同情他人的情感、满足他人需求的能力,从而实现自我价值和社会价值,建立互助的交往关系,构建和谐社会。被需值教育回应了社会对教育可持续发展的核心关切,以满足他人需求为切入点,引导个体的社会行为更加负责任,缔造人人互助共享的美好未来。从"我能得到什么"到"我可以做什么",被需值教育理念对新时代立德树人的任务进行了重新解读。被需值是个体被他人需要的程度,是个体存在价值的体现。被需值教育理念下的人,应是眼中有他人的人,是心中有人情的人,是具备爱人能力的人,是有益于社会的人,是真正实现了全面发展的人。从需求到被需求,个体存在价值从满足自我需求,转变为满足外界需求的能力与程度。被需值教育理念下的立德树人,既满足了社会发展需求的工具理性,使学生成为被他人和社会需要之人,又实现了超越个体发展需要的价值理性,使学生成为自我充盈、全面发展之人。被需值教育理念下的立德树人,使学生的主体性得到发挥,人际互动主体间性思维的互换,使教育与社会发展需求相契合,为人与自我、与他人、与社会增添了有情、有爱的温暖互动。

二、历史之维，被需值教育与立德树人的价值意蕴

（一）被需要主体与立德树人的内涵

"国将兴，必贵师而重傅。"（出自《荀子·大略》）"玉不琢，不成器；人不学，不知道。是故，古之王者，建国君民，教学为先。"（出自《学记》）"君子欲化民成俗，其必由学乎。"（出自《礼记·学记》）。我国历来有尊师重教的优良传统，积累了丰富的教育思想文化。中华传统文化是滋养立德树人的精神土壤，立德树人离不开文化的传承与创新。阐旧邦以辅新命，我们不妨从被需值教育中的被需主体、被需素养、被需方法三个维度回溯，审思立德树人的价值意蕴。

"为何立德树人"是立德树人价值审思中的第一个问题，即谁是立德树人受益者的问题。人无德不立，国无才不兴。在被需值教育理念中，被需要主体包含个体、群体和社会三个层次。从这个角度理解，立德树人的内涵也包括三个层面。首先，立德树人是个体价值实现的本质需要。"立德"一词最早见于《左传》："太上有立德，其次有立功，其次有立言。"立德是最高的境界。强调立德要将个体"小我"与社会"大我"相连，对标需求，提升自我，在短暂的人生中追求价值的永恒。在被需值教育理念下，个体不再是立德树人任务的客体，而是立德树人的主体。个人不是单纯的利益享受者、道德旁观者、行为评论者，而是集责任、义务于一身的道德建设者。其次，立德树人是群体价值关系的交互需要。立德树人能帮助个体找寻其存在对他人的价值，处理好"己需"与"他需"的关系。以孔子为代表的儒家传统文化，秉承"仁礼"之教。《说文解字》中对"仁"的解释是"仁，亲也，从人从二"，指要以仁爱之心为基础，妥善处理个人与他人的关系。"仁"的最高要求是"爱人""泛爱众，以亲仁"。"仁"的底线是"己所不欲，勿施于人""非礼勿视，非礼勿听，非礼勿言，非礼勿动"，使个人行为习惯符合礼的要求，实现"克己复礼为仁"。在被需值教育理念中，人是既独特又平等的个体，与人相处时，既要追求美好的道德理想，也要为人际关系设定最低的道德底线。最后，立德树人是关乎国家兴亡的社会需要。"树人"一词最早见于春秋时期的《管子·权修》中的"十年之计，莫如树林，终身之计，莫如树人"，指明教化人民是国家长治久安的核心。以社会需要为出发点，立德树人。《大学》中开篇明义讲道"大学之道，在明明德，在亲民，在止于至善"，明确了学校教育应弘扬美好的德行，从而达成社会和谐至善的最高目标。因此，立德树人，立德是基础，弘扬社会需要之德；树人是目标，培育国家需要之人。

（二）被需要素养与立德树人的目标

"立何德，树何人"是立德树人价值审思中的第二个问题，即立德与树人的关系、德与才的关系问题。在被需值教育理念下，被需要素养包含道德与能力两个方面，道德与能力是一个整体，均不可或缺。立德树人要培养德才兼备之人。西周时期六艺教育"礼、乐、射、御、书、数"，以"礼乐"教育为核心立德，也同样重视培养学生掌握符合社会需求的射（射箭）、御（驾驭）、书（书写）、数（数学）等具体技能。"是故才德全尽谓之圣人，才德兼亡谓之愚人，德

胜才谓之君子,百才胜德谓之小人。"(出自司马光《资治通鉴》)。司马光认为立德树人要以德为本,培养德才兼备的圣人。圣贤孔子则要求弟子"入则孝,出则悌,谨而信,泛爱众,而亲仁,行有余力,则以学文"。强调在立德之后修才,教育世人行有余力则以学文,用才艺修饰美化自己。立德是基础,树人是结果。《礼记·大学》将"立德"与"树人"关系表述为"格物、致知、诚意、正心、修身、齐家、治国、平天下","格物、致知"是道德教育的基础,即在研习万事万物的基础上获得真知;然后,通过"诚意、正心"去除各种不安的情绪,不为物欲所蔽,保持心灵的宁静,实现"修身";以修身为起点,才能具备使家族和睦、国家安定、天下太平的才能。

(三)被需要方法与立德树人的过程

"如何立德树人"是立德树人价值审思中的第三个问题,即立德树人的过程与方法。在被需值教育理念下,被需要方法包括"发现"与"有度"两个方面。"发现"指在立德树人过程中个体主动寻找需求点,根据自身特点,提升被需值。孔子认为,人应该在与自我对话的过程中,逐步明晰"我"的概念,"认识自我"是立德树人的起点。《中庸》中将教育界定为"天命之谓性,率性之谓道,修道之谓教"。教育的作用就是使人通过学习,修道向善。《礼记·学记》强调"玉不琢,不成器,人不学,不知道",指出人是不完美的个体,立德树人的过程是个体主动学习,不断提升道德修养、习得才能的过程。立德树人还要将个人学习与社会发展需求紧密相连。《礼记·学记》指出:"一年视离经辨志;三年视敬业乐群;五年视博习亲师;七年视论学取友,谓之小成。九年知类通达,强立而不反,谓之大成。""然后足以化民易俗,近者说服而远者怀之,此大学之道也。""有度"指的是尺度,强调立德树人的针对性和有效性。《礼记·中庸》提出"执其两端,用其中于民",阐述了"有度"的中庸之道和处世哲学。中庸指的是"喜怒哀乐之未发谓之中,发而皆中节谓之和。中也者,天下之大本也,和也者,天下之达道也",指德行的修养应保持和的状态,让情绪在一个合理的"度"里变化。中国古代课程重视通过将知识学习与道德训练有度结合,来提升立德树人的有效性。孔子以"文、行、忠、信"来教育弟子,在课程设置中兼顾了六艺之文——《诗经》《尚书》《礼记》《周易》《乐经》《春秋》的知识学习与对学生行、忠、信道德行为的训练。

三、现实之思,被需值教育与立德树人的实践诉求

被需值教育厘清了"需要"与"被需要"的辩证关系,从需求供给角度出发,落实立德树人任务,即教育培养的人是否被他人和社会所需要。落实立德树人需要社会、家庭、学校教育力量的协同联动。立足教育现实,发现并解决教育问题,实现教育有效供给,是被需值教育理念下扎实推进立德树人的实践诉求。

(一)弘扬核心价值,培养社会主义建设者和接班人

立德树人应关注社会需求,努力构建社会主义核心价值观教育体系,培养社会主义建设者和接班人。中华人民共和国成立后,特别是改革开放以来,我国社会实现了三次转型,即从高度集中的计划经济体制向社会主义市场经济体制转型、从传统农业社会向现代工业社

会转型、从封闭半封闭社会向改革开放社会转型。市场经济推动社会转型发展、思想文化解放的同时，带来了片面注重经济利益、中西文化冲突加剧等诸多社会危机。社会主义核心价值是新时代中国社会的共同价值追求。弘扬真善美，抨击假恶丑，构筑中国精神，凝聚中国力量，必须积极弘扬和培育社会主义核心价值，营造风清气正的社会育人环境，构建覆盖面广、针对性强、丰富多样的社会主义核心价值观教育体系。在被需值教育理念下，个人发展应与社会需求紧密相连，积极寻找、主动建构个体存在的社会价值。正如习近平在 2016 年 4 月 26 日在安徽调研期间召开座谈会中谈及的"以国家富强、人民幸福为己任，胸怀理想、志存高远，投身中国特色社会主义伟大实践，并为之终生奋斗。"学生是立德树人的主体，办中国特色社会主义教育，育国家需要的栋梁之材，需要提升学生的社会责任感与使命感，使其自觉践行社会主义核心价值观，积极主动融入社会建设，做大国腾飞的筑梦人。

（二）注重家庭、家教、家风建设，培养"心中有爱"之人

从家庭需求出发，立德树人应注重家庭、家教、家风在育人中的重要作用，营造"有爱"的和谐家庭，培养"心中有爱"之人。千千万万的幸福家庭，共同构建了和谐社会。家庭是人生的第一所学校，家长是孩子的第一任教师。孟母断织、叫陪鲤对，家庭教育以爱为基础，通过严慈相济的言传身教，潜移默化地影响着人的发展，"缺爱"或是"错爱"酿造了许多家庭悲剧。是什么将好孩子变成了恶魔？"养而无教"是家庭教育悲剧的根源。家庭缔结源于血缘与婚姻，家庭和睦需要一定的物质经济基础，而幸福与否则取决于是否"有爱"。被需值教育理念下，"有爱"是一种关心他人的情感态度，更是一种服务他人的行为能力。赠人玫瑰，手有余香；爱出者爱返，福往者福来。营造"有爱"的家庭育人氛围，教的不是知识，而是付出和感恩。不冷漠、不溺爱，给予孩子"张弛有度"的爱。给予爱的同时，不能剥夺孩子付出爱的权利。刷一次碗，倒一杯茶，或是一个真诚的拥抱、一句暖心的问候。智慧的家长会让孩子感受到自己是家庭的一员，是家庭中"被需要的"不可或缺的一分子，是有被需价值的"爱的存在"。

（三）清理"五唯"顽疾，培养全面发展之人

以人的发展需要为本，立德树人应使学校教育回归育人本质，培养德智体美劳全面发展之人。相对于社会教育与家庭教育，学校教育目的明确、组织严密、内容系统、过程完整，是立德树人的主阵地。教与学是学校教育活动的核心范畴，时间和空间是学校教育活动存在的基础，教师与学生是学校教育活动的主体，教育内容是学校教育活动的客体。综上所述，学校教育活动的含义界定如下：教师与学生围绕教育内容在特定的时间与空间里开展的教与学的活动。社会赋予学校育人的责任与义务，教师与学生也对其正在经历的学校教育生活寄予了美好的希望。然而，在功利主义教育观的驱使下，"唯论文、唯帽子、唯职称、唯学历、唯奖项"的顽瘴痼疾玷污了育人的纯洁净土，"以我为中心"追求个人利益最大化，使教与学、教师与学生、时间与空间充斥着对抗与竞争，打破了校园的宁静。被需，是换位思考，是合作互助，是追求共同价值。被需值教育理念下，学校立德树人应关注"双需"。其一，满足学生的学习所需。学习是个体主动进行意义建构的过程，是传承已知、拓展新知、探索未知

的认知发展过程。禁闭的门窗可以让身体在特定时间内符合学校要求,规训与惩罚却无法让灵魂在闭塞中获得"真、善、美"的升华。学校要将学习时间还给学生,允许个性化、多样化的学习时间安排,打破学习空间限制,从课内到课外,从学校到社会,鼓励学生充分利用网络教学资源,并在实践探索中开展自主学习。授人以渔,做好引路人,使学生知道自己"需要什么""能做什么"是教育的起点和原生动力。其二,满足教师的发展所需。师者,范也。传道、授业、解惑、红烛、灯塔、园丁,仿佛呕心沥血、春蚕到死才值得歌颂。然而,教师只是凡人,不是圣人。因此,偶有虐童事件、收受礼金、违规补课、学术造假等事件见诸报端,便会引起轩然大波,刺痛大众的神经。培育"四有"好教师,从管理的角度来看,应营造尊师重教的社会氛围、建立教师准入与退出机制、推动教师教育改革、落实师德考评制度;从被需值教育角度来思考,则应从引导教师找寻职业价值、建立教师职业认同、满足教师专业发展需求、提升教师职业获得感与幸福感四个方面综合发力,探索教师静心从教、安心从教、热心从教的现实路径。

(本文节选自 2019 年 5 月《教育评论》,王树生"被需值教育理念下立德树人的时代内涵与问题审思")

第二节　传统美德育人工程

践行被需值教育,推进"三全育人""全人教育",注重培育学生的技术技能和综合素养,实施中华传统美德育人工程,落实立德树人和社会主义核心价值观教育。

一、实施传统美德育人工程

被需值教育是提升学生被需要的素养及其价值的教育,是学校的办学理念,是全校师生员工的价值标准、道德准则和行为规范,也是学校"中华传统美德育人工程"的总纲领。

中华民族传统美德是指中国五千年历史流传下来,具有影响力、可以继承并得到不断创新发展、有益于后代的优秀道德遗产。概括起来就是:中华民族优秀的品质、优良的民族精神、崇高的民族气节、高尚的民族情感以及良好的民族习惯的总和。它标志着中华民族的"形"与"魂";它也是中华民族上下五千年来人民处理人际关系、人与社会关系和人与自然关系的实践结晶。中华传统美德一般体现在如下方面:爱国、明志、持节、自强、诚信、知耻、改过、好学、尚勇、求新、勤俭、奉公、务实、忠君、审势、厚仁、敦亲等。

简言之,中华民族传统美德是中华优秀传统文化的精神命脉,是涵养社会主义核心价值观的重要源泉。多年来,学校积极探索以中华优秀传统文化为切入点的素质教育实施路径,凝练了在被需值教育引领下的"礼以立人、艺以养人、行以成人"的传统文化育人理念,形成了"一课三平台"的传统文化育人模式,使中华优秀传统文化成为学校文化素质教育的重要载体。

在"传统美德育人工程"实施过程中,学校借助思政课、讲座、报告会、沙龙、艺术节、广播站、学生社团、妇联、工会、帮帮堂等平台,通过多措并举、异彩纷呈的第一课堂和第二课堂,如演讲比赛、技能竞赛、赈灾义演、评优评先等形式,鼓励人人争卓越,人人争最美,对学生学习传统中华美德、树立健康的价值观,传承与创新中国传统文化,突出健全人格,成就君子风范,做高被需值学子等方面起着重要的促进作用,促使学生树立健康的价值观,提升学生传承与创新中国传统文化的能力。

二、发挥第一课堂核心阵地的关键作用

(一)发挥思政课立德树人的关键作用

在"思想道德修养与法律基础"(以下简称思修)课程内容设计上,挖掘有关中华传统美德的主题。课堂上,通过讲演、讨论、辩论、调研报告展示等形式,强化传统美德的学习。借助"思修"课程,以大学生公德意识、文明素质、关爱互助、诚信状况、网络文明、科学道德、志愿服务、慈善理念、环境道德、恋爱道德、大学生荣辱观等现实生活中的热点问题,每周开展一次专题讲演、讨论、辩论、调研报告,诸如"18名路人漠视两岁女童遭车碾轧事件""'90后'暴打老人事件""雷锋叔叔不在了""你想成为什么样的人?""你想成为马云吗?"等。在学习"明大德守公德严私德"时,教师会结合中华传统美德中的义利观,引入"海南'80后'副局长肖明辉受贿案"等事件,潜移默化地影响学生树立正确的价值观和人生观。

在"毛泽东思想和中国特色社会主义理论体系概论"课程实践环节设计上,以"不忘初心,牢记使命"为主旋律,让学生对当前的社会热点问题进行实践调研。例如,开展以诸如"垃圾分类""大学生对时政新闻的关注度"等为主题的专项调研。开展实践调研活动,不仅能使学生更加深刻地了解社会,也能使学生更加关注社会热点问题,并进一步激发青年学子爱党、爱国、爱社会主义、勇于拼搏、乐于奉献的热情,切实推进学生学习和践行中华传统美德。同时,思政课应走进社会,与爱国教育基地、红色文化单位、居民社区共同创建第二课堂,开展社会实践调查活动。通过调研、收集、整理体现新时代的案例素材,用镜头记录展现人民群众在新时代获得改革开放发展红利等社会实践调研报告,使学生将学习和践行中华传统美德落到实处。

(二)发挥国学课立德树人的重要作用

开设构建旨在弘扬中华传统文化的系列国学课程,为"传统美德育人工程"提供支撑。为践行被需值教育引领下的中华传统美德育人工程,构建并开设国学课程模块,主要包括两个相辅相成的环节,分别是坚守国学精粹课程育人主渠道和打造"一品牌三平台"第二课堂育人主阵地(图2-1)。

"德育"是学校教育的第一要务,学校开设国学课程,让全体学生更好地了解中国传统文化,提高自身修养,守法重道,学以致用,做到"目中有人、心中有情、手中有爱",为社会输送"会学习、会交往、会生活、会工作"的有灵性的高素养技术技能专业人才。

国学课程包括素养必修课和素养选修课两种形式,其中,素养必修课由"生涯规划与就

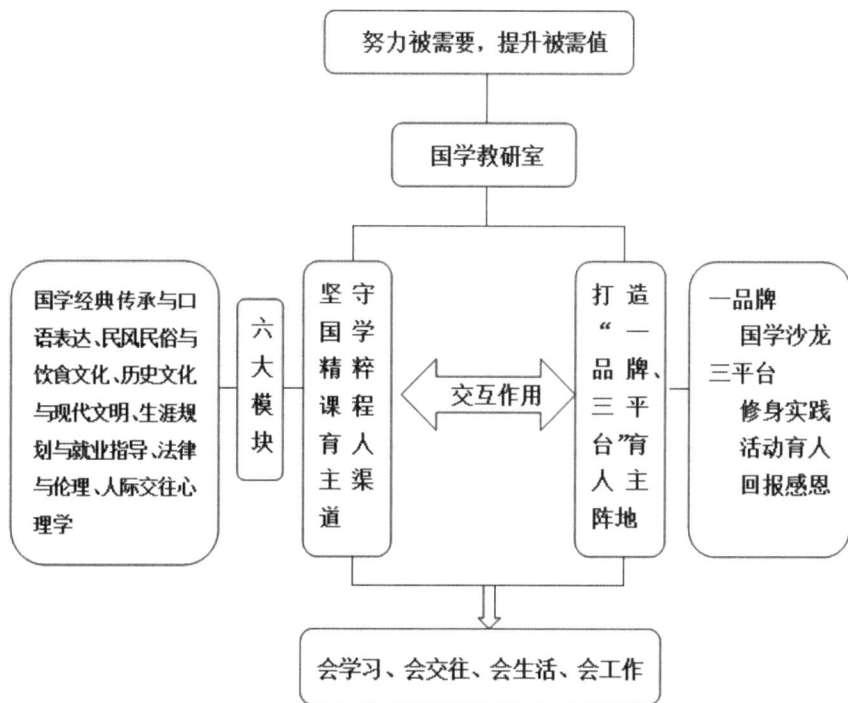

图 2-1　被需值教育"一品牌三平台"

业指导""历史文化与现代文明""法律与伦理""人际交往心理学与被需值教育""国学经典传承与口语表达""民风民俗与饮食文化"等组成；素养选修课包括"京剧常识与演唱""古筝""民间美术欣赏""板画""中国饮食文化"等。必修课程安排在第三、四学期完成，选修课程则纳入素质教育选修学分，三年期间均可选修。

为使国学课程达到预期效果，选聘一批专业基础扎实、有志于传承和弘扬中华优秀传统文化的中青年教师组建国学教研室。借助地域优秀传统文化教育资源优势，出版特色文化教材，如《国学经典与被需值教育》等。定期举办国学经典朗诵会、辩论赛、传统文化知识竞赛、国学经典读书会等活动，以强化对学生的传统文化教育。以声为媒，以情动人，以诗词抒发满腔热血，激扬文字，赞颂江山，抒发书生意气，时而慷慨陈词，时而柔情软语，将千古流传的国学之美演绎得淋漓尽致。

国学不仅包含数千年积累流传下来的经典，如"四书五经"（四书即《大学》《中庸》《论语》《孟子》，五经即《诗经》《尚书》《礼记》《周易》《春秋》），以及《老子》《庄子》《孙子》《史记》《汉书》与唐诗宋词，也包含研究中国人思维方式、生活方式、行为方式乃至娱乐方式的各种学问。国学研究的对象包括物质文化遗产——我国各民族的建筑、服饰、饮食、音乐、绘画、医药、戏曲等。传统文化知识竞赛的涵盖内容丰富，参与面广，不仅从国学经典着手，还包含了我国各民族的建筑、服饰、饮食、音乐、绘画等。应定期组织学生参观当地传统文化基地，用中华优秀传统文化为学生打上一层中国人的"底色"。

三、发挥第二课堂主阵地的重要作用

丰富多彩的第二课堂活动是"传统美德育人工程"的主阵地,以"被需值"为基因,以"氛围""节奏"为外在体现,以"微笑"为基点,以科技文化艺术活动为载体,开展切合学生发展需要的社团活动。依托国学社、茶艺社、礼射队、汉服社等学生社团,通过举办国学沙龙、"帮帮堂"爱心活动、中华传统美德寻根之旅等系列活动,旨在让学子们更好、更多地了解并传承中国优秀传统文化。

(一)国粹育人,传承美德

在被需值教育理念的引领下,积极落实"立德树人"的根本任务,准确把握素质教育的核心,即民族文化认同、人格养成和能力提升,立足民族文化,首创性地提出以中华传统美德教育为切入点的特色素质教育。在对传统美德教育的机制、模式、路径等进行精心设计的基础上,明确培养"既有良好职业道德与健全人格,又掌握娴熟技能的高素养技术技能型人才"的目标,打造被需值教育理念下的传统美德育人模式,构建以国学精粹公共必修课为核心的德育课程,以及理论与实践相结合的"国学沙龙"系列活动,让学生在活动中受到潜移默化的德行教育。

1. 德育课程修身心

在必修课实践教学模块基础上,借鉴中华诗教、礼教、乐教等传统精华,开设"艺术涵养＋工匠精神"修身实践类选修课程,以被需值为文化基因,开设"京剧常识与演唱""古筝""民间美术欣赏""板画""中国饮食文化"等选修课程,并结合课程,组织学生参与国艺类技能竞赛,培育工匠精神。以被需值为文化基因,实施文化育人进课堂工程,设立素质拓展学分,有效提升学生的综合素质。

2. 国学沙龙拓视野

作为课程延伸,打造"国学沙龙"文化品牌,聘请著名学者大师登台开讲,拓宽学生视野,提升学生文化素养。借助"国学沙龙"平台,开展各种弘扬传统美德活动,让学生在活动中受到熏陶和影响。

(1)传统文化普及活动。举办"中华传统美德活动月""国学经典诵读大赛"等,展现国学魅力,弘扬传统美德,增强学生自信。

(2)传统礼仪节日活动。举办孔子诞辰纪念活动,弘扬尊师重道、明礼守仁的传统美德;开展端午节、中秋节等节日活动,传承优秀民风民俗。

(3)传统文化交流活动。举办现场书法临摹大赛,促进高校间书法交流;现场写对联赠送活动,提升学生审美品位。

(二)搭建"帮帮堂"平台,传递美德

以"帮帮堂"为平台,鼓励互帮互助,传递美德,把爱汇聚成海洋,携手共进,努力被需要,

提升被需值。举办经济困难统学帮扶助学活动、社区助老活动、关爱留守儿童活动、义捐义演活动等精准扶贫活动,开展"阳光课堂""心语树""星期天学堂""一瓶一希望""'益'路相伴""爱心雨伞"传播文明的课外活动等,让学生们真切体验到被需值教育力量和传递美德的快乐,在需要和被需要的互动中树立了学习的信心,在传递美德的过程中找到自信,在主动作为中成长,在社会服务中提高自身价值。传承中华传统美德,向内要提升自己的人格修养,向外要感恩他人、服务社会。

(三)辐射"一带一路",传播美德

学校服务"一带一路"倡议,积极开拓国际交流渠道,与"一带一路"沿线国家职业学校开展师生互访、教育文化交流合作活动,与"一带一路"沿线国家华人华资企业建立"鲁班工坊"项目,开展留学生学历教育、员工培训和咨询服务,与"一带一路"沿线国家开展华裔青少年寻根之旅活动等,推广中华传统文化,传播中华传统美德。

总之,开展中华传统美德育人工作,坚持以被需值教育为指导,紧紧围绕立德树人根本任务,以"三动""四会"为培养目标,通过发挥第一课堂主阵地的关键作用,充实教学内容,将传递知识与美德教育有机融合,形成了有思想引领、有培育载体的育人格局。同时,在被需值教育引领下,积极开展多措并举、异彩纷呈的第二课堂系列主题活动,借助德育课程、国学沙龙、"帮帮堂"、"一带一路"等平台,全方位传承、传递、传播中华传统美德,有效服务学生成长成才。

(本文节选自学校 2019 年 3 月《被需值教育文集》,王树生"被需值引领下中华传统美德育人工程")

第三节 "三全育人"工作基本原则

一、"三全育人"的基本概念

(一)"三全育人"含义

2016 年,习近平在全国高校思想政治工作会议上强调,要坚持把立德树人作为中心环节,把思想政治工作贯穿教育教学全过程,实现全员育人、全程育人、全方位育人。中共中央、国务院《关于加强和改进新形势下高校思想政治工作的意见》(〔2016〕31 号文)提出,加强和改进高校思想政治工作的基本原则有五项,其中一项便是要坚持全员、全过程、全方位育人(以下简称"三全育人")。

1. 全员育人

全员育人是指由学校、家庭、社会、学生组成"四位一体"育人机制。学校是指辅导员、班主任、党政管理干部、"两课"专业教师、图书馆工作人员、后勤服务人员等;家庭是指父母、祖

（外）父母；社会是指校外知名人士、优秀校友等；学生是指同学之间。

2. 全程育人

全程育人是指学生从入学踏进校门始到毕业就业，以及终身学习的跟踪服务，以被需值为基因的立德树人、文化育人伴随一生。

3. 全方位育人

全方位育人是指充分利用各种教育载体，包括学生综合测评和奖学金评比、贫困生资助与勤工助学、学生组织建设与管理、校园文化建设、学风建设、诚信教育、社会实践、毕业生数据库、校友服务平台等，思想政治教育无盲点，覆盖每个角落。

职业教育同样肩负着人才培养、科学研究、社会服务、文化传承创新、国际交流合作的重要使命。落实立德树人根本任务，融入思想道德教育、文化知识教育、社会实践各环节，将思想政治工作和思想价值引领贯穿教育教学全过程，形成教书育人、科研育人、实践育人、管理育人、服务育人、文化育人、组织育人长效机制。

（二）"三全育人"之间的相互关系

全员育人是全过程、全方位育人的人力基础和组织保障；全过程育人内在蕴含着全员参与、全方位覆盖的客观要求；而全方位育人则既离不开高校全体教职工的责任自觉和积极参与，又需要按照全过程育人的要求，深挖不同领域中的育人因素，整合不同社会力量的育人功能，探索不同实践载体的育人方式。三者相互联系、密不可分，构成了以立德树人为中心的育人机制，集中体现了党"育人为本、德育为先""教育与生产劳动相结合，与社会实践相结合"的教育方针。

（三）"三全育人"的现实意义

中国进入特色社会主义新时代，职业教育迎来了从"大"到"强"、从量变到质变的过程。如何建立同党和国家事业发展要求相适应、同人民群众期待相契合、同我国综合国力和国际地位相匹配的世界一流职业教育，如何培养大批拥护中国共产党领导和社会主义制度、立志为中国特色社会主义奋斗终身的有用人才，是新时代职业教育发展面临的重大问题。习近平指出："必须把社会主义建设者和接班人作为教育工作的根本任务和教育现代化的方向目标，努力构建德、智、体、美、劳全面培养的教育体系，形成更高水平的人才培养体系"。这一重要论断深化了对我国教育事业的规律性认识，体现了"三全育人"的战略要求。深入认识和落实职业教育"三全育人"机制，既是深入贯彻全国教育大会精神的客观需要，也有助于增强思想政治工作与职业教育发展的一体化。

1. 体现职业教育立德树人的内在要求

全国教育大会将"十八大"以来教育改革发展的新理念、新思想、新观点集中概括为"九个坚持"。其中，"坚持把立德树人作为根本任务"是习近平对新时代教育改革发展的重大理论创新和战略部署。这一"坚持"的要义在于将立德树人置于教育教学的中心环节，并将其视为衡量学校一切工作的根本标准。推进职业教育"三全育人"机制，归根结底是要把立德树人融入思想道德教育、文化知识教育、社会实践等各环节。

2. 顺应职业教育人才培养的发展趋势

习近平指出,新时代与新形势下,改革开放和社会主义现代化建设、促进人的全面发展和社会全面进步对教育与学习提出了新的更高的要求。以大数据、人工智能等前沿技术突破为标志的第四次工业革命,正深刻变革高等教育的格局、人才需求的结构和未来学习的模式。相应的,学校人才培养在理念上更加强调全面发展、终身学习与协同育人;在目标上,更加突出学生的社会责任感和创新能力培养;在模式上,更加关注跨专业培育,强调通专结合、产学研结合;在方法上,更加注重借助社会力量,运用互联网、大数据、慕课等新兴教育载体和平台,实现全时空、跨领域的有效覆盖。

"三全育人"聚焦第四次工业革命与我国经济社会发展的时代特征,顺应学校人才培养的历史潮流,指明了我国职业教育的发展方向。一方面,"三全育人"致力于培养拥有健全人格和全面素质的时代新人。而新时代的理想人格和素质更加聚焦知识能力和价值观的全面性和整合性。以立德树人为中心的"三全育人",将德行培养和人格塑造确立为人才培养的核心任务和根本标准,突出"立德"对"树人"的价值限定、过程管理与引领作用,有效契合了时代发展对健全人格和全面素质的要求。另一方面,"三全育人"致力于构建跨时空、全领域、全要素的人才培养体系,面向未来的人才培养将更加强调多维开放、资源共享和力量整合。"三全育人"在时间上向基础教育、终身教育和学生未来职业发展开放,在空间上向家庭、社会开放;对内调动各级各类育人力量,对外引入并整合各种社会资源;建立课内与课外、校内与校外、线上与线下全领域覆盖、全要素融合的育人体系,有力突破了传统学校人才培养以学科(专业)为依托的知识逻辑和以院系为载体的权力逻辑,开辟出一条跨学科(专业)、跨院系的人才培养之路。

3. 契合学校思想政治工作的发展规律

习近平在全国教育大会上提出:"思想政治工作是学校各项工作的生命线",进一步阐明了学校思想政治工作的特殊地位和重要作用。

面对新时代的要求和形势变化,学校思想政治工作要按照"因事而化、因时而进、因势而新"的要求,根据工作对象、环境和条件的不同,不断创新理念、方法和手段。其中一个重要方面,就是要在坚定政治意识和政治担当的基础上,更加突出育人的地位和价值。2018年,全国宣传思想工作会议提出,要把"培养堪当民族复兴大任的时代新人"作为新形势下做好宣传思想工作的重要使命和职责。由此可见,"三全育人"作为党和国家对高校思想政治工作的根本性指导原则,深化了对高校思想政治工作本质定位的认识,指明了"全面立德树人"的发展方向,更加突出"育人"的全局性和优先性;丰富了学校思想政治工作的价值目标,更加注重"社会全面进步"与"人的全面发展"相融合;增强了学校思想政治工作的系统性,推进思想政治工作与教育教学深度融合,探索全员参与、全程贯穿、全方位协同的育人体制。

"三全育人"综合改革既是职业高等学校对当下育人项目、育人载体、育人机制的有效整合,更是对长远育人格局、育人体系、育人标准的重构。做好试点工作,不仅要巩固优势、扩大影响,更要破立并举、善于创新。通过改革试点,构建一体化育人机制,为培养全面发展的社会主义建设者和接班人贡献力量。

总之,"三全育人"综合改革要全面统筹办学治校各领域、教育教学各环节、人才培养各方面的育人资源和育人力量,充分发挥课程、科研、实践、文化、网络、心理等各方面的育人功能。"三全育人"工作的落脚点是育人,要从体制机制完善、项目带动引领、队伍配齐建强、组织条件保障等方面进行系统设计,把促进学生成长成才作为学校一切工作的出发点,将思想政治工作融入高校办学治校全过程,将"四位一体"育人机制落实到教职员工职责规范之中。

二、"三全育人"的基本做法

党的"十九大"以来,教育部启动"三全育人"综合改革试点。2019年1月,教育部办公厅公示了第二批"三全育人"综合改革试点单位入选名单,福建省成为3个第二批"三全育人"综合改革试点区之一。2019年6月,根据《中共福建省委教育工委关于开展"三全育人"综合改革试点工作的通知》(闽委教思〔2019〕11号),福建省"三全育人"综合改革试点,牢牢把握立德树人根本任务,全面布局、创新举措,积极做好政策制度保障、思政队伍保障、协同机制保障和经费保障,扎实推进"三全育人"综合改革试点。

(一)课程育人

实施教师"课堂负责"制,有效发挥课堂主渠道育人功能。在课程育人方面,以党建为引领,通过系列培训学习与实践活动,实施教师思政素养提升工程;设计思想政治教育与专业教育有机统一的人才培养新方案。围绕专业特色提炼思政元素,构建"课程思政"育人机制,将课程育人理念贯穿教学全过程;探索"课堂思政"考核评价机制,将课程育人列入日常教学督导和教师年终考核的核心指标中;督促并引导教师关注教学效果,加大对课堂教学的投入力度,做好课堂教育、家庭教育、社会教育的融合,探索启发式和实践式教学模式。

(二)科研育人

在科研育人方面,鼓励教师积极开展三全育人相关的理论与实践研究,将科研贯穿于教学过程之中,形成科教协同育人机制;激发学生的学习主体意识,培养大学生自我教育和终身学习意识。将科学研究成果转化为教学课程资源,通过外在的评价体系与保障机制,增强科研育人的转化力。通过大学生实践创新项目的申报与项目训练,如"互联网＋"创新创业大赛,激发学生的创新潜能和创业意识,提升学生学以致用、分析和解决实际问题的能力。

(三)文化育人

组织开展形式多样、健康向上、格调高雅的校园文化活动,引导师生对人民要有真挚情感,对社会要有责任感,提升对党和国家的忠诚度。严格执行师德师风考核制度,鼓励教师以德立身、以德立学、以德施教。依托系列文化主题教育活动,将文化育人落实到具体项目中。通过定期开展师生社会主义核心价值观主题教育活动,挖掘典型案例,推广经验做法,探索构建文化品牌,传播正能量。以学生在日常行为规范、职业精神和职业道德中的先进典型为主线,强化"教室文化""寝室文化""饮食文化"等校园文化建设,彰显"以文化人"的教化功能。通过各类文娱、体育、科技、文化活动,培养学生的竞争意识、集体荣誉感和团结互助精神,丰富学生的校园文化生活,提高学生的文化素质。

(四)实践育人

在育人体系中,实践育人尤为重要。通过实践,能够提升学生服务国家、服务人民的社会责任感,培养学生勇于探索的创新精神,锻炼学生解决问题的能力。避免重理论轻实践、重知识传授轻能力培养的观念,注重学思结合、知行统一、因材施教;以强化实践教学要求为重点,以创新实践育人方法途径为基础,以加强实践育人基地建设为依托,积极调动整合社会各方面资源,形成实践育人合力,构建育人长效机制。

要将实践育人纳入教学计划,系统设计实践育人教育教学体系,规定相应学时学分,合理增加实践课时,确保实践育人工作全面落地。结合学校各个专业特点和人才培养要求,分类制定实践教学标准,增加实践教学比例,确保实践教学比重不少于 60%。加大对学生创新创业的支持力度,鼓励学生开展研究性学习、创新性实验、创业计划和创业模拟活动。系统开展社会实践活动,鼓励教师增加实践经历,参与产业化科研项目,到社会各领域挂职锻炼。将思政课教师、辅导员和团干部参加社会实践、挂职锻炼、学习考察等制度化,并建立和完善科学合理的考核激励机制,加大表彰力度,激发师生参与实践的自觉性、积极性。支持和引导班级、社团等学生组织自主开展社会实践活动,发挥学生在实践育人中的自我教育、自我管理、自我服务作用。

(五)网络育人

习近平指出:"谁赢得了互联网,谁就赢得了青年","要运用新媒体新技术使工作活起来,推动思想政治工作传统优势同信息技术高度融合,增强时代感和吸引力"。因此,要管理运用好学校官网、微信公众号,建设好思想政治教育专栏,占领意识形态和宣传阵地,传播主旋律,弘扬正能量,实现思政教育有机融入、润物无声。要净化网络育人环境,发挥网络育人功能。通过网上社区、论坛、微信、微博、QQ 群等现代通信手段,搭建教师与学生的互动交流平台。利用各网络平台,开展网络育人活动,线上学习与线下育人同步进行。

(六)心理育人

开设心理学必修课程,设立心理发展中心,普及心理学知识,抓好师生心理健康建设。邀请专家定期对教师(特别是辅导员)进行专题培训,提升教师心理育人工作能力。举办心理知识系列讲座,培训培养班级心理委员,及时了解掌控每一位学生的心理状况,定期开展心理健康教育主题班会活动。依托学校心理咨询室资源,为师生排忧解难,有效做好师生心理干预工作。举办心理健康教育系列观影活动、有奖征集电影观后感、展示观影总结等,普及心理健康知识,提高学生的自我心理健康意识。

（七）管理育人

以完善治理体系和提高治理能力为核心,将育人工作贯穿于日常管理的各个环节与细节中,建立健全管理育人相关制度,落实管理育人工作。其中,"三联三促"工作机制,有效加强了师德师风建设,将管理育人落实到了实处。所谓"三联三促"工作机制,即党员干部要积极联系企业,促进校企合作;联系专业,促进教学改革;联系学生,促进学生成长成才。

（八）服务育人

根据服务育人的职责要求,建立主动发现问题、自我改进工作的质量管理机制,建立健全服务育人相关制度,落实服务育人工作,提高服务育人水平和质量。通过校长信箱、学生意见箱和校、院官方微博,畅通学生反映问题的渠道,及时帮助学生解决实际问题。

（九）扶贫育人

运用大数据,采集学生学习、生活信息,并进行实时监测分析。对学生成绩下降、迟到早退、消费反常、上网成瘾等异常行为进行实时劝诫。精准核定家庭经济困难学生,对接受资助的学生开展诚信主题教育活动,引导学生正确面对困难,鼓励他们自立自强、诚实守信,同时给予这些学生更多的勤工俭学的机会和平台,以增强他们的实践能力、创新能力和社会责任感,促进其健康成长。

（十）组织育人

学校党团学工组织高度重视和关注全校师生的工作和生活。发挥党委"双核心"作用,实施党团"双带头人"培育工程,党团联动,以党带团,激励引导,形成组织育人合力,创新党团组织培养模式,推动党团各项工作的顺利开展。通过党团组织的志愿服务活动,推动"三全育人"工程试点工作顺利实施和扎实落地。

总之,"三全育人"综合改革试点工作,要坚持育人为本、德育为先。通过顶层设计、制度保障,强化和落实"三全育人"工作理念,提升育人工作的思想定位和工作站位,把育人作为思想政治工作的主线,将其贯穿于教育教学全过程和学生成长成才各个环节,在全校形成"人人关心育人,人人为了育人"的浓厚氛围,使育人工作更有温度、人才培养更有厚度、立德树人更有成效。

（本文节选自学校2019年4月《被需值教育文集》,王树生"三全育人的学校特色"）

第四节　现代公民道德培养

一、当今社会道德问题与原因分析

(一)以我为中心

"以我为中心"是人的主体性的过分张扬而形成的道德层面上的认知反应。14 世纪开始的文艺复兴运动是复归人性,即打破神对人的掌控和禁锢,将人的能力、智慧、需要、欲望等合法化与合理化。从此,人的主体性被慢慢提升到一个前所未有的高度。"人是万物的尺度",每个人都能以自己是主体的立场去看待整个世界。"以我为中心"的思考方式和处事方式逐渐消解了以往的人际体系中站在他人立场处理问题的思维方式。当代社会中有很多人,很自然地时时处处以自己的利益为先,其背后均有其过分强调"我为主体"的隐性原因。

(二)道德冷漠

"道德冷漠"是对市场经济本质的单一认知引发的情感层面上的态度反应。中国的经济形态从计划型走向市场型,在市场经济的自由竞争特性中形成自发的商业文化,这种文化在无形中强化了利益至上的导向,进而衍生出拜金主义、消费主义、享乐主义、奢华主义、利己主义等。当社会中的拜金主义流行,文化价值导向上又没有清晰正确的引导时,人们在情感上就会出现"道德冷漠",甚至在行为上失德与失范。何为道德冷漠?即"个体道德情感的匮乏及其引起的道德判断上的不思考或道德行为上的麻木,即个体虽具备一定的道德知识和观念,但对现实情境中所提出的社会道德要求毫无体验和反应,意识不到道德问题的存在,体会不到道德的召唤,对现实社会的道德要求以及他人的痛苦无动于衷"。当今的中国社会也存在无法移情、无法对别人的痛苦感同身受、面对别人的需求无动于衷的人,冷漠旁观的道德现象已经出现。

(三)无所依从

"无所依从"是多元对主流的价值冲击致使人们在道德规则层面上的行为反应。中国以令人震惊的速度发展着,"多元"是当代社会中价值文化的鲜明特征。传统的价值体系被冲击,新的来自西方发达社会的价值观跃跃欲试,根系动摇又水土不服,社会价值系统处于双重失序的混乱摇摆状态。清晰有力的道德规则在当代中国社会变得前所未有的重要和必需,到底什么样的价值规范可以依从? 社会主义核心价值观应运而生,在国家层面上重建主流价值观,变成每个个体为人处事的准则,但是要想使其深入人心,内化为人民内在价值标准和行为习惯,则还需要长期的努力。

二、被需值是公民道德的具体表达

网络时代产生了很多的流行词汇,这些词汇在某种程度上是社会形态的缩影。比如网络大热的"×值""被××","值"说明有结果,可测量,可比较,可交换,有价值。与之相应的组词有"颜值""财富值""武力值"等,反映了这个时代人们对相貌、财富、力量等的看重与追求。"被"在网络上是相对负面的使用,与之相应的组词有"被自杀""被离婚"等,显示主体被强迫、被造谣的无奈。摒弃掉"被"字被调侃的网络使用,"被需要"却是一种充满了温暖的正能量词汇。被需要表示个体有能力实现他人的要求,有恻隐之心去帮助他人解决问题,有丰富的情感去回应他人的依恋,有独特价值去满足他人的需要。人本主义心理学认为,尊重的需要和自我实现的需要都是人内部自然产生的高级需求,因此从心理学的角度来讲,"需要"与"被需要"具有个体性和内在性。

被需值的提出,将人们从利益的享受者、道德的旁观者、行为的评论者变为道德的建设者。"我为人人,人人为我"这句话的表达是有逻辑次序的,我首先是"人人"的需要,先提高自己的被需值,再来满足自己的需要,这样的境界才是我们道德家园的理想之境。

三、被需值教育有助于提升公民的道德素养

(一)有助于将狭隘利己观转为生命独特性的价值体现

独特的、不可替代的个人价值感是一个人道德责任的前提。被需要,是自己作为一个独特的个体存在的强有力证明,因为被各种各样的人需要,才突显出自己的不可替代性,也是个体存在于世界的意义所在。"一个重要的事实是,人并非对自己才是自足的。生命只有当服务于自身之外的目的时,只有当对别人有价值时,才是有意义的。"因此,只有当个人努力参与并在当下创造价值时,价值才存在。孩提时代的获取与成年之后的给予共同构成了我们人类社会绵延下去的法宝。

(二)有助于在关系原则中实现真正的利己

马克思主义认为,人的本质是一切社会关系的总和,即每个人都处在一定的社会关系中,共同存在于世界之中,每个人都有对他人的责任。与关系原则相对的就是个体原则,弗洛姆曾经指出:"利己主义的谬误在于,它认为利己自保是人的本能。"这种利己主义是在个体原则下思考的结果。在关系原则中考虑人际,就是需要和被需要,就是合作和互助,就是先舍再得的辩证关系。孔子提出的人际关系的黄金原则:"己所不欲勿施于人",即底线为不伤害他人,同时又提出"己欲立而立人,己欲达而达人",即在积极层面倡导力所能及地协助他人,与他人一起成就。无论是现代还是古代,其实人们早就意识到了站在"他者立场"去思考、去做事的价值,增强被需性,自己的需求才能水到渠成地获得满足。

(三)有助于提高公民道德教育的实效

一个有组织管理和文化建设的"社会单元"里会形成小型的熟人社会,其成员会有必要的情感互动、组织依赖和良性的道德舆论。家庭作为其中的一种社会单元,在保持人际交流的纯粹性和人性的深度交往方面有相当大的优势。从小到大,孩子与父母总会有大量面对面相处的时间,很容易创造"搭把手""帮个小忙""帮我跑一趟"等身边的"被需机会",从而营造满足他人需求、服务他人愿望、体现互助风尚的"被需氛围"。但是,家庭道德教育也有其虚效性,其原因之一就是缺少道德实践的机会,缺乏道德体验的真实,而营造"被需"人际氛围,却可以在最真实的生活中让学生体会被他人需要的情感、能力被认可的尊重、非功利性帮助别人带来的最纯粹的快乐,进而养成为他人着想的习惯,形成分享公共利益的心态,感受他人的回馈带来的温暖和幸福。这些建构人与人之间的亲近、持久的交往和对话关系的道德教育实践,不仅是提高德育实效性的手段,更是将一个和谐社会公民所应该具备的道德素养濡化浸入人心的最佳方式。

(本文节选自学校 2019 年 4 月《被需值教育文集》,王树生"被需值:现代公民道德培养的切入点")

同步思考

1. 解释概念:立德树人、传统美德育人工程、三全育人。
2. 简述被需值教育与立德树人的内在关联。
3. 简述第一课堂和第二课堂在立德树人方面的作用。
4. 简述被需值教育与公民道德培养的关系。
5. 简述"三全育人"的基本做法。

同·步·链·接·1·

教育部关于全面深化课程改革落实立德树人根本任务的意见

教基二〔2014〕4 号

各省、自治区、直辖市教育厅(教委),各计划单列市教育局,新疆生产建设兵团教育局,部属各高等学校:

为把党的十八大和十八届三中全会关于立德树人的要求落到实处,充分发挥课程在人才培养中的核心作用,进一步提升综合育人水平,更好地促进各级各类学校学生全面发展、健康成长,现提出如下意见。

一、充分认识全面深化课程改革、落实立德树人根本任务的重要性和紧迫性

(一)深化课程改革、落实立德树人根本任务具有重大意义。立德树人是发展中国特色社会主义教育事业的核心所在,是培养德智体美全面发展的社会主义建设者和接班人的本质要求。课程是教育思想、教育目标和教育内容的主要载体,集中体现国家意志和社会主义核心价值观,是学校教育教学活动的基本依据,直接影响人才培养质量。全面深化课程改革,整体构建符合教育规律、体现时代特征、具有中国特色的人才培养体系,建立健全综合协调、充满活力的育人体制机制,落实立德树人根本任务,是贯彻党的十八大和十八届三中全会精神的重大举措,是提高国民素质、建设人力资源强国的战略行动,是适应教育内涵发展、基本实现教育现代化的必然要求,对于全面提高育人水平,让每个学生都能成为有用之才具有重要意义。

(二)新时期课程改革在立德树人工作中发挥了重要作用。新世纪以来特别是教育规划纲要发布实施以来,教育系统认真贯彻落实中央有关精神,积极探索,勇于实践,推动课程改革取得显著成效。德育为先、能力为重、全面发展的教育理念得到普遍认同。符合素质教育和时代要求的课程教材体系不断完善。人才培养模式改革不断深化,自主、合作、探究的学习方式与启发、讨论、参与的教学方式不断推广,育人的针对性、实效性进一步增强。分类考试、综合评价、多元录取的考试招生制度改革积极推进,以学生全面发展为根本、科学多元的评价制度改革取得重要进展。课程改革为进一步推动立德树人工作奠定了基础。

(三)课程改革面临新的挑战。经济全球化深入发展,信息网络技术突飞猛进,各种思想文化交流交融交锋更加频繁,学生成长环境发生深刻变化。青少年学生思想意识更加自主,价值追求更加多样,个性特点更加鲜明。国际竞争日趋激烈,人才强国战略深入实施,时代和社会发展需要进一步提高国民的综合素质,培养创新人才。这些变化和需求对课程改革提出了新的更高要求。

当前,高校和中小学课程改革从总体上看,整体规划、协同推进不够,与立德树人的要求还存在一定差距。主要表现在:重智轻德,单纯追求分数和升学率,学生的社会责任感、创新精神和实践能力较为薄弱;高校、中小学课程目标有机衔接不够,部分学科内容交叉重复,课程教材的系统性、适宜性不强;与课程改革相适应的考试招生、评价制度不配套,制约着教学改革的全面推进;教师育人意识和能力有待加强,课程资源开发利用不足,支撑保障课程改革的机制不健全。这些困难和问题直接影响着立德树人的效果,必须引起高度重视,全面深化课程改革,切实加以解决。

二、准确把握全面深化课程改革的总体要求

(一)指导思想。全面贯彻党的教育方针,遵循教育规律和学生成长规律。大力弘扬中华优秀传统文化,把培育和践行社会主义核心价值观融入国民教育全过程,倡导富强、民主、文明、和谐,倡导自由、平等、公正、法治,倡导爱国、敬业、诚信、友善。要立足中国国情,具有世界眼光,面向全体学生,促进人人成才。

(二)基本原则。坚持系统设计,整体规划育人各个环节的改革,整合利用各种资源,统筹协调各方力量,实现全科育人、全程育人、全员育人。坚持重点突破,聚焦课程改革的关键领域和主要环节,针对制约课程改革的体制机制障碍,集中攻关,重点推进。坚持继承创新,注重课程改革的连续性和可持续性,适应新时期教育发展的新要求,积极开拓,大胆试验。

(三)工作目标。高举中国特色社会主义伟大旗帜,推动社会主义核心价值观进教材、进课堂、进头脑,着力培养学生高尚的道德情操、扎实的科学文化素质、健康的身心、良好的审美情趣,努力使学生具有中华文化底蕴、中国特色社会主义共同理想、国际视野,成为社会主义合格建设者和可靠接班人。基本建成高校、中小学各学段上下贯通、有机衔接、相互协调、科学合理的课程教材体系;基本确立教育教学主要环节相互配套、协调一致的人才培养体制;基本形成多方参与、齐心协力、互相配合的育人工作格局。

(四)主要任务。

1.统筹小学、初中、高中、本专科、研究生等学段(包括职业院校)。进一步明确各学段各自教育功能定位,理顺各学段的育人目标,使其依次递进、有序过渡。要避免有的学科客观存在的一些内容脱节、交叉、错位的现象,充分体现教育规律和人才培养规律。

2.统筹各学科,特别是德育、语文、历史、体育、艺术等学科。充分发挥人文学科的独特育人优势,进一步提升数学、科学、技术等课程的育人价值。同时加强学科间的相互配合,发挥综合育人功能,不断提高学生综合运用知识解决实际问题的能力。

3.统筹课标、教材、教学、评价、考试等环节。全面发挥课程标准的统领作用,协同推进教材编写、教学实施、评价方式、考试命题等各环节的改革,使其有效配合,相互促进。

4.统筹一线教师、管理干部、教研人员、专家学者、社会人士等力量。充分发挥各自优势,明确各支力量在教书育人、服务保障、教学指导、研究引领、参与监督等方面的作用。围绕育人目标,协调各支力量,形成育人合力。

5.统筹课堂、校园、社团、家庭、社会等阵地。发挥学校的主渠道作用,加强课堂教学、校园文化建设和社团组织活动的密切联系,促进家校合作,广泛利用社会资源,科学设计和安排课内外、校内外活动,营造协调一致的良好育人环境。

三、着力推进关键领域和主要环节改革

(一)研究制订学生发展核心素养体系和学业质量标准。要根据学生的成长规律和社会对人才的需求,把对学生德智体美全面发展总体要求和社会主义核心价值观的有关内容具体化、细化,深入回答"培养什么人、怎样培养人"的问题。教育部将组织研究提出各学段学生发展核心素养体系,明确学生应具备的适应终身发展和社会发展需要的必备品格和关键能力,突出强调个人修养、社会关爱、家国情怀,更加注重自主发展、合作参与、创新实践。研究制订中小学各学科学业质量标准和高等学校相关学科专业类教学质量国家标准,根据核心素养体系,明确学生完成不同学段、不同年级、不同学科学习内容后应该达到的程度要求,指导教师准确把握教学的深度和广度,使考试评价更加准确反映人才培养要求。各级各类学校要从实际情况和学生特点出发,把核心素养和学业质量要求落实到各学科教学中。

(二)修订课程方案和课程标准。依据学生发展核心素养体系,进一步明确各学段、各学科具体的育人目标和任务,完善高校和中小学课程教学有关标准。要增强思想性,有机融入社会主义核心价值观的基本内容和要求,全面传承中华优秀传统文化,弘扬社会主义法治精神,充分体现民族特点,培养学生树立远大理想和崇高追求,形成正确的世界观、人生观、价值观。要增强科学性,客观反映人类探索自然和社会发展的规律,确保课程内容严谨准确。要增强时代性,充分体现先进的教育思想和教育理念,根据社会发展新变化、科技进步新成果,及时更新教学内容。要增强适宜性,各学科的学习内容要符合学生不同发展阶段的年龄

特征,紧密联系学生生活经验。要增强可操作性,进一步明确培养目标、教学内容,充实学业质量要求,对教学实施、考试评价提出具体建议。要增强整体性,强化各学段、相关学科纵向有效衔接和横向协调配合。

教育部将在总体设计的基础上,先行启动普通高中课程修订工作。合理确定必修、选修课时比例,打牢学生终身发展的基础,增加学生选择学习的机会,满足持续发展、个性发展需要。坚持知行统一原则,加强职业体验、社会实践等方面的课程。进一步精选课程内容,科学确定课程容量和难度。制订(修订)中等职业学校相关课程教学大纲,加强文化基础教育和职业道德教育。高等学校要完善相关课程,加强学生就业创业教育。研究提出高等学校相关教材编写、修订和使用意见。省级教育行政部门和学校要依据修订后的基础教育国家课程方案,调整完善地方课程和学校课程。

(三)编写、修订高校和中小学相关学科教材。教材编写、修订要依据课程标准和教学大纲等要求,加强各学段教材上下衔接、横向配合。要优化教材内容。将社会主义核心价值观的基本内容写入德育等相关学科教材中,渗透到其他学科教材中。进一步提炼和精选学生全面发展和终身发展必备的、最基本的知识内容,做到容量适当,难易适度,避免内容偏多、偏深。要创新呈现形式,根据学生年龄特点,密切联系学生生活经验,设计教材内容的呈现和编排方式,使之更加生动、新颖、活泼,增强对学生的吸引力。

教育部将组织编写、修订中小学德育、语文、历史等学科教材;组织编写、修订中等职业学校相关课程教材;用好已出版的马克思主义理论研究和建设工程规划教材并及时修订完善,同时编好、修订工程规划教材以外的大学相关教材。各地要结合育人工作实际,开发完善地方课程教材。

(四)改进学科教学的育人功能。全面落实以学生为本的教育理念。各地要组织开展育人思想和方法研讨活动,将教育教学的行为统一到育人目标上来。要在发挥各学科独特育人功能的基础上,充分发挥学科间综合育人功能,开展跨学科主题教育教学活动,将相关学科的教育内容有机整合,提高学生综合分析问题、解决问题能力。充分利用现代信息技术手段,改进教学方式,适应学生个性化学习需求。强化教学的实践育人功能,确保实践活动占有一定课时或学分。实施"实践育人共同体建设计划",建立一批青少年社会主义核心价值观实践基地,充分发挥社会实践的养成作用,引导学生在服务他人、奉献社会中升华对社会主义核心价值观的认知理解。中小学要探索把课堂教学与社区服务、研究性学习与社会实践相结合的途径和方法。高校要把实践教学纳入学校教学计划,摆在人才培养的重要位置。职业院校要不断创新技能人才培养模式,进一步深化产教融合、校企合作,推进协同育人。要将"爱学习、爱劳动、爱祖国"教育要求融入到相关学科日常教学活动中,培养学生学习兴趣、养成劳动习惯、坚定爱国信念,将个人成长成才与投身实现中华民族伟大复兴中国梦的实践紧密相连。各地要启动实施一批教学改革项目,激发学校和教师创新育人方式方法。

(五)加强考试招生和评价的育人导向。加快推进考试招生制度改革,注重综合考查学生发展情况,引导学校实施素质教育,科学选拔人才。各级考试命题机构要严格以国家课程标准和国家人才选拔要求为依据组织中、高考命题,评估命题质量,保证考试的导向性、科学性和规范性。建立考试命题人员资格制度,命题人员应熟悉中小学课程标准、教材、教学实际以及学校招生要求,充分发挥课程标准研制人员在中、高考命题中的作用。加强发展性评价,发挥评价促进学生成长、教师发展和改进教学实践的功能。各地要组织实施中小学教育质量综合评价改革,鼓励学校积极探索,完善科学多元的评价指标体系,引导树立科学的教育质量观。将学生践行社会主义核心价值观情况纳入综合素质评价体系,使社会主义核心价值观内化为学生的精神追求,外化为实实在在的自觉行动。将学生体育课和艺术课学习状况纳入考试招生和评价体系中,促进学生提高身心健康水平和审美素养。

(六)强化教师育人能力培养。把社会主义核心价值观纳入教师教育课程体系,融入教师职前培养和准入、职后培训和管理的全过程。教师教育院校要创新教师培养模式,着力提升教师综合素质,增强育人能力。地方各级教育行政部门要根据新修订的课程标准,以提升师德修养、育人意识和能力为目的,组织开展教师培训与研修。建立以课程标准研制专家、教材编写专家和一线优秀教师等组成的教师培训团队。研究设计基于新课程标准的培训与研修课程,开发优质资源。各级教师培训与研修要在以本学科为主的基础上,适当兼顾相关学科基本内容。开展校长专项培训与研修,提高校长统筹学校各项育人活动的能力。充分发挥校本教研、区域教研、联片教研、网络教研等多种教研形式在提升教师育人能力中的作用。

(七)完善各方参与的育人机制。地方各级教育行政部门要建立健全中小学教学指导专业组织,聘请有关专家学者共同参与教学研究与指导。创新管理机制,支持和鼓励学校聘用社会专业人士担任兼职教师或来校挂职。学校要建立健全中小学家长委员会制度,加强家长学校建设,推动家长转变教育观念,树立良好家风,提高家庭教育水平,形成家校育人合力。联合宣传思想、共青团、妇联等有关部门,充分利用电视、广播、报刊、网络等媒体平台,营造学校与社会合力育人的良好氛围。

(八)实施研究基地建设计划。教育部建立中小学学科教育教学研究基地,集聚和培育专业团队,进行长期研究。针对不同学段学生的特点,就学习内容遴选、学习程度要求等问题开展基础研究;面向教学一线,就推进学科课程实施及教学方式方法改革等开展应用研究;跟踪国外课程改革的最新动态,就学习、借鉴国际经验,开展中外课程教材比较研究;围绕社会主义核心价值观进教材、进课堂、进头脑的方式方法、有效途径、实施成效等,开展专题研究。研究基地要选择一批中小学作为学科教学研究实验学校。鼓励各地建立相应研究平台和实验基地。各地要加强教研机构建设,改革教研机制,创新教研方式,充分整合一线教师、教研员、专家学者等力量,开展教育教学实践研究,为学校和教师提供专业服务和指导。

(九)整合和利用优质教育教学资源。采取多种方式,构建利用信息化手段扩大优质教育资源覆盖面的有效机制。加快推进边远贫困地区小学教学点数字教育资源全覆盖项目建设。大力开发与课程教材配套的基础教育和职业教育优质数字教育资源。建设一批高校精品视频公开课程和精品资源共享课程。各地可通过购买服务等方式,引导学校、科研院所、社会机构等开发服务于学生的优质教育资源。地方各级教育行政部门要整合区域内各种优质教学资源,建设共享平台。加强信息技术教学应用展演交流,促进优质教学资源开发和应用。加强中小学社会实践基地和高等教育、职业教育实习实训基地建设,充分发挥社会资源的育人功能。学校要探索利用科技馆、博物馆等社会公共资源进行育人的有效途径。

(十)加强课程实施管理。各地和学校要全面落实基础教育国家课程方案,要将综合实践活动、技术、音乐、美术、体育等课程开设情况作为考核学校工作的重要内容。各地要做好地方课程和学校课程的规范管理和分类指导。进一步落实学校在教学进度安排、教学方式运用和教学评价实施等方面的自主权。建立普通高中学生发展指导制度,指导学生学会选择课程,做好生涯规划。教育部建立课程实施监测制度,定期对课程实施和教材使用情况进行评估,修改完善课程标准和教材。各地要根据监测结果,加强和改进课程实施工作。高等学校和职业院校要按照人才培养目标,落实课程要求,确保教学效果。

四、切实加强课程改革的组织保障

(一)强化组织领导。全面深化课程改革,落实立德树人根本任务,是一项艰巨而复杂的工作。教育部将健全课程教材工作管理机制,整合课程、教材、教学等各类专家组织,充分发挥专业力量的作用,统筹协调高校和中小学课程建设。各地和学校要建立健全相应的工作机制,制订全面深化课程改革的实施方案,明确改革的具体任务和政策措施。教育部将对各地开展工作的情况进行指导。加强对课程实施状况的督导,将其纳入学校督导评估范畴,定期发布督导报告。加强督导问责,推动工作顺利开展。

(二)加强条件保障。各级教育行政部门和各级各类学校要在各级政府的统筹领导下,加强对课程改革工作的条件保障。要把教师实施课程能力培训作为"国培计划"等各级教师培训的重点。要根据职责任务,在经费、人员以及信息技术手段等方面为课程改革提供必要的保障。

(三)健全激励机制。采取有力措施,充分激发广大教育工作者投身课程改革的积极性和创造性。教育部和各地定期开展优秀教学成果评选和教学名师评选,将研究和破解课程改革重点、难点问题的成果作为评选的重要内容。总结推广课程改革典型经验和优秀成果。把课程改革中重大研究任务列入教育部和地方有关社会科学研究项目,鼓励专家学者积极参与课程改革研究。项目承担单位要将项目成果作为重要科研成果予以承认,对取得突破性进展的优秀成果给予奖励。把课程改革实施情况作为重要内容纳入各地教育行政部门和学校的工作考核范围。

同步链接?

习总书记在全国高校思想政治工作会议上的讲话(节选)

2019 年 12 月 7 日至 8 日

全国高校思想政治工作会议于 2019 年 12 月 7 日至 8 日在北京召开。中共中央总书记、国家主席、中央军委主席习近平出席会议并发表重要讲话。他强调,高校思想政治工作关系高校培养什么样的人、如何培养人以及为谁培养人这个根本问题。要坚持把立德树人作为中心环节,把思想政治工作贯穿教育教学全过程,实现全程育人、全方位育人,努力开创我国高等教育事业发展新局面。

习近平在讲话中指出，教育强则国家强。高等教育发展水平是一个国家发展水平和发展潜力的重要标志。实现中华民族伟大复兴，教育的地位和作用不可忽视。我们对高等教育的需要比以往任何时候都更加迫切，对科学知识和卓越人才的渴求比以往任何时候都更加强烈。党中央作出加快建设世界一流大学和一流学科的战略决策，就是要提高我国高等教育发展水平，增强国家核心竞争力。

习近平强调，我国有独特的历史、独特的文化、独特的国情，决定了我国必须走自己的高等教育发展道路，扎实办好中国特色社会主义高校。我国高等教育发展方向要同我国发展的现实目标和未来方向紧密联系在一起，为人民服务，为中国共产党治国理政服务，为巩固和发展中国特色社会主义制度服务，为改革开放和社会主义现代化建设服务。

习近平指出，我国高等教育肩负着培养德智体美全面发展的社会主义事业建设者和接班人的重大任务，必须坚持正确政治方向。高校立身之本在于立德树人。只有培养出一流人才的高校，才能够成为世界一流大学。办好我国高校，办出世界一流大学，必须牢牢抓住全面提高人才培养能力这个核心点，并以此来带动高校其他工作。

习近平强调，我们的高校是党领导下的高校，是中国特色社会主义高校。办好我们的高校，必须坚持以马克思主义为指导，全面贯彻党的教育方针。要坚持不懈传播马克思主义科学理论，抓好马克思主义理论教育，为学生一生成长奠定科学的思想基础。要坚持不懈培育和弘扬社会主义核心价值观，引导广大师生做社会主义核心价值观的坚定信仰者、积极传播者、模范践行者。要坚持不懈促进高校和谐稳定，培育理性平和的健康心态，加强人文关怀和心理疏导，把高校建设成为安定团结的模范之地。要坚持不懈培育优良校风和学风，使高校发展做到治理有方、管理到位、风清气正。

习近平指出，思想政治工作从根本上说是做人的工作，必须围绕学生、关照学生、服务学生，不断提高学生思想水平、政治觉悟、道德品质、文化素养，让学生成为德才兼备、全面发展的人才。

习近平强调，要教育引导学生正确认识世界和中国发展大势，从我们党探索中国特色社会主义历史发展和伟大实践中，认识和把握人类社会发展的历史必然性，认识和把握中国特色社会主义的历史必然性，不断树立为共产主义远大理想和中国特色社会主义共同理想而奋斗的信念和信心；正确认识中国特色和国际比较，全面客观认识当代中国、看待外部世界；正确认识时代责任和历史使命，用中国梦激扬青春梦，为学生点亮理想的灯、照亮前行的路，激励学生自觉把个人的理想追求融入国家和民族的事业中，勇做走在时代前列的奋进者、开拓者；正确认识远大抱负和脚踏实地，珍惜韶华、脚踏实地，把远大抱负落实到实际行动中，让勤奋学习成为青春飞扬的动力，让增长本领成为青春搏击的能量。

习近平指出，做好高校思想政治工作，要因事而化、因时而进、因势而新。要遵循思想政治工作规律，遵循教书育人规律，遵循学生成长规律，不断提高工作能力和水平。要用好课堂教学这个主渠道，思想政治理论课要坚持在改进中加强，提升思想政治教育亲和力和针对性，满足学生成长发展需求和期待，其他各门课都要守好一段渠、种好责任田，使各类课程与思想政治理论课同向同行，形成协同效应。要加快构建中国特色哲学社会科学学科体系和教材体系，推出更多高水平教材，创新学术话语体系，建立科学权威、公开透明的哲学社会科学成果评价体系，努力构建全方位、全领域、全要素的哲学社会科学体系。要更加注重以文化人以文育人，广泛开展文明校园创建，开展形式多样、健康向上、格调高雅的校园文化活动，广泛开展各类社会实践。要运用新媒体新技术使工作活起来，推动思想政治工作传统优势同信息技术高度融合，增强时代感和吸引力。

习近平强调，教师是人类灵魂的工程师，承担着神圣使命。传道者自己首先要明道、信道。高校教师要坚持教育者先受教育，努力成为先进思想文化的传播者、党执政的坚定支持者，更好担起学生健康成长指导者和引路人的责任。要加强师德师风建设，坚持教书和育人相统一，坚持言传和身教相统一，坚持潜心问道和关注社会相统一，坚持学术自由和学术规范相统一，引导广大教师以德立身、以德立学、以德施教。

习近平指出，办好我国高等教育，必须坚持党的领导，牢牢掌握党对高校工作的领导权，使高校成为坚持党的领导的坚强阵地。党委要保证高校正确办学方向，掌握高校思想政治工作主导权，保证高校始终成为培养社会主义事业建设者和接班人的坚强阵地。各级党委要把高校思想政治工作摆在重要位置，加强领导和指导，形成党委统一领导、各部门各方面齐抓共管的工作格局。各地党委书记和有关部门党组书记要多到高校走走，多同师生接触，多次去高校作报告，回答师生关注的理论和现实问题。要加强同高校知识分子的联系，多关心、多交流、多鼓励，善交朋友、广交朋友、深交朋友，多听他们的意见，真听他们的意见。

习近平强调，高校党委对学校工作实行全面领导，承担管党治党、办学治校主体责任，把方向、管大局、作决策、保落实。要加强高校党的基层组织建设，创新体制机制，改进工作方式，提高党的基层组织做思想政治工作能力。要做好在高校教师和学生中发展党员工作，加强党员队伍教育管理，使每个师生党员都做到在党爱党、在党言党、在党为党。

习近平指出，长期以来，高校思想政治工作队伍就就业业、甘于奉献、奋发有为，为高等教育事业发展作出了重要贡献。要拓展选拔视野，抓好教育培训，强化实践锻炼，健全激励机制，整体推进高校党政干部和共青团干部、思想政治理论课教师和哲学社会科学课教师、辅导员班主任和心理咨询教师等队伍建设，保证这支队伍后继有人、源源不断。

第三章　学生发展：被需值教育的目标

📖 **内容提要**

被需值教育以培养学生核心素养为目标，以社会需求为导向，致力于将学生培养成为主动适应岗位需求，有学习能力，有创新创业创造精神的技术技能型人才；成为动口、动脑、动手，会学习、会交往、会生活、会工作，德、智、体、美、劳全面发展的社会主义建设者和接班人；成为有责任、敢担当，目中有人、心中有情、手中有爱的高被需值的职业人。被需值教育是培养学生既能自食其力，适应生产生活，又能服务社会，具备发展潜力的素质职业教育。

第一节　被需值教育是素质职业教育

应试教育传承着两千多年科举考试制度的弊端，"学而优则仕""书中自有颜如玉、书中自有黄金屋""万般皆下品，唯有读书高""劳心者治人，劳力者治于人""鲤鱼跳龙门""千军万马过独木桥"等流传至今，学校片面追求升学率，学生死读书、读死书、啃书本。这种教育，会严重影响每个学生个体的身心健康，不利于学生的德、智、体、美、劳全面发展，更难以满足行业企业的人才需求。被需值教育主张校企命运共同体一体化育人，切合企业岗位需求，培育"三有""三动""四会"创新型高素质技术技能人才，重在培养学生自食其力又能服务社会的综合素质，是素质职业教育。

一、被需值教育有效提高学生政治思想和道德水平

被需值教育首先要做好德育，是立德树人和社会主义核心价值观教育的具体抓手。被需值教育是旨在培养被需要的素质及其价值的教育，努力被需要，提升被需值，培养学生目中有人、心中有情、手中有爱，担当责任，爱国、爱社会、爱集体、爱他人，并付诸实践达成价值。被需值教育传递给学生中华民族传统文化的"仁爱"思想，把社会主义核心价值观潜移默化入脑、入心、入行，帮助学生确立价值标准，建立道德规范，形成行为准则。意大利诗人

但丁有句名言:"一个知识不全的人可以用道德去弥补,而一个道德不全的人却难以用知识去弥补。能力不足,责任可补;责任不够,能力无法补;能力有限,责任无限。"政治思想和道德教育固然重要,但使用科学方法达到有效的结果更为关键。

大学生正处于世界观、人生观和价值观形成阶段,又是青少年的叛逆期。全球一体化,价值多元化,未成年的大学生作为互联网和地球村的原住民,面对良莠不齐、劈天盖地、劈头盖脸的知识经济信息,难辨真伪,甚至难以自持。敏感、烦躁、偏激在所难免。被需值教育以小行动大思想、小故事大道理,潜移默化,细雨浇透田;用利他的行动实践提升被需值思想,用被需值思想引领利他的行为,把学生政治思想和道德养成教育常态化、生活化、自觉化。从"爱别人,设身处地为人着想,力所能及帮助别人"到"被人爱、被人需要"的个人价值实现,再到"爱集体、爱国家、爱社会主义",整个过程由自然到自觉,德育效果扎实显著。

二、被需值教育有效提高学生文化和专业素养

当前,我国的职业教育有过重实用技能培育而忽视人文素质养成的工具化倾向;有只重动手能力培训而缺少筑牢系统理论知识基础的实用化倾向;有简单片面模仿的"盲人摸象"而不注重"庖丁解牛"的规律性认识的简单化倾向;有浅尝辄止的"蜻蜓点水"而不重视探究本质的"蛟龙出海"的深入浅出的表面化倾向;有只重视适用实用当下岗位需求而缺乏高瞻远瞩远见卓识学习能力培养的短视化倾向;有认为职业学校学生分数低学习能力弱,只能进行生存教育而不注重有教无类、因材施教和尊重特长的不负责任倾向;等等。再加上职业院校学生学习习惯不好、学习能力弱、知识基础薄等,造成职业教育学生学习成效不好,毕业生质量不高,职业教育社会认可度低的恶性循环。

职业教育学生专业素质是指学生所学专业技术技能的系统理论和未来将要从事职业的相关知识的总和;职业教育学生文化素质是指学生应具备的人文社会科学、自然科学、思维科学等有关生产、生活和生命的一切知识文化的总和。被需值教育注重"动口、动脑、动手",坚持需求导向,瞄准行业企业岗位需求,瞄准学生成长成才成业成群,遵循经济社会发展和学生身心成长规律,培养"会学习、会交往、会生活、会工作",具备"创新、创造、创业"精神的有灵性高素养技能人才,是校企一体化立德树人、文化育人的全人教育,能够扎实有效提高学生文化和专业素养。

二、被需值教育有助于提高学生身体和心理素质

学生是祖国的未来和社会发展的主力军,学生的身体素质决定着国民素质水平,健康的身体是人生命之本和生活之源。《黄帝内经·素问·举痛论》指出:"百病生于气也,怒则气上,喜则气缓,悲则气消,恐则气下,寒则气收,炅则气泄,惊则气乱,劳则气耗,思则气结。"健康的心理保障健康的身体,健康的身心决定美好人生。

人最大的价值体现在于不可替代性和不可复制性,人最高的价值是自我实现,人最美的价值是被人需要,为人做事,被人赞美。被需值教育的"1123"工程,即崇拜一位英雄人物、熟

练掌握一项技术技能、擅长两项体育运动、唱好三首歌曲,帮助学生拥有一个健康的身心,具备一定的文化素养和生活品味,促使学生养成一个健康的生活方式。因此,被需值教育是旨在提升学生被需要的素质及其价值的教育,通过教育,引导学生帮助别人以成就自己,实现自身价值,获得健康身心,建设幸福美好生活。

四、被需值教育有利于提高学生创新能力和竞争力

创新能力是素质教育的核心能力。创新能力是人们发现新问题、解决新问题、创造新事物的能力。被需值教育校企一体化育人,注重产教融合、工学结合、知行合一,在理论实践一体化中学习创新知识,在服务社会、服务他人中实现价值、提高自我。

竞争力取决于被需要,被需值体现竞争力。马斯洛需要层次理论将人的需要分为生理需求、安全需求、社交需求、尊重需求和自我实现需求。一个人如何实现自我价值?能够适应生产生活,自食其力;能够帮助他人,被人与社会需要;能够学会学习,有发展潜力,这就是自我价值实现的体现。简而言之,实现自我价值就是能够成全自己、被社会需要、被他人需要。"被需要"是对一个人自身价值的肯定,证明个人存在的重要性和独特性。"被需要"是衡量一个人自身价值的标尺,是评价一个人人格魅力的客观因素之一,是激发一个人斗志的触点。通过提高自身的不可替代性,来提高自身的被需值,提升自身的竞争力。

未来社会高速发展,人才竞争愈加激烈,对人才的要求也愈来愈多样化,学生不仅需要掌握过硬的专业知识和技能,还需要培养全面发展的人文素质。被需值教育适应经济社会发展需求,立足学生德、智、体、美、劳全面发展,落实立德树人文化育人和全人教育。因此,学生全面发展是被需值教育目标,被需值教育是职业素质教育。

(本文节选自学校 2017 年 7 月《被需值教育文集》,王树生"被需值教育对大学生素质教育的作用剖析")

第二节　被需值教育人才素质规格

一、打好人生底色、绘就青春亮色,做有个性特色的人

青春只有一次,或岁月静好,或负重前行,或放飞自我,或心系家与国,最重要的是"打好人生底色,绘就青春亮色,保持个人特色"。

(一)自由自在始于责任担当

毕业生即将走向社会,成为职场上一个独立的新人,再也没有学校和家长的呵护,也不受学校、家长的约束了,在享受自由自在生活的同时,不要忘记自强、自爱、自重、自尊,要有作为敢担当,承担的责任越大,自身才能越强大,自由自在的空间也会越大,自身的被需值就越高。

(二)用良心建造未来

良心是好心肠、热心肠,良心是良苦用心,良心是苦其心志、饿其体肤。天上不会掉馅饼,不经风雨不见彩虹。匠师是动手做出来的,不是用眼睛看出来的;匠师是生产岗位上磨出来的,不是温室里养出来的;匠师还需要脑力和实践的结合,要会学习与思考;匠师还不能眼高手低,要敢于实践。无论是生产还是生活,民生还是国计,都要不忘初心、牢记使命、居安思危,质量第一、安全第一。

(三)"底色＋亮色＋热情"才能做好文创工作

文创,即文化创意,要有创作的艺术。我们常说的"四创",即创意、创新、创业、创造。"四创"的核心是技术＋艺术。技术,讲究理性;艺术,讲究情感。用情去创造,才有艺术感。"情"字,竖心旁加一个"青"字,即一颗青年的心。但是,"天马行空""无所顾忌",只有一颗年轻的心、冲动的心、激情澎湃的心是不够的,无论是创新、创意,还是创业、创造,都要有亮色,要出其不意,意料之外,情理之中,青春浪漫,甚至无厘头,但更要打好底色,要以爱国主义为底色,要以习近平中国特色社会主义思想为底色,要以爱国、爱家、爱他人的传统美德为底色,要有正能量,要为他人谋福利、为社会造福祉,有底色才能彰显亮色,底色和亮色完美结合才能铸就好的作品。

(四)美好生活从做好一道菜、吃好一顿饭开始

人和动物的区别是使用火和吃熟食,吃好喝好是身体健康的保障。一顿美食给人以美好心情,团圆的家宴给家庭以幸福的氛围。因此,"吃好"是美好生活的第一步。

生活是工作的基础保障,热爱生活,从饮食开始。父母需要好的饮食照顾,孩子需要好的饮食成长,做工作也需要好的饮食来保障身体健康。中华民族是热爱生活的民族,而"吃"是生活中不可或缺的主题。每个同学要热爱生活,要热爱工作,要热爱父母家庭,那么,请从烧好一道菜、做好一顿饭开始。吃好、运动娱乐好会占据未来大部分生活,大家要有意识、有准备地学会厨艺,学会饮食,创造科学健康的生活方式,创造美好幸福的生活。

(五)家庭是船、事业是海、困难是山,微笑与成功相伴

学生是学校最美的风景,要永葆善良、孝顺、事业心和乐观的生活态度,要永远面带微笑。人之初、性本善,不忘初心,做个善良的人,善待朋友,善待家人。百善孝为先,要做个孝顺的人,上行下效,代代相传,家庭才会幸福。事业是大海,越努力越宽广;生活是船,船在大海中航行,事业越大,海就越大,生活这条船行驶的空间就越大;困难是山,在生活和工作中,总会遇到各种困难,要勇于攀登,攀登的过程将不断增强体质和锻炼毅力,有助于个人成长。微笑是国际通用护照,是打开幸运之门的万能钥匙,做一个时刻保持微笑的人,微笑体现工作态度,体现身心状态,体现事业心,笑容与成功同在。

二、目中有人、心中有情、手中有爱,做有人情味的人

(一)赏心悦目,有人情味

要做一个有人情味的人。不管将来就职于工业生产领域,还是前沿时尚设计领域、生活服务领域,都要注重人情味。做到目中有人,心中有情,手中有爱,对人以诚相待,为别人着想,精准帮助别人。要做一个赏心悦目的人:心情开朗、阳光快乐——赏心;"靓装、微笑、被需要"——悦目,无论何时何地,都要干干净净、漂漂亮亮,自己也会自信很多、幸运很多。

(二)珍惜,探寻生命意义

珍惜每个人,珍惜每件事,珍惜每次相遇;真诚地对待每个人、每件事、每次相遇。过去不再有,踏实做好当下的每件事情。探寻生命的意义,人生最大的价值是梦想的实现,要从心出发,以诚相待,要坚持、沉着、理性,用思想走路,用情感做事,寻找目标,探寻自己生命的意义。

三、会学习、会交往、会生活、会工作,做有智慧的人

(一)做善良人

习总书记讲:"不忘初心,砥砺前行"。"人之初,性本善",一个成功的人一定会善待家庭,善待同事,善待自己的事业,善待社会。百善孝为先,一个不孝的人,生活一定不会幸福,不会有朋友,事业也不会成功。

(二)做有责任、有担当、有事业心的人

要把工作当成事业,不要轻易跳槽,要与单位共命运;在工作或生活中难免会遇到各种各样的不顺和困难,困难犹如高山,需要有愚公移山、精卫填海的精神,去翻越,去攀登,不断增强体质和锻炼毅力;要学会思考,做个有思想的人;要学会一技之长,获得工作和生活的成功;要掌握正确的方法并持之以恒,不轻易言弃。

(三)做有情有义的人

中华民族是重情重义的民族,而英语、法语、德语等词典中是找不到"义"这个词的。义即对事义,对人义。义是最大的智慧。中国人讲人情味,讲孝悌,讲忠义,是民族智慧,是中华民族之魂,也是中华民族发展动力之源。做生活中的有心人,用心去思考,在成长过程中,珍惜有可能改变自己人生轨迹的每句话、每件事、每个人。

(四)做知行合一的人

读万卷书,行万里路。要多读书,很多知识只能从书本上学到。要多出去走走看看,树

立大格局意识。学校只是一个学习专业知识和专业技能的平台。由于科技快速发展,因此要树立终身学习的理念,养成终身学习的习惯,不断学习与探索,争做对社会有贡献的人。

(五)做"会学习、会交往、会生活、会工作"的人

会学习,即主动学习新知识,培养终生学习能力,养成学习习惯,主动适应知识日新月异的社会节奏;会交往,即储蓄感情、储蓄人脉比储蓄金钱更重要,珍惜被人需求的机会,不怕吃亏,为别人着想,精准服务他人;会生活,即学会规划自己的生活,安排好人生每个阶段的生活氛围和节奏,合理利用闲暇时间做些有意义的事情,使单调的生活变得多姿多彩;会工作,即不仅要掌握专项技能,更要有多变、求变的心,提高学习新知识新技术能力,不断拓展视野,丰富自己。做一个有作为的"四会"人。

(六)做一个高被需值的人

被需值教育理念是人生的智慧,要认真领悟、积极实践。未来社会科技发达、物质丰富、信息畅通,被人需要将是很难得的事情,要乐于接受别人的需要,把为别人做事作为一种福分,在帮人和做事过程中获得成长。同学们在社会上要保持阳光向上的进取之心,脚踏实地、虚心学习、诚实做人、敢于创新、勇于突破,做个高被需值的人。

四、学生干部要保持优秀

在校园生活中,学生干部是勇于负责、敢于担当、宽以待人、严以律己、扶贫济困、奉献爱心的一个群体。学生干部的学习成绩、爱好特长、行为习惯、精神风貌都要优于其他同学。学生整体表现呈正态分布,先进—主体—落后,学生干部常是前面优秀部分,具有引领和示范效应,步入社会后,也要保持先进性,发挥干部作用,继续做先行者,脚踏实地地提升自己的被需值。

走上社会后,做管理层会面临着一些新问题:一是独生子女时代,个性强,多以自我为中心;二是信息社会,不论你出身如何,信息获取量几近相同,在信息对称的社会环境中,如何让更多的人自觉自愿地追随你,共同做事,这是一门学问,也是一种考验。

如何做好一个管理者?管理的核心是调动积极性,要让你的团队成员心甘情愿、乐于付出地跟随你做事。首先要有真本事,能够解决别人解决不了的问题,完成别人完成不了的工作,用事实说话,靠实力征服;其次要让人喜欢,如何让对方喜欢你?就要学会为对方着想,朋友就是镜子,你先对他微笑、先给予,他也会对你微笑、回报你,先成为对方的朋友,才能让对方跟着你做事;再次要学会分享,一个苹果分享给五个朋友,得到五个朋友的回报就有了五个苹果,自己要肯负责、敢担当、会分享;最后应兴趣广泛,要让对方追随你就需要志同道合、兴趣相投、惺惺相惜、同心合意,你们是同路人,作为一个管理者,广泛的、健康的兴趣爱好能结交许多朋友,在朋友圈做事,会有助于工作的开展。

五、明道、励学、笃行，用智慧点亮人生

"明道、励学、笃行"，是校训。"道"即规律、规则、方法，"明道"意为学会适应社会、厚德守法、灵活变通、聪明做人；"励学"意为学会学习，终身学习；"笃行"意为学会知行合一，注重理论联系实际。"明道、励学、笃行"，即希望同学们用智慧点亮人生，用知识改变命运，用双手创造幸福，海天空阔，准备起航，迎接未来。

何为大学之道？"大学"是一个人学业与事业的基础，是一个人成人与幸福的基石，更是一个文化人的精神家园。学生在大学这个精神家园潜移默化的熏陶中不断成长。但是，毕业并不意味着学习的结束，而是新的征程的开始。读书让大家变得聪明，变得智慧，变得坚强，变得成熟，变得美好。经历是人生的一笔财富。

(一)养成良好的习惯

人的智慧分为智力因素和非智力因素。智力因素通常是指观察力、记忆力、思维能力、想象力、创造力等，即认识能力的总和。而非智力因素则包括习惯、性格、兴趣、爱好、意志力等，它对人的认识过程起直接制约作用。是否养成良好习惯决定人是否可以获得成功，要努力养成良好的习惯。印度诗人泰戈尔说过："天空没有翅膀的痕迹，鸟儿却已经飞过。"只要努力了，就一定会有好的结果。

(二)不患无位，患何以立，做有本事的好人

做个不装神弄鬼的自然真人。做神，要靠大家顶礼膜拜；做鬼，见不得天日。我们要做一个心态平和、阳光向上、踏实靠谱的自然人，做一个重情重义、受他人欢迎、有本事的好人。人生是一个大舞台，每个人都是不同角色的扮演者。在社会上，不要惧怕自己找不到位置，要努力使自己具备与渴求的那个位置相匹配的能力，要凭借自己的实力去打拼。

(三)常怀感激之情，常有进取之心，办法总比困难多

在漫长的人生路上，不可能一帆风顺。但是，我们不能自寻烦恼，要乐观地对待一切，要心怀感恩、心态平和、开拓进取、奋发有为，想方设法战胜一切艰难险阻，总会到达幸福的彼岸。

(四)书写好自己的人生历史

要努力扮演好每一个角色，在社会大舞台上创造出绚烂多彩的人生。要负责任、自我约束、自我克制地去做每一件事情，理性地去选择，理性地去做每一件事情。走上社会大学后，不要"挂科"，社会没有"补考"，不作假，不偷懒，不违法乱纪。要成家立业，快乐生活，要正义善良，好好做人，好好做事，奉献社会，为家长和学校增光，为学弟学妹引路。

(本文节选自毕业典礼和毕业学生干部座谈会上的讲话 王树生)

第三节　人才创新创造创业基因

一、基因裂变计划

实施"基因裂变计划",植入学生创新、创造、创业(以下简称"三创")基因,催生基因裂变。将"三创"教育融入课程,夯实学生"三创"知识素质基础;开展"三创"培训、表彰、宣传等活动,营造学校"三创"氛围;设立创业基金,搭建交流合作平台,筑牢学生"三创"保障;通过"三创"教育实践成效,提升学生"三创"能力;将"三创"教育活动常态化,构建学校"三创"文化。实施"全就业计划",主动适应行业企业岗位需求,遵循学生身心成长规律和兴趣特长,以企业岗位需求和学生就业导向,校企一体化精准育人,注重学生人文素养和学习能力的培养,确保学生全面就业、理想就业、幸福就业。

二、肥沃创业土壤

"三创"是教育活动,不是商业行为,重在培养学生"三创"意识和精神,重在培育学生"三创"的信心和毅力,重在提高学生"三创"的勇气和能力,重在夯实学生"三创"的知识素质基础。设立创业基金,提供资金支持;提供场所、网络等办公条件,搭建创业平台;创立"师导生创"制度,育教于创,提高创业成功率和素质能力;建设学校、老师与学生股份制创业公司的运营机制,规避创业风险;创设 O2O 培训咨询和交流合作平台,拓宽资源整合渠道;等等。学校从育人和提高学生创业成功率出发,提高土壤的营养,为学生创业提供全方位的服务,助力创业学生取得成功。

三、培育学生"三创"知情意行能力

"三创"教育要走进教材、走进校园活动、走进日常生活,形成氛围,形成价值观念,形成校园和一代人的时尚,最终形成"三创"认知;"三创"教育要化认知为冲动,变外在影响为主观意愿,达成主观能动体验、外部表现和生理体验,最终形成"三创"激情和动力;"三创"教育要把认知、情感转化为信心、毅力、自我约束、坚强执着的意志力,最终形成学生固定的观念和意志;"三创"教育也要把认知、情感和意志品质转化为"三创"实践活动,行动是一切的落脚点。被需值教育坚持以需求为导向,求真务实,理实一体,知行合一,重在把学习的知识内化为智慧,外化为能力。学生"三创"能力的提高是"三创"教育的主线。

四、雏燕的摇篮,羽燕的家园

"三创"教育是旨在提高学生"三创"素质能力的教育,不是商业活动,但"三创"实践却是

学生一生不变的社会活动主题。"三创"不能活动化，不能短期性，要将关注、服务毕业生生活工作作为学校的重要职能。社会快速发展变化，经济竞争残酷激烈，知识信息日新月异，呈爆炸式增长，年轻人学习、工作、生活应接不暇。学校的大门要永远为校友敞开，学校教育资源要永远为毕业生开放，根据毕业生的反馈建议，深化学校"三教"改革，建立毕业生数据库，创新O2O教育教学手段，服务毕业生终身学习。

在"三创"教育中，学校要对毕业生进行跟踪服务，而毕业生"三创"的实践经验和教训，则是学校在校生"三创"教育的宝贵资源。因此，学校要搭建在校生与毕业生"三创"交流合作机制，要对毕业生开放"三创"教育教学资源，以需求为导向，注重实效，认真做好毕业生"三创"服务指导，使学校既是在校生"三创"的摇篮，也是毕业生回家疗伤、充电共享的家园。

五、被需值教育创新创业者的基本素养

"大众创业、万众创新"，其中"大""万"表明创新创业不再是少数人的专利，而是多数人的机会，要通过"双创"使更多的人获得成功，实现人生价值。创新创业教育就是创业孵化器，激发学生的创新意识，培育学生的创新精神和创业能力。

1. 专业技能

熟练的专业知识、精湛的专业技术技能是创新的基础和创业的必备条件，对初创业者尤为重要。

2. 管理能力

管理出效益，管理出奇迹，好的管理事半功倍。管理的目标是效率，即投入最少的人力、财力、物力和时间，获得最好、最大、最快的收益。管理的核心是调动积极性，凝聚、带动团队，充满活力，形成战斗力，沉淀企业文化，实现可持续发展。

3. 敏锐眼光

观察是信息的入口，眼光敏锐独到，不跟风、不从众，发现、捕捉别人看不到的商业机会，发现、捕捉有用的合作伙伴是创业成功的基础和前提。

4. 坚强毅力

没有随随便便的成功，不经风雨见不到彩虹，创业是辛苦的事情，要能吃常人吃不了的苦，忍受常人受不了的罪，坚持才能胜利。

5. 宽大胸怀

宰相肚里能撑船，心有多大，舞台就有多大，吞得了委屈，才能壮大格局，能容多少人就能干多少事，能消化多大困难就能干多大事，创业之道是集体智慧，成大事者必须具备大胸怀、大智慧。

6. 诚实守信

诚实守信是立身之根本、创业之基础、企业之生命。

六、成功创业者的经验分享

(一)不轻易言败

创业路与人生路一样,都不可能是一帆风顺的,总有一些阻碍和磨难。做的事越大,阻碍越多,做事者需要忍辱负重,不轻言放弃,在通往胜利目标的前行道路上,无论是风调雨顺还是艰难险阻,都要用平静的情绪和坚定的心态去面对,勇往直前,勇攀高峰,直达胜利的彼岸。

(二)我愿我能

创业应选择有兴趣的事、力所能及的事、有优势条件的事。从点切入,尝试新机会。兴趣是创新创业的动力。找到自己的兴趣所在并从事它,是迈向成功创业的第一步。不要忽略你的兴趣,哪怕你现在觉得它微不足道,也许有一天它会给你的人生带来巨大的可能性。积累任何与兴趣相关的知识或其他看似不相关的兴趣知识都会成为创新创业道路上的基石。一个人对某一事物的热爱与好奇,能够促使他探索更多的知识、激发出更大的潜能,从而令他不断改进创新,走在行业的前端。

(三)处理好人际关系

人际关系一般包括:合作伙伴、员工、供应商、顾客、竞争对手、公职人员、家人亲戚等,良好的人际关系是事业成功的关键。合作伙伴以利益为纽带,要遵守规则法律,相敬如宾,互利互惠;对企业员工重在调动积极性,既重视物质待遇,又重视人文关怀,特别是员工的培训成长;对供应商要建立利益链条,诚信为本,建立长久信任合作关系;顾客是上帝,要以需求为导向,精准服务,满足顾客一切要求,逐渐求得其信任,获得其忠诚,形成稳定的客户源;竞争对手是相互依存的生态链,是共生共赢的命运共同体,万万不可你死我活,伟大的竞争对手造就伟大的事业;与政府及公职人员要保持良好常态关系,应与其建立积极健康、长久良好的关系,万万不可钱权交易,以身试法;家人亲戚是生活的重要组成部分,不要在乎一时一事的恩怨,要晓之以理,动之以情,求得理解,以事业为重,发展为重。

(四)赚服务业的钱

当前,我国正处在经济转型的历史节点。经济结构的变化趋势,要求我们必须把握增长、转型与改革的主动权,适应并引领经济新常态。服务也是产品,为人着想,实现"满意、信任、忠诚"。应主动加快现代生产型服务业的发展;规模城镇化向人口城镇化的转型升级为生活型服务业发展提供了巨大空间;物质型消费为主向服务型消费为主的消费结构转型升级,将形成服务经济的内在动力。

(五)提升被需值

个人被需值包括他的社会价值、服务价值等,要努力做到有本事、有情义、有责任,当一个被需要、受欢迎的人。被需要可分为三个层次：①被人需要是一种能力；②被人需要是一种态度；③被人需要是一种尺度。被需要是相互的，首先是满意度，这是基本层次，考虑对方需要什么，满足对方的期望值；其次是信任度，多次满足需求后，会获得对方的信任；最后是最高层次的忠诚度，对方满意你、信任你，就会逐渐离不开你。

(六)要追名逐利

创业者要追名逐利，切勿急功近利。这里所说的追名逐利的"名"，是指声誉、口碑、品牌，不仅仅是名声；"利"是指务实，不仅仅是利润或利益。一个声誉好、口碑佳的好品牌会带来什么影响呢？一是引领企业经营发展；二是增强企业自我规范；三是增强员工的荣誉感；四是品牌可以增加企业竞争力；五是可以形成良好的企业经营氛围。

大众创业，首先要有创业的意识，再去培育能力和落实行动。因而，创业不能急功近利，做好准备才能事半功倍。"适者"是人才，"适合"是机会。

(本文节选自 2015 年 6 月《海峡都市报》专访，王树生"百万创业资金，扶持学生创业，植入创业基因，催生基因裂变"和"大学生创业讲坛"王树生主题报告)

第四节　人才匠心精神

一、被需值教育培养能工巧匠

社会需要的是"懂技术、懂艺术、懂生活"的能工巧匠。不拼颜值，拼"被需值"。互联网时代依然离不开大批的工匠。中国是制造业大国，勤劳勇敢的中国人民向来心灵手巧，但因近现代国力贫弱和应试教育等的影响，高端制造技艺和精品已经落后德国、日本等发达国家。发展职业技术教育，弘扬工匠精神、劳动精神、劳模精神和文物精神，培养德、智、体、美、劳全面发展的社会主义建设者和接班人已迫在眉睫。被需值教育校企一体化育人，培养"三动""四会"创新型技术技能人才，贴近企业需求，贴近岗位标准，贴近技术技能标准，便于培育精益求精的工匠精神，便于能工巧匠的成长。

在当今互联网时代，世界经济一体化，"奶头"经济和快餐文化风潮侵入，人人做贸易、人人做金融、人人做电商，制造业和实体经济越来越不被年轻人喜欢，耐得住寂寞、吃苦耐劳、执着坚韧、钻研专心的年轻人越来越少。很多中国传统手工技艺濒临失传，更谈不上创造创新。培育手工匠，传播工匠精神已经具有拯救传统手艺、拯救民族工业，甚至拯救人类正常生产生活的重要意义。

二、被需值教育塑造"鲁班精神、工匠精神、劳动精神、劳模精神和文物精神"五种精神

(一)鲁班精神

鲁班是中国古代春秋战国时期的匠人,发明了锯子、尺子等木工工具,云梯、钩强等古代兵器,是中国古代劳动人民智慧的象征,也是中国古代科学家、技术技能大师的代表。鲁班精神就是科研发明和创造创新精神。

(二)工匠精神

工匠精神是坚守初心、执着专注、精益求精、追求卓越的精神,就是要吃苦耐劳、认真负责地做好每一件工作,制造好每一件器物。

(三)劳动精神

劳动精神是指辛勤劳动、诚实劳动、创造性劳动的新理念和自食其力的新观念,应营造并弘扬劳动光荣、技能宝贵、劳动者至上、劳动者平等、劳动者可敬、劳动最崇高、劳动最伟大、劳动最美丽的价值观。

(四)劳模精神

劳动模范是优秀劳动者的典型代表,劳模精神是劳动精神的积极呈现,劳模精神的核心要素是工匠精神,其继承并发展了中华民族传统优秀的劳动观念,彰显艰苦奋斗、勤俭节约的社会责任感和爱国主义情怀,是宝贵精神财富和强大精神力量。劳模精神就是爱国敬业、坚守奉献、勤俭奋斗、创新创业、追求卓越的民族精神。

(五)文物精神

文物是人类社会历史发展进程中遗留下来的、由人类创造或者与人类活动有关的一切有价值的物质、精神和制度的总称,具有历史、艺术、科学、文化、经济等价值。文物精神就是担负起历史责任,并精益求精地创造和制造的经久不衰的精神。

被需值教育着力培养学生的鲁班精神、工匠精神、劳动精神、劳模精神和文物精神这五种精神,努力培育"目中有人、心中有情、手中有爱""动口、动手、动脑""会学习、会交往、会生活、会工作"的创新型技术技能人才。

三、被需值教育大师工作室

引入企业技师、行业匠师和民间手工匠大师,组建大师工作室,旨在培养学生的"工匠精神"和提高学生的技术技能。手工匠大师都是数十年如一日地在自己的专业领域里,追求职业技能极致化的能工巧匠。大师们开设动手实践课程,教授专业知识,举办讲座,带领徒弟,

言传身教,理实一体,直观生动,能够取得非常好的教学效果。技师、匠师、大师与全校学生面对面,自愿互选,自然发展,自觉形成现代学徒制,师傅带徒弟,指导师兄带师弟,建设持续发展的传帮带机制,培养学生学习掌握技术技能。

大师工作室集产、学、研、销于一体,是技术传承、文化传承,更是教育传承工程。引入行业企业高技能人才和民间手工匠大师,示范带动,能够培养青年教师刻苦钻研、勤学苦练的精神,使其尽快成长为高技能手工匠导师;言传身教,在学校师生中培养传承精益求精的"工匠精神";潜移默化,教会学生懂技术、懂艺术、懂生活和提高民族文化修养;与时俱进,带领学生主动适应"互联网＋"、大数据、智能化时代要求,善于学习应用新知识、新技能、新材料、新模式等,传承与创新,跨越发展。

(本文节选自2015年10月《海峡都市报》专访,王树生"培育手工匠继承者,再创晋江制造传奇")

同步思考

1. 解释概念:基因裂变创业计划、工匠精神。
2. 简述被需值教育人才素养规格中的"五种精神"。
3. 简述被需值教育基因裂变创业计划的特色做法。
4. 简述被需值教育匠心精神培育的创新做法。

同·步·链·接

教育部关于职业院校专业人才培养方案制订与实施工作的指导意见

教职成〔2019〕13号

各省、自治区、直辖市教育厅(教委),各计划单列市教育局,新疆生产建设兵团教育局:

专业人才培养方案是职业院校落实党和国家关于技术技能人才培养总体要求,组织开展教学活动、安排教学任务的规范性文件,是实施专业人才培养和开展质量评价的基本依据。党的十八大以来,职业教育教学改革不断深化,具有中国特色的国家教学标准体系框架不断完善,职业院校积极对接国家教学标准,优化专业人才培养方案,创新人才培养模式,办学水平和培养质量不断提高。但在实际工作中还一定程度存在着专业人才培养方案概念不够清晰、制订程序不够规范、内容更新不够及时、监督机制不够健全等问题。为落实《国家职业教育改革实施方案》,推进国家教学标准落地实施,提升职业教育质量,现就职业院校专业人才培养方案制订与实施工作提出如下意见。

一、总体要求

(一)指导思想

以习近平新时代中国特色社会主义思想为指导,深入贯彻党的十九大精神,按照全国教育大会部署,落实立德树人根本任务,坚持面向市场、服务发展、促进就业的办学方向,健全德技并修、工学结合育人机制,构建德智体美劳全面发展的人才培养体系,突出职业教育的类型特点,深化产教融合、校企合作,推进教师、教材、教法改革,规范人才培养全过程,加快培养复合型技术技能人才。

(二)基本原则

——坚持育人为本,促进全面发展。全面推动习近平新时代中国特色社会主义思想进教材进课堂进头脑,积极培育和践行社会主义核心价值观。传授基础知识与培养专业能力并重,强化学生职业素养养成和专业技术积累,将专业精神、职业精神和工匠精神融入人才培养全过程。

——坚持标准引领,确保科学规范。以职业教育国家教学标准为基本遵循,贯彻落实党和国家在课程设置、教学内容等方面的基本要求,强化专业人才培养方案的科学性、适应性和可操作性。

——坚持遵循规律,体现培养特色。遵循职业教育、技术技能人才成长和学生身心发展规律,处理好公共基础课程与专业课程、理论教学与实践教学、学历证书与各类职业培训证书之间的关系,整体设计教学活动。

——坚持完善机制,推动持续改进。紧跟产业发展趋势和行业人才需求,建立健全行业企业、第三方评价机构等多方参与的专业人才培养方案动态调整机制,强化教师参与教学和课程改革的效果评价与激励,做好人才培养质量评价与反馈。

二、主要内容及要求

专业人才培养方案应当体现专业教学标准规定的各要素和人才培养的主要环节要求,包括专业名称及代码、入学要求、修业年限、职业面向、培养目标与培养规格、课程设置、学时安排、教学进程总体安排、实施保障、毕业要求等内容,并附教学进程安排表等。学校可根据区域经济社会发展需求、办学特色和专业实际制订专业人才培养方案,但须满足以下基本要求。

(一)明确培养目标。依据国家有关规定、公共基础课程标准和专业教学标准,结合学校办学层次和办学定位,科学合理确定专业培养目标,明确学生的知识、能力和素质要求,保证培养规格。要注重学用相长、知行合一,着力培养学生的创新精神和实践能力,增强学生的职业适应能力和可持续发展能力。

坚持把立德树人作为根本任务,不断加强学校思想政治工作,持续深化"三全育人"综合改革,把立德树人融入思想道德教育、文化知识教育、技术技能培养、社会实践教育各环节,推动思想政治工作体系贯穿教学体系、教材体系、管理体系,切实提升思想政治工作质量。

(二)规范课程设置。课程设置分为公共基础课程和专业(技能)课程两类。

1.严格按照国家有关规定开齐开足公共基础课程。中等职业学校应当将思想政治、语文、历史、数学、外语(英语等)、信息技术、体育与健康、艺术等列为公共基础必修课程,并将物理、化学、中华优秀传统文化、职业素养等课程列为必修课或限定选修课。高等职业学校应当将思想政治理论课、体育、军事课、心理健康教育等课程列为公共基础必修课程,并将马克思主义理论类课程、党史国史、中华优秀传统文化、职业发展与就业指导、创新创业教育、信息技术、语文、数学、外语、健康教育、美育课程、职业素养等列为必修课或限定选修课。

全面推动习近平新时代中国特色社会主义思想进课程,中等职业学校统一实施中等职业学校思想政治课程标准,高等职业学校按规定统一使用马克思主义理论研究和建设工程思政课、专业课教材。结合实习实训强化劳动教育,明确劳动教育时间,弘扬劳动精神、劳模精神,教育引导学生崇尚劳动、尊重劳动。推动中华优秀传统文化融入教育教学,加强革命文化和社会主义先进文化教育。深化体育、美育教学改革,促进学生身心健康,提高学生审美和人文素养。

根据有关文件规定开设关于国家安全教育、节能减排、绿色环保、金融知识、社会责任、人口资源、海洋科学、管理等人文素养、科学素养方面的选修课程、拓展课程或专题讲座(活动),并将有关知识融入到专业教学和社会实践中。学校还应当组织开展劳动实践、创新创业实践、志愿服务及其他社会公益活动

2.科学设置专业(技能)课程。专业(技能)课程设置要与培养目标相适应,课程内容要紧密联系生产劳动实际和社会实践,突出应用性和实践性,注重学生职业能力和职业精神的培养。一般按照相应职业岗位(群)的能力要求,确定6—8门专业核心课程和若干门专业课程。

(三)合理安排学时。三年制中职、高职每学年安排40周教学活动。三年制中职总学时数不低于3000,公共基础课程学时一般占总学时的1/3;三年制高职总学时数不低于2500,鼓励学生自主学习,公共基础课程学时应当不少于总学时的1/4。中、高职选修课教学时数占总学时的比例均应当不少于10%。一般以16—18学时计为1个学分。鼓励将学生取得的行业企业认可度高的有关职业技能等级证书或已掌握的有关技术技能,按一定规则折算为学历教育相应学分。

(四)强化实践环节。加强实践性教学,实践性教学学时原则上占总学时数50%以上。要积极推行认知实习、跟岗实习、顶岗实习等多种实习方式,强化以育人为目标的实习实训考核评价。学生顶岗实习时间一般为6个月,可根据专业实际,集中或分阶段安排。推动职业院校建好用好各类实训基地,强化学生实习实训。统筹推进文化育人、实践育人、活动育人,广泛开展各类社会实践活动。

(五)严格毕业要求。根据国家有关规定、专业培养目标和培养规格,结合学校办学实际,进一步细化、明确学生毕业要求。严把毕业出口关,确保学生毕业时完成规定的学时学分和教学环节,结合专业实际组织毕业考试(考核),保证毕业要求的达成度,坚决杜绝"清考"行为。

(六)促进书证融通。鼓励学校积极参与实施1+X证书制度试点,将职业技能等级标准有关内容及要求有机融入专业课程教学,优化专业人才培养方案。同步参与职业教育国家"学分银行"试点,探索建立有关工作机制,对学历证书和职业技能等级证书所体现的学习成果进行登记和存储,计入个人学习账号,尝试学习成果的认定、积累与转换。

(七)加强分类指导。鼓励学校结合实际,制订体现不同学校和不同专业类别特点的专业人才培养方案。对退役军人、下岗职工、农民工和新型职业农民等群体单独编班,在标准不降的前提下,单独编制专业人才培养方案,实行弹性学习时间和多元教学模式。实行中高

职贯通培养的专业,结合实际情况灵活制订相应的人才培养方案。

三、制订程序

(一)规划与设计。学校应当根据本意见要求,统筹规划,制定专业人才培养方案制(修)订的具体工作方案。成立由行业企业专家、教科研人员、一线教师和学生(毕业生)代表组成的专业建设委员会,共同做好专业人才培养方案制(修)订工作。

(二)调研与分析。各专业建设委员会要做好行业企业调研、毕业生跟踪调研和在校生学情调研,分析产业发展趋势和行业企业人才需求,明确本专业面向的职业岗位(群)所需要的知识、能力、素质,形成专业人才培养调研报告。

(三)起草与审定。结合实际落实专业教学标准,准确定位专业人才培养目标与培养规格,合理构建课程体系、安排教学进程,明确教学内容、教学方法、教学资源、教学条件保障等要求。学校组织由行业企业、教研机构、校内外一线教师和学生代表等参加的论证会,对专业人才培养方案进行论证后,提交校级党组织会议审定。

(四)发布与更新。审定通过的专业人才培养方案,学校按程序发布执行,报上级教育行政部门备案,并通过学校网站等主动向社会公开,接受全社会监督。学校应建立健全专业人才培养方案实施情况的评价、反馈与改进机制,根据经济社会发展需求、技术发展趋势和教育教学改革实际,及时优化调整。

四、实施要求

(一)全面加强党的领导。加强党的领导是做好职业院校专业人才培养方案制订与实施工作的根本保证。职业院校在地方党委领导下,坚持以习近平新时代中国特色社会主义思想为指导,切实加强对专业人才培养方案制订与实施工作的领导。职业院校校级党组织会议和校长办公会要定期研究,书记、校长及分管负责人要经常性研究专业人才培养方案制订与实施。职业院校党组织负责人、校长是专业人才培养方案制订与实施的第一责任人,要把主要精力放到教育教学工作上来。

(二)强化课程思政。积极构建"思政课程+课程思政"大格局,推进全员全过程全方位"三全育人",实现思想政治教育与技术技能培养的有机统一。结合职业院校学生特点,创新思政课程教学模式。强化专业课教师立德树人意识,结合不同专业人才培养特点和专业能力素质要求,梳理每一门课程蕴含的思想政治教育元素,发挥专业课程承载的思想政治教育功能,推动专业课教学与思想政治理论课教学紧密结合、同向同行。

(三)组织开发专业课程标准和教案。要根据专业人才培养方案总体要求,制(修)订专业课程标准,明确课程目标,优化课程内容,规范教学过程,及时将新技术、新工艺、新规范纳入课程标准和教学内容。要指导教师准确把握课程教学要求,规范编写、严格执行教案,做好课程总体设计,按程序选用教材,合理运用各类教学资源,做好教学组织实施。

(四)深化教师、教材、教法改革。建设符合项目式、模块化教学需要的教学创新团队,不断优化教师能力结构。健全教材选用制度,选用体现新技术、新工艺、新规范等的高质量教材,引入典型生产案例。总结推广现代学徒制试点经验,普及项目教学、案例教学、情境教学、模块化教学等教学方式,广泛运用启发式、探究式、讨论式、参与式等教学方法,推广翻转课堂、混合式教学、理实一体教学等新型教学模式,推动课堂教学革命。加强课堂教学管理,规范教学秩序,打造优质课堂。

(五)推进信息技术与教学有机融合。适应"互联网＋职业教育"新要求,全面提升教师信息技术应用能力,推动大数据、人工智能、虚拟现实等现代信息技术在教育教学中的广泛应用,积极推动教师角色的转变和教育理念、教学观念、教学内容、教学方法以及教学评价等方面的改革。加快建设智能化教学支持环境,建设能够满足多样化需求的课程资源,创新服务供给模式,服务学生终身学习。

(六)改进学习过程管理与评价。严格落实培养目标和培养规格要求,加大过程考核、实践技能考核成绩在课程总成绩中的比重。严格考试纪律,健全多元化考核评价体系,完善学生学习过程监测、评价与反馈机制,引导学生自我管理、主动学习,提高学习效率。强化实习、实训、毕业设计(论文)等实践性教学环节的全过程管理与考核评价。

五、监督与指导

国务院教育行政部门负责定期修订发布中职、高职专业目录,制订发布职业教育国家教学标准,宏观指导专业人才培养方案制订与实施工作。省级教育行政部门要结合区域实际进一步提出指导意见或具体要求,推动国家教学标准落地实施;要建立抽查制度,对本地区职业院校专业人才培养方案制订、公开和实施情况进行定期检查评价,并公布检查结果。市级教育行政部门负责指导、检查、监督本地区中等职业学校专业人才培养方案制订与实施工作,并做好备案和汇总。充分发挥地方职业教育教研机构的研究咨询作用,组织开展有关交流研讨活动,指导和参与本地区职业院校专业人才培养方案制订工作。鼓励产教融合型企业、产教融合实训基地等参与专业人才培养方案的制订和实施,发挥行业、企业、家长等的作用,形成多元监督机制。

《教育部关于制定中等职业学校教学计划的原则意见》(教职成〔2009〕2 号)、《关于制订高职高专教育专业教学计划的原则意见》(教高〔2000〕2 号)自本意见印发之日起停止执行。

第四章　教师团队：被需值教育的关键

内容提要

> 教师是教育的第一资源,师资队伍是学校的硬核实力。职业教育与普通教育的根本区别是企业是否真正参与办学,学校办学是否真正服务于企业。职业院校的教师与企业紧密联系,或者来源于企业,或者深入企业实习实践。教师掌握和传授给学生的知识技能既能经受住企业检验,得到企业认可,满足企业需求,又能适应职业学校学生的学习能力。被需值教育适应企业需求,建设了一支由学校教师、企业技师和行业匠师组成的能教学、能实践、能育人的"三师三能"型双师队伍。

第一节　被需值教育的教师修养

被需值教育是旨在提升学生被需要的素质及其价值的教育,瞄准社会需求,培养学生会学习、会交往、会生活、会工作的能力;培养学生目中有人、心中有情、手中有爱的情感,培养学生敢担当、有作为的意志。被需值教育是学校德育工作的切入点、教学工作的渗透点、学生工作的落脚点、行政教辅工作的示范点。教师是教育教学工作的实施者,也是被需值教育的实施者。被需值教育对教师有着具体的要求。

一、"靓装、微笑、被需要"—— 教师日常修养

(一)靓装

人在衣裳,马在鞍。教师衣着整洁大方,会给学生阳光向上、轻松美好的印象,也会给自己带来快乐自信、幸福美好的心情。学高为师、身正为范。教师着正装、职业装上课,会给学生严肃认真、凝神聚力的印象,也会给自己带来职业性、专业性的暗示,干什么像什么,卖什么吆喝什么;实习实训上岗时着工装,会给学生学习专业知识技能的氛围,自己也能更便捷

地操作。适合的就是美好的,正确的就是严肃的。教师合适的打扮会传递给学生轻松和美丽,能够提高学生学习的兴趣和成效;教师合适的打扮也能暗示自己的角色和责任,能够提高教师的工作效率,激发出教师快乐的心情。

(二)微笑

表情是内心情绪的表达,笑是美好情绪的标志。教师的微笑是爱心的体现、学校文化氛围的体现、学校精神面貌的体现,是学校最亮丽的风景,是学校立德树人、文化育人的基本方法和最有效的手段,也是教师教给学生的第一个能力。开心是笑的源头,关心是开心的保障。被需值教育下,学校关心、关注、关爱每一位教师,教师则关心、关爱每一位学生,形成互爱互助、积极健康的文化氛围。好的文化氛围是教育教学效果的保证。教师笑了,打开心扉,放飞想象,爱心促热心,激发责任心,树立事业心;学生笑了,敞开胸怀,开动脑筋,凝神聚力,创造创新,取得事半功倍的学习效果。

(三)被需要

被需值教育是学校立德树人、文化育人和践行社会主义核心价值观的生动实践。以"被需值"为文化基因、价值标准和行为规范,从物质文化、精神文化、制度文化和行为文化四个层面,学校、专业、教师、学生四个维度推进被需值文化建设,营造"靓装、微笑、被需要"的文化氛围,增强全体师生精准服务他人的意识和能力,塑造目中有人、心中有情、手中有爱的"三动""四会"高素养创新型技术技能人才。言传身教是最有效果的教育方法,被需要既是一种态度,又是一种能力。教师要有为别人着想、精准服务他人的意识和能力,养成努力被需要,提升被需值的习惯,把流淌在教师体内的被需值基因传承下去,传播开来,达到身先士卒、以身作则、潜移默化的教育教学效果。

二、"岗位、职位、品位"——教师角色修养

(一)岗位贡献

被需值教育要求每位教职员工立足岗位、爱岗敬业、爱校如家、爱生如子;要主动学习,尽心尽力,做事专业,为学生成长、学校发展、个人提升积极努力。每位教职员工都是学校最亮丽的风景,要在"靓装、微笑、被需要"的文化熏陶下,努力被需要,提升被需值,自觉展现美好气质,为岗位贡献,为集体添彩。

(二)职位担当

职位担当,首先要敬畏职位,有为才有位;讲政治,讲规则,敬畏团队,敬畏搭档,更要敬畏学生;教育无小事,要用事业心做教育,潜心教书育人;多用心,少抱怨,轻功利,重责任;抓好团队建设,凝心聚力,搭好平台。

职位担当是一种境界、一种情怀。在中国几千年的传统文化中,道家思想主张尊重自然

规律,营造积极向上的组织文化;儒家思想主张克己复礼,遵守礼节,服从制度,克制欲望,实现和谐;法家思想主张方向和方法,当方向对的时候取决于方法,采取最有效的办法,就会达到最高的效率。职位担当就是要找准位置,明确责任,想方设法地高效率完成任务;职位担当就是要有名堂,有套路,有队伍,有创新,做好人做成事做大文章。

(三)品位提升

品位包括品质、格局、站位。品质是指人才品质,不仅限于道德,还包括人的健康、能力、文化等因素。格局是指包容性,是空间;人的成长是格局的成长;心有多大,舞台就有多大,大格局的人方能成大事。品位是指高标准要求自己,高标准做好工作,精益求精。作为教育者,就是要"止于至善",对学生负责,贯彻党的教育方针和国家教育政策,以提高学生学习成效为导向,追求完美,不断提升自我,做负责任的教师。要以人为本,有高品质、大格局、高站位,不断提升被需值,与学校荣辱与共,与学生共同成长。

三、做"管家、专家、赢家"不做"小家、玩家、败家"—教师人格修养

(一)做好"管家、专家、赢家"

1.做好"管家"

无论是普通教师、辅导员、普通行政人员还是领导干部,都要有担当,负责任,科学合理地设计和安排好本职工作,有计划有总结,精耕细作,低成本高效益,高标准要求,高质量完成。确保人人有事做,事事有人做,人人做好事,好事人人做。

2.做好"专家"

专业做事,行家做事。事情没有大小之分,责任没有轻重之别,每个人都要用心钻研,把握事物规律,找准工作方法,精益求精地把事情做好。不断加强学习,自觉树立科学精神、工匠精神、劳动精神和文物精神,努力成为专业人士、专家人才。

3.做好"赢家"

要有成事意识、成功意识、胜利意识,爱拼才会赢,不做无用功。每个人做每件事都要严肃认真,精心计划安排,精细组织实施,以成功的标准倒逼每个过程环节;不断沉淀、规范、创新,才会出彩;努力养成参之能战,战之能胜的意识和习惯。

(二)不做"小家、玩家、败家"

1.不做"小家"

小家子气就是格局小,格局大小决定成败与否,心有多大,舞台就有多大。格局指人的认知范围及所做事情的结果,表现为胆量、智慧、见识、爱心、境界、责任心、使命感等。大格局必有大觉悟,大格局必有大度量,大格局必有大视野,大格局必有大智慧,大格局必有"大手笔"。

2. 不做"玩家"

"业精于勤,荒于嬉;行成于思,毁于随","团结、紧张、严肃、活泼",不可玩物丧志。每位教师要敬畏职业,珍惜平台,把握机会,对工作认真负责,用事业心做教育,决不能在其位不谋其政,误人子弟。

3. 不做"败家子"

要常怀感激之情,常有进取之心。"不积跬步,无以至千里。不积小流,无以成江海",厚德载物,幸福是奋斗出来的。要有敬畏之心,要勤俭持家,要学会过紧日子,节约光荣,浪费可耻,浪费就是犯罪。

四、"看重与看清、自信与敬畏、沉淀与修养、规则与特色、做事与做人"——教师智慧修养

(一)处理好看重自己与看清自己的关系

孔子云:"不患无位,患何以立",即不要忧虑自己没有职位,要忧虑自己有没有用来立身的本领。作为教师,既要看重自己,自信、自重、自尊,有能力、有底气地教书育人;又要看清楚自己,主动适应信息时代知识技术日新月异的要求,主动适应产业结构调整和新经济形态的要求,主动适应新知识、新技术、新材料和新模式的要求,主动适应"互联网+"大数据、"O2O"要求,主动适应学生多元化、有教无类、因材施教的要求等。教师要主动找差距,主动学习,终身学习。

(二)处理好规则与特色的关系

作为教师,既要遵守规则,按照国家、省市的政策要求,规范做事,高标准做事,又要将理论联系实际,结合本地、本校、本人和本岗位特点,创新创造创业,找准定位,形成特色。个性化、差异化和特色化才是生命力。

(三)处理好沉淀与修养的关系

教师在工作中要加强对政策法规、业务能力的领悟,努力学习,深入思考,不断总结积累,沉淀经验,形成文化和习惯。做人过程中,要努力做有本事的好人,有责任敢担当,有才情,有人情味,为别人着想,尽力帮助别人,不断提升被需值。有朋友就有事业,沉淀朋友、沉淀事业、沉淀人情味就是沉淀机遇。沉淀就是修身养性,"取其精华,去其糟粕",把精力用到正事和正能量人身上;修养是心情上沉淀,涵养心境,陶冶情操,勇敢而不鲁莽,优雅而从容。

(四)处理好自信与敬畏的关系

教师教书育人,是正能量的传播者,是爱心与信心的传递者。教师自信,以身作则,言传身教,才能够事半功倍地提高学生的学习效果。教师是灵魂的工程师,是太阳底下最光辉的

事业。教师要有敬畏之心,敬畏职业、敬畏学生、敬畏真理。教师要"修身养性",要"以德服人",要"真、善、美":真,即遵循事物的本身;善,即照顾不同人的想法;美,即讲究工作方法和工作艺术。艺术与技术的差异就在于是否以情感人、以德服人。敬畏本身就是一种自信,就是最大的事业心。

(五)处理好做人与做事的关系

"人之初,性本善。"与人为善,要用善心、善念去做事。从大善的角度做事,必成;从大善的角度做人,朋友必多。用情做事、用心做事才能做到"信、达、雅",信是真实,达是到达,雅是儒雅。在高校工作是件儒雅的事情,教师要做画龙点睛之人,启发智慧之人;要用人格魅力、高尚的言行,潜移默化,细雨浇透田;要帮助学生学会学习,把知识与思想紧密相连,把知识与生活紧密相连,把知识内化为智慧,外化为能力。学生发展就是教师做人做事的完美结合。

五、"名堂套路、创新出彩、沉淀规范、团队协作"——教师工作修养

(一)名堂套路

名堂是指做事要"出师有名"。好的名堂既可以起到宣传员、号召引领的作用,也可以起到团结、凝聚力量的作用;好的名堂就是一面旗帜。套路是指做事要有计划,有总结,有章法。好的开头是成功的一半;好的计划决定成败,制定计划、执行计划、督促检查计划落实等整个过程要有章有法,既要有明确目标,又要有科学、有效、可操作的方法。"编筐窝篓全在收口",一项工作做完了,就要进行全面系统的检查、评价、分析、研究,形成经验和教训的总结,以此不断提高工作质量,提升工作能力。"行百里半九十",有名堂有套路,还要进行过程管理,不忘初心,一脉相承,善始善终。

(二)团队协作

团队精神的基础是尊重个人,核心是协同合作,目标是个体利益与整体利益的统一,形成向心力、凝聚力和战斗力,既发挥个人特长又实现团队协作,最后高质量地完成任务。

1. 部门协作

部门协作是完成总体目标的必要条件。如何搞好部门协作? 首先,各部门负责人要合理适时地组织协调;其次,各个部门或个人要有全局观念,主动搞好协作配合;再次,对协作内容和任务,应该以积极负责的态度去完成;最后,协作过程中应注意协调性和一致性,以提升协作效率。

2. 个人自律

个人自律是完成总体目标的关键。如何自律? 首先,做事要考虑对方的感受,主动为对方考虑,人和动物的区别就是沟通、交往、协作,相互启发,共同进步;其次,要互相帮助,"予人玫瑰,手有余香";最后,要"团结、紧张、严肃、活泼",建设协作文化,营造奋斗氛围。管理

就是对人的管理,对人的情绪、态度的管理,核心是调动积极性。各部门都要有自己的文化,从每个人的情绪态度抓起,形成万众一心、同舟共济的氛围,建立奖功罚劣的激励机制,建设保障团队协作的工作制度。

(三)创新出彩

创新是进步的动力源泉。创新是指人们为了发展,运用已知的信息,不断突破常规,发现或产生某种新颖、独特的有社会价值或个人价值的新事物、新思想的活动。服务经济的特点是服务对象和服务提供者同时存在,一线员工代表企业形象,教师代表学校的水准和特色,任何人、任何时候都要自信,体现出学校的实力水平,要敢于脱颖而出。人生舞台上,我们会是不同角色的扮演者,如果什么都按自己的标准,那就是自然人,成不了社会人。教师要敢于做"当红演员",要敢于出彩,乐于出彩。学校要找到创新点,高标准办学,以培育高素养的专业人才为目标,突出"专业+素养"的"灵"性教育。各个学院、处、室要不断寻找突破点,要敢于突破旧的思维定式,不断创新思想,发挥优势。人人要做有心人,不断地去体会、去感受、思考,努力学习,提高素养水平。做事要创新,活动要创新,没有创新,学校就没有发展,个人就没有前途。做事情要力争墙里开花墙外红,也就是要有出彩的亮点,没有创新,就没有出彩,没有特色,就没有品牌,也就没有生命活力。

(四)沉淀规范

规范即标准,包括学习标准、工作标准、生活标准。教师是有知识、有素养,教书育人的灵魂工程师,就是要学高为师,身正为范,以身作则,要不断学习,加强修养,成为学生言传身教的楷模;作为职业高等学校的教师,必须主动了解和掌握产业技术前沿、发展动态,了解企业运营规律、发展需要,理论联系实际,求真务实,培养产业、行业和企业岗位需要的人才;教师是知识的传播者,更是知识的加工者,必须具有创新创造能力。模仿、搬来、程序化的东西不可取,没有个性,没有差异化,就没有特色,也就没有生命力。每个人都要有创新意识,每项工作必须赋予至少30%的创新成分。每位成员要有角色意识,时刻记住自己是一名"大学教师",要不断提高工作标准,充分体现人的价值,并不断沉淀确立一套行之有效的价值观念、行为习惯。规范不是"墨守成规",而是打破常规,不断创新;特别是年轻人,更要有激情,有干劲,更新理念,创新思想,加强学习,提高素养。做好每件事不只是完成单项任务,更需要融会贯通,沉淀经验,形成一套行之有效的工作方法。各部门要规范工作流程,科学规划,系统总结,形成套路和方法。学校要沉淀出特色文化、经典文化,形成制度、形成基因,人人传递,代代传承。

六 、"用事业心做教育"——教师职业道德修养

(一)心怀感恩,做喜欢的事并享受过程

职业教育赋予人生活的能力,赋予企业生产的能力,赋予国家生产力。被需值教育注重

培养学生的技术技能和综合素养,推进"全人教育"。教师要学会用长远的眼光来做事,把工作当事业,有教无类,因材施教;不断创新教学模式,引入小组学习、项目学习、O2O线上线下互动学习等多种教学模式,提升学生学习效果;要学会沉淀、规范、创新、出彩,有思考,有总结,细处见功夫;要心怀感恩,用事业心和良心做教育。幸福是奋斗出来的!人生最大的幸福是做自己喜欢做的事情并享受过程,工作做好了是最大的快乐,要享受工作后的成就感。以被需值为基因,以氛围和节奏为外在体现,同舟共济,同心同德,珍惜感恩;不埋怨,不抱怨,宽以待人,做一个高被需值的人,并享受集体进步的荣誉和快乐。

(二)厚德载物,提升精细度

1.不断历练,形成稳定规范的工作套路

作为教师,要尊重敬畏工作,要注重细节,要有角色意识,一点一滴、一举一动都要高标准要求自己;要爱岗敬业、团结互助,为别人着想,帮助他人,创造"和谐"的氛围,不要自我膨胀;要学会走出"低谷",放松心情,认真做事,用心做事;要珍惜机会,不断历练提升自己,认真总结规律,提炼出科学有效的方法和工作套路。

2.要加强学习,创新工作

作为教师,要不断提高做事标准和精细度,要努力做到让学生满意、心怀感恩,且受到感染,要富有情感地去做每一件事情。简单的事情重复做、精细做、创新做。精细工作是一种工作态度,更是一种能力。

3.要心态平和,不要计较个人利益得失

作为教师,不要太注重个人利益得失和面子问题,不在一些蝇头小利上纠结;休闲时就要放松心情,享受生活;工作时就要倾心投入,倾情奉献。

(三)加强管理,提高工作效率

管理就是调动积极性,就是感染、带动团队完成工作任务。

1.明确目标

做工作一定要有明晰的发展目标和策略,制定好各个阶段的任务书,明确关键节点,并传达给团队,做好动员,以确保团队执行任务快速、敏捷。

2.组建团队

根据发展目标,组建不断成长的团队,并建立健全团队成员学习成长机制。

3.梯队建设

在团队内部建立清晰的职业成长阶梯,让团队成员看到成长的路径和希望,培养和保护团队成员的积极性。

4.协同协作

关注协同和协作,每个部门或每个人,既相互竞争又相互协作,协作大于竞争。

5.团队文化

建立团体文化,形成共识,凝心聚力。团队文化包括拼搏、挑战、团结、关爱、协作等,文化建设是事业成功的保障。

6.激励机制

建立一套灵活、多层次、兼顾长期和短期利益的激励机制,用激励来调动、保护和推动团队成员的积极性。积极性是责任心的晴雨表和事业心的发动机。

(本文节选自学校 2016—2017 学年第五次全体教职工大会王树生讲话)

第二节　企业学院育人模式对师资队伍的要求

企业学院是落实产教深度融合和提高人才培养质量,使学校和企业发生化学反应,整合资源,形成命运共同体,实现一体化育人的职业教育办学模式。企业真正参与办学是职业教育质量的根本保障。建设企业学院,整合校企教育教学资源特别是教师资源,以需求为导向,精准育人,切实发挥企业办学主体作用,校企一体化育人,能够确保提高学生学习效果和学校人才培养质量。企业学院育人模式对职业院校教师提出了新要求。

一、企业学院校企一体化育人"AB 角"工作机制

职业教育学生多元化[包括应(往)届高中(中职)毕业生、企业职工、农民工、新型农民、退役军人等,学生的学历、精力、年龄、专业、职业、技能及文化知识基础差异很大],对学习内容、学习方式提出了多元化要求。职业教育首先要打破一人双师型、二人双师结构传统模式,校企合作,整合资源,适应岗位和学生身心发展要求,求真务实,有教无类,因材施教;实施企业学院校企一体化育人,授课由行业匠师、企业技师与学校教师共同组成,能教学、能实践、能育人的"三师三能""三元双师"师资队伍负责;实施全员导师制,教学促行政、技能促知识,专业团队带动教育教学团队,并形成企业与学校教师的"AB 角"互换工作机制;发挥优势,教学相长,相互促进,共同提高,有效提高教学、实践、科研、育人和服务社会水平与能力,提高学生学习成效。

二、企业学院教师思维范式的转变

(一)教师是教学育人过程的主导者

教师主导教学育人过程。教师的被需值不仅体现在教师自我理想的满足、自我价值的实现,还体现在教师满足学生需要的能力,以及把握其合理度、实现精准教学服务的能力。被需值教育不仅要传授知识技能,更要培养学生的劳动精神、工匠精神和职业素养。

(二)教师要注重倾听学生的心声

被需值教育要求教师在教学实践中倾听学生不同的内心声音。通过不断的反思和批判,以鼓励和赞扬的方式,追求师生之间的对立统一以及多样性的和谐,实现学生学习的体验性转变。教师合理利用教材、多媒体等中介特性,有效展开师生之间的对话与合作。

(三)教师是"生态学习"的组织者

教师从传统的教学"统治者"的角色逐步转变成课堂的组织者、思想的引导者和智慧的点拨者,调动个体主观能动性,构建"生态学习"。在学习过程中以学生为中心,教师启发启蒙,学生自主自觉,引导学生内化,逐步树立专业思维和人文素养。在教学过程中,教师要学会发现自我、创造自我,主动学习,树立教学相长、自我教育的理念,即知识学习与教学实践的反思对话;在德育课堂教学过程中,始终把立德树人作为根本任务,把职业精神和人文素养培育作为基础前提;同时,注重"三创"素质的培养,统一"三创"的商业性与教育性,统一个人创业与岗位创新创业的关系,统一"三创"课程化、活动化与常态化的关系。

(四)教师要重构并关注教学实践

被需值教育要求教师重构教学实践。教师不再只关注知识的传递和灌输,还要关注学生求知欲与实践能力有机统一的价值追求;关注学生的学习态度、学习习惯、学习意志和学习能力的持续发展和完善;关注学生的自我否定和自觉提升的意识和能力;关注学生对知识技能的主动探索;关注学生的社会角色意识;特别要关注学生的职业岗位向往和事业心。教师要以"同伴"的身份与学生一起观察、分析和解决问题,一起分享、运用知识与技能解决生产实际问题,一起追求学习的"原创性"和实践的"真实性"。师生在异质思维中对话、相互作用,不断生成新的认知,实现教学活动的多维性,将预设走向的课堂变为生成并举、主体参与的实践活动。

三、企业学院教学模式的转变

"互联网+"、大数据、智能化为标志的信息时代的到来,使得对技术技能人才的要求不断提高,日新月异。没有被淘汰的工作和岗位,只有被淘汰的技术和技能。更新技术技能和终身学习对职业技术教育提出了紧迫需求,职业教育生源多样化将是时代的主题和学习的常态。传统教学由教师的课堂授课和学生的课后自我学习构成,而这两个过程是相互分离的。师生交互少,学生被动接受教师的知识和价值观,难以培养出思辨能力和探索创造能力。新时代的职业教育必须以提高学生学习成效为目标,设计"O2O+智慧教育教学"模式,深化"三教"改革,采用项目、场景、线上线下混合、感官式、新媒体等多样化教学方式,"三动"、跨界、活页式、口语交流式、个体定制等多种学习方式,开发多师、老生、特长生、朋辈教师等资源。线上教育教学会成为未来教育的常态,要不断研究线上教育教学规律,推动线上"三教"改革,确保线上线下教育教学实质等效。

第三节 "三元三能"双师队伍，校企一体化育人

职业教育的本质特征是企业是否真正参与办学，学校办学是否真正为企业服务。职业教育打破了专业设置和院系格局，以企业岗位需求为导向，以课程为抓手，为社会培养适用对路的技术技能人才。然而，职业院校学制较短、学生知识基础薄弱、学习能力不强等因素，直接影响了学生学习效果。职业教育人才培养质量的根本是师资队伍。因此，职业院校建设一支既熟懂专业知识又掌握专业技术，既有深厚的人文素养又是技能大师，能教学、能实践、能育人，由学校教师、企业技师和行业匠师组成的"三元三能"双师型的师资队伍至关重要。

一、抓住根本，打造"三元三能"双师型师资队伍

（一）引进高层次人才，打破技术技能天花板

知识在于系统性，技能在于理实一体性。职业院校学习专业知识和技术技能课程时间短，学生的学习能力和基础相对较弱，应聘请高级技师、行业大师、教授级教师，深入浅出，事半功倍；变"盲人摸象"为"庖丁解牛"，变"蜻蜓点水"为"蛟龙出海"，变碎片化观点为系统科学知识，变简单机械知识技能为系统理论技术；打破知识技术天花板，为学生构筑系统知识结构，插上理想的翅膀，赋予其创造创新潜能。因此，学校要充分利用地方政府优秀人才政策，根据学校发展方向，大力引进有企业工作经历的高级技师、有行业内技术技能和经验丰富的匠师、有教育教学经验的高级教师，带领学生走进课堂，走上岗位，理实一体，通过大师工作室实施现代学徒制，扎实提高教育教学效果，提高学生学习成效，保障学校人才培养质量和办学水平。

（二）校企教师"AB角"互换，一体化育人

被需值教育通过校企命运共同体——企业学院，实施校企一体化育人。在教育教学管理工作中，实施学校和企业教师"AB角"互换机制，同一教学和管理岗位，校企各派教师，互为主配角，根据企业岗位需求和学生身心发展要求，精诚合作，整合资源，创新工作方式方法，达到理论与实践的有机统一，真正实现产教融合、校企合作、工学结合和知行合一。

（三）不拘一格选拔培养青年骨干教师

学校要将工作业绩考核作为首要参考指标，德、能、勤、绩、廉综合考评，不拘一格，打破传统格局，大胆提拔使用有上进心、充满正能量、有本事、群众基础好、有创新思维、扎实肯干的优秀青年骨干教师。在职称评聘方面，大胆实施大师、匠师、技师与教师系列职称并行与转换的"双轨制"职称评聘制度，采用评聘、聘任和特聘三种形式，有效优化教师职称结构，加

速提高教师教学、实践、科研、育人和服务社会的水平与能力,建成具有良好师德修养和业务素质的"三元"结构"双师"教育教学队伍。在干部培养方面,破格提拔中青年骨干教师进入学校领导班子和中层领导干部队伍,形成"老中青"结合且具有干事激情的干部团队。

二、抓好内涵,提升教书育人水平

(一)强化师德师风建设,提升立德树人文化育人能力

树立良好师德师风和科学严谨、精益求精的职业精神,言传身教,表率示范,是育人工作的重要基础。通过课程思政改革、第二课堂载体,全面提升教师育人能力。实施"三全育人"综合改革试点,动员和引导教职员工牢固树立"育人为本、德育为先"的工作理念,进一步提高广大学生思想政治素质,促进学生全面发展,逐步推动学校全员育人、全过程育人、全方位育人格局的形成。建立完善的美育工作规章制度,学校教师紧紧围绕"初心、使命、被需值"主题,组织学生开展以社会主义核心价值观为主题的校园文化活动,落实"1123工程",提高学生个人素养、生活情调、培养质量,促进学生全面、持续、健康发展,并以微笑为基点,打造科技文化艺术活动载体,组织开展切合学生发展需要的社团活动,传递被需值文化基因。重视人文素质、"三创"教育,有效服务学生成长成才成业。

(二)以信息化教学为重点,提升教学能力

实施"O2O+智慧教育教学"工程,加强智慧校园和数字化教学资源建设,教师利用信息化教学技术,以教育科研为先导,提升教师的信息化教学理念、信息化教学技能和信息化教学研究能力,以教育教学实践为导向,全面提高教师信息化教学能力。制定《教师学习进修培训制度》《教师到行业企业参加学习、实践实施办法》《教职工学历提升管理办法》等制度办法,将教师到企业挂职锻炼、开设公开课、教师相互听课等计入工作量制度化,见贤思齐,比学赶帮超,形成互相学习、互相促进、自觉提高教师职业发展的文化氛围和激励机制。

(三)教学服务并举,提升实践能力

利用学校专业教学资源,参与企业技术管理工作,制定员工培训计划,协助企业做好生产、管理和员工培训工作;校企互兼互聘,在实践教学中"双师组合";在教学管理中,企业院长和专业带头人参与指导和制定专业建设规划、人才培养方案、专业课程体系和实践教学体系改革;在人才培养模式改革中,参与项目教学、案例教学、实景教学等教学方式方法的设计;在专业教学团队建设上,协助安排教师到企业顶岗挂职,聘请企业兼职教师承担教学任务;在标准建设上,根据职业资格标准和企业工作要求,参与指导教学过程管理和教学结果评价,形成由企业参与的教学质量监控体系。被需值教育倡导校企一体化,资源整合,有效落实"教师、教法、教材"改革,提升人才培养质量。

(四)教学促行政,技能促知识,提高专业团队带动教育教学队伍建设能力

实行专家治学治校,做好教师队伍建设的顶层设计。精简各职能部门行政人员编制比例,加大教师编制比例,教师兼任行政工作,行政管理服务人员兼任教学任务,实现一线教学人员与管理服务人员的互通,增进相互之间的理解与协作。教学中心地位的不断强化、教育教学改革的不断深化,可促进管理服务人员在感同身受的体验中不断提高管理服务效能;同时,管理服务人员各有所长,是学校教书育人的丰富资源,通过选修课、素养课、职业导师制等渠道,将管理服务人员的职业精神和业务特长转化为教学资源,发挥其教书育人的作用,不但有利于将学生培养成为职业人,而且有利于增强管理服务人员的职业认同感、荣誉感,促进其业务工作能力和理论水平的不断提升。

重点培养专业带头人、教学名师和教学能手,推进教师队伍建设;优化教师队伍结构,推进老中青教师相结合,发挥老教师的传、帮、带作用,加强青年教师和"双师型"教师培养;推动教学内容、教学方法改革和研究,促进教学研讨和教学经验交流,推进教学资源开发,提升教学团队整体教学水平,促进专业办学水平和教育质量的提高,总体提高学校办学内涵和服务经济社会的能力。

三、建立健全制度,激发团队活力

(一)优化薪酬体系,稳定师资队伍

按照学历、职称、"双师"进行分类定级,结合职务、岗位、职业技术技能要求等构建符合学校事业发展的薪酬体系。根据教师学历变化、技能证书或职业资格等级、职称级别、校龄等因素,不断提高职务补贴与课酬津贴;按照每年 12 个月标准给予住房补贴及兼任行政工作的职务补贴;每年以不低于国家物价上涨指数标准调整教师工资收入,确保教师工作创业的激情。

(二)完善评价体系,激励教师发展

完善考核评价体系,量化考核指标。按照教学、科研、质量工程、技能竞赛、教改活动、创新创业等因素设定分值,对教师一年中上述表现或绩效进行考核评价,以此为教职工的奖惩、培训、辞退以及职务调整、专业技术职务评聘等提供依据;有效激励并督促教师认真履行岗位职责、提高政治业务素质和工作效率,确保学校各项工作有序运行。同时,不断完善人才的遴选机制及考评机制,优中选优,使教师明确努力方向,激情饱满地投入教学科研和管理工作中。

第四节　被需值教育辅导员基本素养

一、辅导员的含义

　　立德树人是学校育人的根本任务,被需值教育是落实立德树人和践行社会主义核心价值观的生动实践。辅导员工作是保障"为谁培养人、培养什么样的人和怎么培养人"的主要依靠力量,因此,辅导员工作至关重要。辅导员是指从事学生的思想政治教育、日常管理、就业指导、心理健康以及党团建设等方面工作的教职人员。一个辅导员一般管理一个或数个班级。要想做好大学生辅导员工作,应该对"辅"与"导"二字有很好的领悟。"辅"意味着辅导员是辅助者,而"主"则是被辅导的主体——大学生。辅导员的辅,必须落实到学生这个主体身上,辅导员的辅只是外因,它必须通过学生这个主体的内因才能发挥作用。"导",意味着辅导员要做学生活动的指导者、学生成长的引路者、学生工作的领导者、学生思想的疏导者和学校信息的传导者。"员"即"服务员",为学生服务的人。被需值教育辅导员的工作以需求为导向,注重实效,有助于企业学院校企一体化育人,培养打造"动口、动脑、动手""目中有人、心中有情、手中有爱""会学习、会交往、会生活、会工作"的高素养创新型技术技能人才,培养德、智、体、美、劳全面发展的社会主义建设者和接班人。

二、辅导员的基本素质

　　辅导员首先要讲政治,政治是方向、标准,只有这样,才能培养出政治思想坚定,爱国、爱党、爱社会主义的大学生。辅导员要勤思考,多学习,关注世界各地的信息变化,关心时事政治,必须有较高的学识修养与独特的人格魅力;不忘初心,牢记使命,人之初,性本善,良心是初心,事业心是动力。辅导员要用良心、事业心来做教育;辅导员要领导班级文化建设,引导学生过好组织生活,指导学生如何与人相处,教导学生怎样成为一个自立、自强、自尊的高被需值人才。辅导员要学习了解学生所学专业的常识知识、行业状态及企业岗位要求,引导学生学习实践。辅导员工作是服务性工作,学生的差异性很大,辅导员要善于发现学生的优点和缺点,从学生的实际情况和个体差异出发,有教无类,因材施教,有的放矢地进行差异化辅导。辅导员要激发学生创造和创新的潜能,使得每个学生都能扬长避短,获得最佳发展。辅导员与学生朝夕相处,应诚心诚意地了解和尊重学生的个性,用爱心温暖每个学生,要鼓励、激发学生发展个性,张扬个性,培养"狼性",不要求千篇一律、整齐划一,而要着力培养学生敢于面对竞争、不服输的"狼性"素养。辅导员要思考"沉淀、规范、创新、出彩、名堂、套路、团队",发动发挥好学生干部、学生会、学生社团组织的作用。被需值教育辅导员要具备"1123"工程和"三有""三动""四会"的基本素养。

三、辅导员应具备的"四心"素养

"四心",即仁爱心、责任心、进取心和平常心。

(一)仁爱心

仁爱心:爱和尊重是最有效的教育方法。爱学生是工作热情的源泉,爱学生是教育事业前进的力量源泉,要像爱自己孩子般爱护学生、尊重学生、关心学生,让学生感受到爱和尊重的温暖。仁爱心是学生工作的初心。

(二)责任心

责任心:辅导员要从哺育学生生命成长、培育学生身心发展、培养国家和民族未来的高度对待学生工作,以一颗强烈的责任心和极大的热情投入工作。责任心是工作动力的源泉。

(三)进取心

进取心:辅导员要主动学习和掌握大学生思想政治教育、管理和服务方面的理论与方法;主动学习和掌握青少年学生身心发展特点;主动学习和掌握新知识、新技术、新材料、新模式,以及新媒体、新手段、新现象等一切新鲜事物;主动学习和掌握工作对象的专业和职业常识,有效沟通等。进取心是提高工作质量的保证。

(四)平常心

平常心:辅导员既要做好学生政治思想工作,通晓古今中外、天文地理,又要做好日常生活起居、情感情绪、吃喝拉撒等生活服务工作;既有"上层建筑",又有"经济基础";既是老师又是家长,既当爹又当妈;既要做好宏观和顶层设计,又要事无巨细;既主动作为、尽力而为,又要无为而治、相信并尊重学生。平常心是辅导员工作的基本心态。

(本文节选自学校辅导员培训会上王树生讲话)

第五节　做新时代职教人

一、什么是教育

狭义的教育,就是学校教育,是指学校培养人的活动;广义的教育,泛指一切有目的、影响人的身心发展的社会实践活动。

儒家思想倡导:有教无类、因材施教、化民成俗、克己复礼为仁、孝悌忠义、仁义礼智信……中华民族传统教育是培养社会性的人。古希腊哲学家苏格拉底认为教育是"精神助产术""思想的助产士",是发现、唤醒、引导和启发。唐代诗人韩愈说:"师者,所以传道受业解惑也",

传道,明道才能传道;授业,予其职业、事业,让其有业;解惑,知惑才能解。职业教育家黄炎培提出:教育是谋个性之发展、为个人谋生之准备、为个人服务社会之准备、为国家及世界增进生产力之准备。被需值教育旨在提升学生被需要的素养及其价值,需求导向,求真务实,精准育人,是素质职业教育,有着深厚的思想基础,要厘清以下几个关系。

(一)教师与学生的关系

过去讲"一日为师,终身为父",现在是以学生为中心,把学生放到教室中央,要培养有感情、懂感恩、有孝心、会交往的社会性的人。处理好教师与学生的关系首先就是教与学的关系,教师怎么教,学生怎么学;是给予知识、能力,还是引导学生自主学习;是灌输还是启发,这是一个矛盾统一体。要尊重学生身心发展规律,发挥教师主导和学生主体作用,这也契合"被需值教育"理念,需求导向,精准育人,服务育人。

(二)教育与遗传的关系

遗传重要,还是环境重要? 是教育重要,还是基因重要? 这是我们要思考的问题。孩子成长的环境、父母的文化程度,影响着孩子的学习兴趣和学习能力。处理好遗传和环境的关系,因材施教,才能提高教育教学效果。

(三)教育与经济的关系

教育是为国家社会培养建设者和接班人的活动,是上层建筑,必须以经济为基础。职业教育的本质是产教融合,校企合作校企一体化培养技术技能人才,更离不开产业企业的支持;反过来,教育为经济社会的持续稳定发展提供人才和技术,特别是职业教育直接为企业岗位提供潜在劳动力,为劳动者提高适应生产生活的观念、知识、能力、智慧和行为方式等全人发展的素质,甚至创造引领行业产业的企业文化。因此,职业教育发展要比产业快半步,才能有效、有力地服务于经济。

(四)教育与社会的关系

社会瞬息万变,价值多元,生活生产方式千姿百态,生命科学奥秘无穷,线上线下,虚拟现实,知识信息爆炸,公开透明,教什么、怎么教、谁来教? 教育必须主动面对和适应社会变化,把教育放在大社会的背景下,社会化教育,培养社会化的人。社会可大可小,学校、班级、社团组织、家庭都是社会,社会讲究角色扮演,在父母面前,是乖巧孝顺的子女;在子女面前,是有尊严、可信赖的榜样;在同事面前,是友善真诚重义的伙伴……扮演好不同的社会角色,努力做一个让更多人喜欢的人。培养学生的社会性,也是被需值教育的宗旨。

(五)技能与技术的关系

中职学校更倾向于操作技能层面的教育,而高职院校则更重视理实一体化、技术上和原理性的教育,是知其所以然的教育。曹雪芹说人生要做三件事,即做人、做事、做文章。做文章就是思考和总结,要用脑子做事。教师不能仅依靠教案和经验来教学,应该多学习、勤思考,不断提高教育教学水平,让学生学会"动手、动口、动脑"。尤其是对于从中职学校升上来的学生,高职教育应更重视技术层面、原理层面的教育,掌握技术,通晓原理,触类旁通,变"盲人摸象"为"庖丁解牛",变碎片化、被肢解的知识技能为掌握总体和规律的技术技能,才能够创造创新。

(六)学校与企业的关系

先进技术一定在企业,而不是在高校实验室。最鲜活的技能一定是在岗位上、在企业车间里,而不是在书本上。2019年,教育部《关于全面推进现代学徒制工作的通知》要求全面推广现代学徒制的职业教育教学模式,就是要切实发挥好企业办学主体作用。

(1)招生招工一体化:校企共同制订和实施招生招工方案,明确学徒的企业员工和职业学校学生双重身份。

(2)校企共建教育教学标准体系:专业对接产业、课程内容对接职业标准、教学过程对接生产过程,校企共同研制高水平的现代学徒制专业教学标准、课程标准、实训条件建设标准等相关标准。

(3)建设双导师团队:既要有学校教师,也要有行业大师,能教学、能育人、能实践的专兼结合的导师团队。

(4)建设教学模式:育训结合、工学交替、在岗培养,积极探索三天在企业、两天在学校的"3+2"培养模式,着力培养学生的专业精神、职业精神和工匠精神,提升学生的职业道德、职业技能和就业创业能力。

(5)教学资源建设:企业资源和学校资源统筹使用,充分利用生产性实习实训基地、技能大师工作室、工程技术研究中心、协同创新中心等,发挥校企双方的场所、设备、人员优势,共同开发一批新型活页式、工作手册式教材并配套信息化资源,及时吸纳新技术、新工艺、新规范和典型生产案例,形成共建共享的教学资源体系。

(6)管理机制建设:校企协同制订教学管理与运行机制、专业人才培养方案,完善教学运行与质量监控体系,规范人才培养全过程。

二、什么是职业教育

(一)职业教育是校企深度融合并真正为企业服务的教育

职业教育与普通教育是两种不同的教育类型,具有同等重要的地位,其本质特征是企业是否真正参与了学校办学和学校办学是否真正为企业服务。职业教育的独特性在于点对点地服务企业,一对一的校企合作。脱离了与企业的衔接,脱离了企业岗位的需求,就是盲目的、无效的职业教育。求真务实地办好职业教育,有效服务学生成才就业和企业升级发展,就是要深化校企合作,以企业岗位需求为切入点,以课程为抓手,以师资队伍建设为关键,打破院系格局和专业壁垒,统筹、调整、使用全校教育教学资源,做到人尽其才,物尽其用。

（二）职业教育要有教无类，因材施教

人类进入信息化、物联网、大数据和智能化时代，职业跨界要求行业融合和岗位的综合能力。学生的专业技能需要专业群的建设和多元课程，要根据企业岗位需求和学生的兴趣、特长，以职业启航为指引，自由组合分班，学分互认转化，求真务实，最大限度地提高教育教学效果和人才培养质量。教育是培养人的系统工程，是"做农业"。一定要尊重个体特点和成长规律的要求，像为农作物施肥一样，有的放矢，精准投放，有教无类，因材施教，这也是被需值教育理念的精髓所在。

三、做新时代职教人

作为职业教育人，最重要的就是一个"情"字，包括情怀、爱情、人情、动情、真情等。

（一）情怀

职业教育人对职业教育要有情怀。教育是影响人和培养人的事业，知识是有温度的，教学活动是师生之间面对面地进行知识与感情的交流，而网课、微课等线上教学，终究无法取代线下课堂教学。被需值教育倡导"目中有人，心中有情，手中有爱"，人最大的幸福是做自己喜欢的事并享受做事的过程，以快乐的心情去工作时，就会感到轻松愉悦，享受获得感和幸福感。

（二）爱情

爱情，指的是大爱，指的是教师对学生、对教育事业的无私的爱。有爱才有情，教师无论走到哪里，心中总有一份牵挂，牵挂着自己的课堂、学生，牵挂着学校里的一草一木。无论世事如何变迁，教师都视教育如初恋的情人，爱护一辈子、守候一辈子、执手一辈子。爱是最大的善良，爱是力量的源泉。

（三）人情

人情是在人与人之间发生的，有人就有情，孝悌忠义、三纲五常是中华民族的优秀文化，人情味是中华民族的特色文化，存储情谊比储蓄钱财收益更大。钱财用得完，交情吃不光。

（四）动情

"教育不动情，效果等于零。"教育必须走进人的心里，润物细无声，小雨浇透田，只有带着情感去传播真理、传递价值，理论的光芒才会转化为心灵的抚慰。

（五）真情

真情实感，才能真情流露。人最大的幸福，是自我价值的体现，是被需要。要"知情意行"，要认知、了解，多储备知识，再用深厚的情感和坚强的意志努力实践。要燃起生活的动

力,激发生命的活力,释放生产的能力。

作为职教人,要了解产业、行业、企业的需求变化,精准培养社会需要的人;作为教师,要用事业心做教育,既要做发光发热的太阳,温暖和照亮孩子们的似锦前程,也要做安静的月亮,衬托孩子们熠熠发光的精彩人生。

(本文节选自学校 2019－2020 学年第四次全体教职工培训大会王树生讲话)

同步思考

1. 解释概念:三元双师、三师三能。
2. 简述企业学院育人模式对师资队伍建设的要求。
3. 简述被需值教育对教师六个方面修养的具体要求。
4. 简述辅导员应具备的"四心"素养。
5. 简述如何做新时代的职教人。

同步链接

深化新时代职业教育"双师型"教师队伍建设改革实施方案

教师队伍是发展职业教育的第一资源,是支撑新时代国家职业教育改革的关键力量。建设高素质"双师型"教师队伍(技工院校"一体化"教师,下同)是加快推进职业教育现代化的基础性工作。改革开放以来特别是党的十八大以来,职业教育教师培养培训体系基本建成,教师管理制度逐步健全,教师地位待遇稳步提高,教师素质能力显著提升,为职业教育改革发展提供了有力的人才保障和智力支撑。但是,与新时代国家职业教育改革的新要求相比,职业教育教师队伍还存在着数量不足、来源单一、校企双向流动不畅、结构性矛盾突出、管理体制机制不灵活、专业化水平偏低的问题,尤其是同时具备理论教学和实践教学能力的"双师型"教师和教学团队短缺,已成为制约职业教育改革发展的瓶颈。为贯彻落实《中共中央 国务院关于全面深化新时代教师队伍建设改革的意见》和《国家职业教育改革实施方案》,深化职业院校教师队伍建设改革,培养造就高素质"双师型"教师队伍,特制定《深化新时代职业教育"双师型"教师队伍建设改革实施方案》。

总体要求与目标:坚持以习近平新时代中国特色社会主义思想为指导,贯彻落实习近平关于教育工作的重要论述,把教师队伍建设作为基础性工作来抓,支持职业教育改革发展,落实立德树人根本任务,加强师德师风建设,突出"双师型"教师个体成长和"双师型"教学团队建设相结合,提高教师教育教学能力和专业实践能力,优化专兼职教师队伍结构,大力提升职业院校"双师型"教师队伍建设水平,为实现我国职业教育现代化、培养大批高素质技术技能人才提供有力的师资保障。

经过 5～10 年时间,构建政府统筹管理、行业企业和院校深度融合的教师队伍建设机制,健全中等和高等职业教育教师培养培训体系,打通校企人员双向流动渠道,"双师型"教师和教学团队数量充足,双师结构明显改善。建立具有鲜明特色的"双师型"教师资格准入、聘用考核制度,教师职业发展通道畅通,待遇和保障机制更加完善,职业教育教师吸引力明显增强,基本建成一支师德高尚、技艺精湛、专兼结合、充满活力的高素质"双师型"教师队伍。

具体目标:到2022年,职业院校"双师型"教师占专业课教师的比例超过一半,建设100家校企合作的"双师型"教师培养培训基地和100个国家级企业实践基地,选派一大批专业带头人和骨干教师出国研修访学,建成360个国家级职业教育教师教学创新团队,教师按照国家职业标准和教学标准开展教学、培训和评价的能力全面提升,教师分工协作进行模块化教学的模式全面实施,有力保障1+X证书制度试点工作,辐射带动各地各校"双师型"教师队伍建设,为全面提高复合型技术技能人才培养质量提供强有力的师资支撑。

一、建设分层分类的教师专业标准体系

教师标准是对教师素养的基本要求。没有标准就没有质量。适应以智能制造技术为核心的产业转型升级需要,促进教育链、人才链与产业链、创新链有效衔接。建立中等和高等职业教育层次分明,覆盖公共课、专业课、实践课等各类课程的教师专业标准体系。修订《中等职业学校教师专业标准(试行)》和《中等职业学校校长专业标准》,研制高等职业学校、应用型本科高校的教师专业标准。通过健全标准体系,规范教师培养培训、资格准入、招聘聘用、职称评聘、考核评价、薪酬分配等环节,推动教师聘用管理过程科学化。引进第三方职教师资质量评价机构,不断完善职业教育教师评价标准体系,提高教师队伍专业化水平。

二、推进以双师素质为导向的新教师准入制度改革

完善职业教育教师资格考试制度,在国家教师资格考试中,强化专业教学和实践要求,按照专业大类(类)制定考试大纲、建设试题库、开展笔试和结构化面试。建立高层次、高技能人才以直接考察方式公开招聘的机制。加大职业院校选人用人自主权。聚焦专业教师双师素质构成,强化新教师入职教育,结合新教师实际情况,探索建立新教师为期1年的教育见习与为期3年的企业实践制度,严格见习期考核与选留环节。自2019年起,除持有相关领域职业技能等级证书的毕业生外,职业院校、应用型本科高校相关专业教师原则上从具有3年以上企业工作经历并具有高职以上学历的人员中公开招聘;自2020年起,除"双师型"职业技术师范专业毕业生外,基本不再从未具备3年以上行业企业工作经历的应届毕业生中招聘,特殊高技能人才(含具有高级工以上职业资格或职业技能等级人员)可适当放宽学历要求。

三、构建以职业技术师范院校为主体、产教融合的多元培养培训格局

优化结构布局,加强职业技术师范院校和高校职业技术教育(师范)学院建设,支持高水平工科大学举办职业技术师范教育,开展在职教师的双师素质培训进修。实施职业技术师范类专业认证。建设100家校企合作的"双师型"教师培养培训基地和100个国家级企业实践基地,明确资质条件、建设任务、支持重点、成果评价。校企共建职业技术师范专业能力实训中心,办好一批一流职业技术师范院校和一流职业技术师范专业。健全普通高等学校与地方政府、职业院校、行业企业联合培养教师机制,发挥行业企业在培养"双师型"教师中的重要作用。鼓励高校以职业院校毕业生和企业技术人员为重点培养职业教育教师,完善师范生公费教育、师范院校接收职业院校毕业生培养、企业技术人员学历教育等多种培养形式。加强职业教育学科教学论师资队伍建设。支持高校扩大职业技术教育领域教育硕士专业学位研究生招生规模,探索本科与硕士教育阶段整体设计、分段考核、有机衔接的人才培养模式,推进职业技术教育领域博士研究生培养,推动高校联合行业企业培养高层次"双师型"教师。

四、完善"固定岗＋流动岗"的教师资源配置新机制

在现有编制总量内,盘活编制存量,优化编制结构,向"双师型"教师队伍倾斜。推进地方研究制定职业院校人员配备规范,促进教师规模、质量、结构适应职业教育改革发展需要。根据职业院校、应用型本科高校及其专业特点,优化岗位设置结构,适当提高中、高级岗位设置比例。优化教师岗位分类,落实教师从教专业大类(类)和具体专业归属,明确教师发展定位。建立健全职业院校自主聘任兼职教师的办法。设置一定比例的特聘岗位,畅通高层次技术技能人才兼职从教渠道,规范兼职教师管理。实施现代产业导师特聘岗位计划,建设标准统一、序列完整、专兼结合的实践导师队伍,推动形成"固定岗＋流动岗"、双师结构与双师素质兼顾的专业教学团队。

五、建设"国家工匠之师"引领的高层次人才队伍

实施职业院校教师素质提高计划,分级打造师德高尚、技艺精湛、育人水平高超的教学名师、专业带头人、青年骨干教师等高层次人才队伍。通过跟岗访学、顶岗实践等方式,重点培训数以万计的青年骨干教师。加强专业带头人领军能力培养,为职业院校教师教学创新团队培育一大批首席专家。建立国家杰出职业教育专家库及其联系机制。建设 1000 个国家级"双师型"名师工作室和 1000 个国家级教师技艺技能传承创新平台。面向战略性新兴产业和先进制造业人才需要,打造一批覆盖重点专业领域的"国家工匠之师"。在国家级教学成果奖、教学名师等评选表彰中,向"双师型"教师倾斜。

六、创建高水平结构化教师教学创新团队

2019—2021 年,服务职业教育高质量发展和 1＋X 证书制度改革需要,面向中等职业学校、高等职业学校和应用型本科高校,聚焦战略性重点产业领域和民生紧缺领域专业,分年度、分批次、分专业遴选建设 360 个国家级职业教育教师教学创新团队,全面提升教师开展教学、培训和评价的能力以及团队协作能力,为提高复合型技术技能人才培养培训质量提供强有力的师资保证。优化结构,统筹利用现有资源,实施职业院校教师教学创新团队境外培训计划,组织教学创新团队骨干教师分批次、成建制赴德国等国家研修访学,学习国际"双元制"职业教育先进经验,每年选派 1000 人,经过 3～5 年的连续培养,打造高素质"双师型"教师教学创新团队。各地各校对接本区域重点专业集群,促进教学过程、教学内容、教学模式改革创新,实施团队合作的教学组织新方式、行动导向的模块化教学新模式,建设省级、校级教师教学创新团队。

七、聚焦 1＋X 证书制度开展教师全员培训

全面落实教师 5 年一周期的全员轮训制度,对接 1＋X 证书制度试点和职业教育教学改革需求,探索适应职业技能培训要求的教师分级培训模式,培育一批具备职业技能等级证

书培训能力的教师。把国家职业标准、国家教学标准、1＋X证书制度和相关标准等纳入教师培训的必修模块。发挥教师教学创新团队在实施1＋X证书制度试点中的示范引领作用。全面提升教师信息化教学能力，促进信息技术与教育教学融合创新发展。健全完善职业教育师资培养培训体系，推进"双师型"教师培养培训基地在教师培养培训、团队建设、科研教研、资源开发等方面提供支撑和服务。支持高水平学校和大中型企业共建"双师型"培训者队伍，认定300个"双师型"教师培养培训示范单位。

八、建立校企人员双向交流协作共同体

加大政府统筹，依托职教园区、职教集团、产教融合型企业等建立校企人员双向交流协作共同体。建立校企人员双向流动相互兼职常态运行机制。发挥央企、国企、大型民企的示范带头作用，在企业设置访问工程师、教师企业实践流动站、技能大师工作室。在标准要求、岗位设置、遴选聘任、专业发展、考核管理等方面综合施策，健全高技能人才到职业学校从教制度，聘请一大批企事业单位高技能人才、能工巧匠、非物质文化遗产传承人等到学校兼职任教。鼓励校企共建教师发展中心，在教师和员工培训、课程开发、实践教学、技术成果转化等方面开展深度合作，推动教师立足行业企业，开展科学研究，服务企业技术升级和产品研发。完善教师定期到企业实践制度，推进职业院校、应用型本科高校专业课教师每年至少累计1个月以多种形式参与企业实践或实训基地实训。联合行业组织，遴选、建设教师企业实践基地和兼职教师资源库。

九、深化突出"双师型"导向的教师考核评价改革

建立职业院校、行业企业、培训评价组织多元参与的"双师型"教师评价考核体系。将师德师风、工匠精神、技术技能和教育教学实绩作为职称评聘的主要依据。落实教师职业行为准则，建立师德考核负面清单制度，严格执行师德考核一票否决。引入社会评价机制，建立教师个人信用记录和违反师德行为联合惩戒机制。深化教师职称制度改革，破除"唯文凭、唯论文、唯帽子、唯身份、唯奖项"的顽瘴痼疾。推动各地结合实际，制定"双师型"教师认定标准，将体现技能水平和专业教学能力的双师素质纳入教师考核评价体系。继续办好全国职业院校技能大赛教学能力比赛，将行动导向的模块化课程设置、项目式教学实施能力作为重要指标。试点开展专业课教师技术技能和教学能力分级考核，并作为教师聘期考核、岗位等级晋升考核、绩效分配考核的重要参考。完善考核评价的正确导向，强化考评结果运用和激励作用。

十、落实权益保障和激励机制提升社会地位

在职业院校教育教学、科学研究、社会服务等过程中，全面落实和依法保障教师的管理学生权、报酬待遇权、参与管理权、进修培训权。强化教师教育教学、继续教育、技术技能传承与创新等工作内容，制定职业教育教师减负政策，适当减少专任教师事务性工作。依法保障教师对学生实施教育、管理的权利。职业院校、应用型本科高校校企合作、技术服务、社会培训、自办企业等所得收入，可按一定比例作为绩效工资来源；教师依法取得的科技成果转化奖励收入不纳入绩效工资，不纳入单位工资总额基数。各地要结合职业院校承担扩招任务、职业培训的实际情况，核增绩效工资总量。教师外出参加培训的学时（学分）应核定工作

量,作为绩效工资分配的参考因素。按规定保障中等职业学校教师待遇。

十一、加强党对教师队伍建设的全面领导

充分发挥各级党组织的领导和把关定向作用,充分发挥教师党支部的战斗堡垒作用,加强对教师党员的教育管理监督和组织宣传,充分发挥党员教师的先锋模范作用。实施教师党支部书记"双带头人"培育工程,配齐建强思想政治和党务工作队伍。着力提升教师思想政治素质,用习近平新时代中国特色社会主义思想武装头脑,坚持不懈培育和弘扬社会主义核心价值观,争做"四有"好老师,全心全意做学生锤炼品格、学习知识、创新思维、奉献祖国的引路人。健全德技并修、工学结合的育人机制,构建"思政课程"与"课程思政"大格局,全面推进"三全育人",实现思想政治教育与技术技能培养融合统一。落实立德树人根本任务,挖掘师德典型、讲好师德故事,大力宣传职业教育中的"时代楷模"和"最美教师",弘扬职业精神、工匠精神、劳模精神。

十二、强化教师队伍建设改革的保障措施

加强组织领导,将教师队伍建设摆在重要议事日程,建立工作联动机制,推动解决教师队伍建设改革的重大问题。深化"放管服"改革,提高职业院校和各类办学主体的积极性、主动性,引导广大教师积极参与,推动教师队伍建设与深化职业教育改革有机结合。将教师队伍建设作为中国特色高水平高职学校和专业建设计划投入的支持重点,现代职业教育质量提升计划进一步向教师队伍建设倾斜。鼓励各地结合实际,适时提高职业技术师范专业生均拨款标准,提升师范教育保障水平。加强督导评估,将职业教育教师团队建设情况作为政府履行教育职责评价和职业院校办学水平评估的重要内容。

教育部、国家发展改革委、财政部、人力资源社会保障部
2019 年 8 月 30 日

第五章　校园文化:被需值教育的载体

⭐ 内容提要

　　文化是人类创造并传承下来的物质、精神和制度的总和,文化的核心是价值标准。校园文化是落实立德树人和践行社会主义核心价值观的阵地和舞台,是以育人为主要导向、学生为主体、校园为主要空间、课外文化活动为主要内容、校园精神为主要特征,涵盖全校教职工的一种群体文化。被需值教育融合了经济规律和教育规律,阐述了职业高等学校的价值观,表达了提高教育质量的现实要求,丰富了教育本质内涵,是践行社会主义核心价值观的生动实践和立德树人的具体抓手。通过校园文化设施、教风学风、科技文化活动、文化宣传阵地等校园人文环境建设,通过校园文化体系构建和内涵建设,通过开展文化育人进课堂、量化我的被需值等活动,营造团结友爱、生机勃勃、积极向上的校园文化氛围,润物细无声,潜移默化地提升师生的科学文化和政治思想道德素质。

第一节　被需值教育校园文化

一、被需值教育校园文化的根本任务是立德树人、文化育人

　　习近平在全国高校思想政治工作会议上强调:"高校思想政治工作要坚持把立德树人作为中心环节,把思想政治工作贯穿教育教学全过程,实现全员育人、全程育人、全方位育人。"大学校园文化是大学生思想政治工作的主要阵地;被需值教育是落实立德树人根本任务和践行社会主义核心价值观的生动实践。被需值教育旨在提升学生被需要素养及其价值,坚持以需求为导向,注重实效,校企一体化育人,以"被需值"为文化基因、价值标准和行为规范,以氛围和节奏为外在体现,弘扬社会主义核心价值观,融合中华传统文化、职业文化和企业文化,着力培养学生政治思想素质,着力培养学生被社会需要的知识、技能和情感等职业素质。被需值教育校园文化和大学生思想政治教育有机融合,将提升学生思想政治和道德

素养作为校园文化建设的基本价值定位,是新时代大学生思想政治和道德教育的生动实践和有效抓手。

二、被需值教育校园文化的主要目标是培养"三有""三动""四会"创新型技术技能人才

以习近平新时代中国特色社会主义思想为指导,贯彻落实全国高校思想政治工作会议、全国教育大会和《国家职业教育改革实施方案》等系列文件精神,被需值教育以"被需值"为文化基因、价值标准和行为规范,以氛围、节奏为外在体现,从物质文化、精神文化、制度文化和行为文化四个层面,从学校、专业、教师、学生四个维度,从被需主体、被需内容和被需方法三个角度深入推进被需值文化建设,培育和提升学生被需要能力、行为质量及其价值水平;使受教育者站在"为人"的立场,增强主动服务他人的意识和能力,满足自我价值和社会价值相统一的要求,实现成人达己、和谐共生、幸福共享。通过校园文化设施、教风学风、科技文化活动、文化宣传阵地等校园人文环境建设,通过校园文化体系构建和内涵建设,通过开展文化育人进课堂、量化我的被需值等活动,营造"靓装、微笑、被需要"的文化氛围,增强全体师生精准服务他人的意识和能力,培养劳动精神、工匠精神、劳模精神和文物精神,塑造独具特色的校园文化;增强师生爱党、爱国、爱校意识和可持续发展的竞争力与生命力,坚定"四个自信",实现特色发展、文化育人,培育"目中有人、心中有情、手中有爱""动口、动脑、动手""会学习、会交往、会生活、会工作"高素养创新型技术技能人才,培养德、智、体、美、劳全面发展的社会主义建设者和接班人。

三、被需值教育校园文化的特色是以被需值为基因,以氛围和节奏为外在体现

校园文化建设需要有核心精神,需要有标志性的文化符号,需要有个性化的、独特的可以传承的基因。差异化、个性化、特色化就是生命力。被需值是被需值教育校园文化的基因,是被人需要的素养及其价值,是目中有人、心中有情、手中有爱,以需求为导向,求真务实,精准帮助别人的意识、能力及其成效。

氛围是群体情绪的表达,表情是个体情绪的表现,情绪是一切主观认知经验的总称,是人对客观事物的态度体验以及相应的行为反应。正如苏联教育家苏霍姆林斯基在著作《帕夫雷什中学》中所述的那样:"教育艺术在于,不仅要使人的关系、成人的榜样和语言以及集体里精心保持的种种传统能教育人,而且也要使器物——物质和精神财富——能起到教育作用。依我们看,用环境,用学生自己创造的周围情境,用丰富集体生活的一切东西进行教育,这是教育过程中最微妙的领域之一。"氛围是学生主体价值观的共识、学生群体行为的规范、潜移默化影响学生的无形力量。节奏是自然、社会和人的活动韵律,也是一种有规律的、连续进行的完整运动形式,用反复、对应等形式把各种变化因素加以组织,构成前后连贯的有序整体。简单理解,节奏就是时间表。好的节奏,即群体能够按照目标要求,有计划、有组织甚至自觉地按时、保质完成任务。

被需值教育校园文化建设通过第一课堂课程、第二课堂课程渗透被需值教育理念,通过墙报、板报、宣传栏、文化石等传播被需值教育理念,通过学生自发的文体、科技、社会实践等集体活动认知被需值教育理念,树立被需值的价值标准,打造被需值的文化基因,塑造"努力被需要,提升被需值"的舆论氛围和步调一致的行为节奏,潜移默化地形成道德标准和行为规范。

四、被需值教育校园文化的原则是德育工作的切入点、教学工作的渗透点、学生工作的落脚点、行政工作的示范点

(一)德育工作切入点

被需值教育从需求供给角度出发,落实立德树人任务,回答"培养什么样的人,为谁培养人,怎样培养人"的问题,即教育培养的人是否被他人和社会所需要,实现教育有效供给。被需值教育理念下的人,应是眼中有他人的人、心中有人情的人、具备爱人能力的人、有益于社会的人、真正实现了全面发展的人。被需值教育校园文化倡导从需求到被需求,从个体存在价值满足自我需求到满足外界社会需求,既满足了社会发展需求的工具理性,使学生成为被他人和社会需要之人,又实现了超越个体发展需要的价值理性,使学生成为自我充实、全面发展之人。被需值教育校园文化立德树人,使学生的主体性得到发挥,人际互动主体间性思维互换,使教育与社会发展需求相契合,实现人与自我、与他人、与社会想统一,把德育工作变得有情、有爱、有温度,切中了德育支点,提高了德育工作成效。

(二)教学工作渗透点

"互联网+"、大数据、人工智能时代知识信息和技术技能日新月异,传播速度快,深刻变革了教育的格局和学习方式。O2O学习、终身学习成为常态,信息获取便捷,文化多元、价值多元,无疑为校园文化建设提出了新课题。被需值教育遵循需求导向,注重实效,校企整合教育资源,建立命运共同体,实施企业学院校企一体化育人模式。更加关注跨专业培育,强调通专结合、产学研结合。在方法上,校企合作,运用互联网、大数据、慕课等新兴教育载体和平台,实现全时空、跨领域的有效覆盖。采取积极、灵活、多变的教学方式,改进教学方法,设计教学模式,引导学生进行小组学习、项目学习、讨论学习、翻转课堂学习,激发学生学习的积极性和自信心,培养学生的口语表达能力和交往合作能力。着手专业群的建设,重视知识体系和知识架构的建立,重视学生内化和主观能动性的调动,要"庖丁解牛",不要"盲人摸象",要"蛟龙出海"不要"蜻蜓点水",把课程改革的重点放在培育学生综合素质,特别是人文素养、学习能力、兴趣爱好的培育上,促进全面持续健康发展。注重文化品位,培育具有灵性的高素质技能人才,使其在现代群体生活工作中脱颖而出,树立自信,愉快工作,快乐生活。

(三)学生工作的落脚点

学校的根本任务是培养学生成长成才成业,教师的本职工作是教书育人。教育工作就

是"一切为了学生,为了一切学生,为了学生一切"。职业教育学生多元化,学识见识、技术技能、品行个性,甚至年龄和生活状况都参差不齐,必须有教无类、因材施教。被需值教育主动适应行业企业和岗位需求,主动适应职业院校学生个性特点和身心发展规律要求,以需求为导向,求真务实,实施校企一体化育人模式;实现课程设置市场化、课程内容职业化、课程建设开放化、素养课程多样化、校企合作一体化、教学方法个性化。遵循每个学生的专长和特点差异,根据个体需要施以影响,发掘、激发和培养兴趣,调动学生的主观能动性和创造性,从而真正提高学生的学习成效。

(四)行政、后勤工作示范点

全校教职员工要做被需值教育的示范者。师生员工是校园最亮丽的风景,要实行文化育人、氛围育人、环境育人,教职员工要微笑服务、主动服务,要在迎来送往的流动的学生当中传递被需值教育文化基因;教职员工要思想共识、行为一致、以身作则,做被需值教育校园文化的实践者和示范者;教职员工要积极主动、宣传动员,做被需值教育校园文化不动的播种机和宣传队;教职员工要积极服务、参与各项活动、互帮互助、兢兢业业、恪尽职守,做被需值教育校园文化的创造者、参与者、传承者和受益者。

第二节　被需值教育校园文化建设

一、被需值教育校园物质、观念、行为和制度文化建设

校园文化是学校师生员工在长期的教育实践活动中逐渐形成的一套认同度极高的价值体系。这套价值体系涉及学校教育活动的方方面面,对全体师生员工发挥着熏陶、引导和约束的作用。被需值教育校园文化涉及物质文化、观念文化、制度文化、行为文化等多个方面。物质文化建设主要体现在校园的条件设施和环境创设方面;观念文化建设主要体现在师生的思想认识层面;制度文化建设主要体现在学校的规章制度方面;行为文化建设主要体现在师生员工的行为规范方面。

(一)校园草木景观蕴藏被需值教育的校园物质文化

物质文化是校园文化建设的重要方面,校园里的花草树木、雕塑景观,建筑的造型颜色、布局分工,甚至是道路名称、事物标牌,都蕴藏着校园文化。被需值教育校园文化通过校训石、被需值石、爱心石、四会石等造型各异的文化石,彰显被需值教育文化,定格校园文化标准,营造浓烈的被需值教育校园文化氛围。

(二)师生思想认同定格被需值教育的校园观念文化

师生的思想认识统一,工作、学习、生活和活动步调一致,形成被需值教育的氛围和节

奏,统一思想,提高认识,达成共识,形成被需值教育的文化基因,人人传递,代代传承,相互感染。观念是客观世界在人脑中的反映,是在感觉和知觉基础上形成的客观事物在人脑中的重现。正确积极的世界观是价值观、人生观的基础和风向标。观念先行,"努力被需要,提升被需值"的被需值教育文化如影随形,无时无处不在,入脑入心入行,并形成价值标准和行为规范。

(三)师生言行举止彰显被需值教育的校园行为文化

在言行举止方面,被需值教育倡导"靓装""微笑""被需要"和"1123工程"。"靓装"要求学生和老师衣着整洁大方,教师统一着职业装,学生青春靓丽,衣着传递美丽、创造美丽;"微笑"是平和心态和善良内心的呈现,是人与人之间善意的交往,师生彼此微笑是校园最美丽的风景,是被需值校园文化的氛围;"被需要"传递被需值教育文化基因,师生员工"努力被需要,提升被需值""目中有人、心中有情、手中有爱",大家互相帮助,爱护集体,关心国家,奉献社会。"1123工程"要求师生"崇拜1位英雄人物,熟练掌握1门技术技能,擅长2项体育运动,唱好3首歌曲",加强人文素养、专业训练、文艺表演和体育锻炼,提高综合素质,活跃校园文化生活,传递健康生活方式。行为文化氛围能够成为学校发展的强大内在动力。

(四)规章制度塑造被需值教育的校园制度文化

建立规章制度是校园文化建设的保障,将被需值教育的文化内涵、活动标准、宣传口径、评价体系等规范管理,纳入常态化的被需值教育校园文化建设体系。被需值教育活动制度化是指定期开展被需值教育相关主题活动,将被需值教育融入学校常规工作,每年开展的新生入学教育、毕业嘉年华、运动习惯展示会、主题班会、党团活动、寝室文化节等活动的主题选择、活动形式设计等都要体现被需值教育;被需值教育宣传制度化是指学校为被需值教育建立多个宣传展示平台,学校网站、文化石、宣传栏等都要以被需值教育为主题,收集报道被需值教育相关的活动,展示被需值教育的最新成果。被需值教育评价制度化是指建立系统的被需值教育评价体系,形成量化被需值的奖励机制。

二、被需值教育校园文化建设方略

文化的产生必须具备文化主体、创造文化的手段以及文化赖以存在的环境这三个基本条件。校园文化建设要抓住物质文化的可感性、精神文化的可知性、制度文化的可循性以及行为文化的可行性特点,打造有形有色、有神有韵的校园文化体系。在物质文化建设方面,重视用有形的物质标榜校园文化、记录校园文化,让校园文化深入校园每个角落,成为可感的文化;在精神文化建设方面,将校园文化的基本思想主张在师生中间濡化传播,让校园文化浸润到师生心灵深处,成为可知的文化;在制度文化建设方面,建立体现校园文化精神内核的制度体系,通过引导、调试和约束来保障校园文化的秩序性,让校园文化沉淀在制度规章中,成为可循的文化;在行为文化建设方面,多举办契合校园文化的活动,让师生在行动中融入学校传统,养成良好行为习惯,让校园文化传承在师生日常言行之中,成为可行的文化。

被需值教育校园文化的建设还要考虑到职业院校学生和普通大学生的差异,文化定位要突显职业教育的特色。校园文化要与行业企业文化相融合,能够滋养职业精神、锤炼职业技能、培育职业道德,要发掘职业学校本身及所在地域的特征、历史传统、专业及行业企业特色,沉淀健康、正能量的个性化校园文化。

校园文化建设是全校行为、全员意志,要各方力量协同推进,协调一致。校园文化建设是系统工程,学校每个部门、每个人都要主动承担任务和履行责任。学生工作要把被需值教育作为立德树人的有效抓手,把思想政治教育融入校园文化的基本精神;教务部门要把被需值教育理念渗透到教材、课堂,入脑入心,将被需值教育校园文化贯穿于学生的学习、生活和休闲娱乐全过程;宣传部门要利用好各种平台,及时对校园文化进行宣传报道,同时注意利用新媒体,在网站、微博、微信等网络平台上传播校园文化;后勤部门要注意在物质文化的建设和维护中体现被需值教育文化。凝神聚力才能建设好、发挥好被需值教育校园文化的育人功能。校园文化建设,既要重硬件与外在,更要重软件与内涵,既要重视校园物质文化建设,又要重视校园制度文化建设和精神文化建设;不能功利化、娱乐化,要系统化、全局化;要站在立德树人和"全面育人、全程育人、全方位育人"的高度,扎实做好被需值教育校园文化建设。

三、被需值教育校园文化建设过程

通过实施文化育人进课程工程、手工匠培养工程、被需值文化建设工程、社会服务工程四大工程建设,塑造和培养学生主体价值观和价值能力,全面提升学生"主动被需要,提升被需值"的意识和能力,服务立德树人、文化育人和师生成长成才创新创业。

(一)被需值教育进课程,塑造被需值教育课程文化

以"动脑、动口、动手"的"三动"为要求,推行课程和教学模式改革;按照岗位和学生成长需求开设课程,开设《身心管理和健康生活》《沟通与表达》《日常生活管理》等"四会"必修课程;设立素质拓展专项学分;聘请有学历、有经历、有水平的专家授课;搭建系统的"四会"学习平台,全面提升学生综合素养。同时,规定教师要安排70%以上的教学时间采取小组学习、讨论学习、项目学习、情景学习等方式,以学生参与出题、当考官、答辩式等方式创新考核形式,调动学生学习积极性和主观能动性,提高教与学共鸣度和学生学习效果。

1.第一课堂

第一课堂主要由课程讲堂、课程讲坛组成。课程讲堂包含传统的课程讲坛和手工匠课程;课程讲坛包含大学文化建设讲坛、创新创业创造讲坛、教育论坛、国学讲坛、百科讲坛等。通过实施课堂课程工程,吸取传统课堂课程的优势和长处,汲取传统教学课程的精髓,深化学生对传统知识和技能的内化和把握。同时,课程课堂从不同角度和方向培养学生的现代前沿知识技能、行业前景,培养学生的创新创业意识。实施"手工匠培养计划",建立"手工匠大师工作室",开设手工匠课程,采用传统学徒与现代工艺相结合的教学模式,传承传统技

艺,学习现代科技,传播工者之巧、匠者之心的职业教育精神。

2.第二课堂

实施"1123"工程,即崇拜1位英雄人物,熟练掌握1项技术技能,擅长2项体育运动、唱好3首歌曲,培养提升学生文娱体育修养和综合素;开展被需值文化月、科技文化节等学生社团活动,丰富第二课堂课程,营造被需值文化氛围,培养学生的科技文化素质;开展系列志愿服务活动,开设"帮帮堂"志愿服务平台,线上登录服务信息,线下开展服务活动,走进社区、走进老年大学、走进特殊学校,关爱留守儿童、关爱弱势群体,提倡人人都是"帮帮堂"成员,培养学生的公益价值观,提高学生服务社会的的意识和能力。第二课堂传递被需值文化基因,让学生在主动担当、服务社会中感悟和提升被需值,在主动实践中成长。

3.社会实践

通过开展创新创业、乡村振兴、"鲁班工坊"等社会服务项目,不断丰富学生社会实践活动。创新创业项目旨在塑造学校学生的创新创业意识,发挥自身优势和专业能力,创教融合,自主创业,实现价值,提高本领。乡村振兴项目通过打造"农业农村创新创业空间",服务农村创新发展,帮助新型职业农民创新创业,利用专业实践,让学生进入农村、了解农村、服务农村发展,培养和打造学生价值主体的工具价值属性,提升"利他性"的能力与价值,在实现自我价值的基础上,提升为他人服务的能力和价值。服务国家"一带一路"倡议,建设"鲁班工坊",通过开展留学生教育、技术技能培训、科技信息咨询服务等方式,服务"一带一路"沿线国家中资企业、华人华侨华资企业,探索职业教育国际化发展。

(二)开展被需值文化月活动,打造被需值教育活动文化

以"被需要"为导向,以微笑为基点,以科技文化艺术活动为载体,开展切合学生发展需要的社团活动和践行社会主义核心价值观、被需值教育等主题活动,并以月为单位,沉淀经典文化活动:一二月为传统文化,三月为学雷锋·志愿月,四月为科技文化月,五月为激扬青春月,六月为毕业季,七月为红色之旅,八月为社会实践,九月为迎新月,十月为爱国月,十一月为运动习惯展示月,十二月为技能竞赛月。举办形式新颖、内容丰富的校园文化活动,着力把被需值文化的系统价值观内化为学生的价值意识和价值认知标准,营造被需值教育校园文化氛围,强化立德树人、文化育人与实践价值有机整合。

(三)实施手工匠工程,培育被需值教育职业文化

通过实施"手工匠培养计划",组建"手工匠大师工作室"等"手工匠工程",培育被需值教育职业文化。聘请具有丰富经验的企业技术大师、行业匠师打造专业导师队伍,开设传统手工艺专修课程,结合传统师徒制与现代学徒制优势,在学习传统手工艺技能中培养大工业生产与个性化定制精神;在手工匠的言传身教中培养学生专门技能、专业本领和职业精神;在手工匠教育教学实践中传播工者之巧、匠者之心,树立"劳动精神""劳模精神"和"文物精神";在手工匠工程中建设"产,学,研,销"产教深度融合;在校企一体化育人模式中,岗位育人、系统育人、"三创"育人,精益求精,培育被需值教育的职业文化。

(四)量化被需值,提高被需值校园文化建设的可操作性

1.被需值量化方法

个人自主好人好事加 1 分;参加学校、学院、班级、社团组织的好人好事或社会公益活动加 2 分;做好事受到学院或上级表扬的个人每次加 3 分。

2.被需值分数形成方式

德育大数据分数实行个人自主上报,由受助对象或见证者确认并最终形成数据形式。

3.被需值评价等级

根据上报的积分,将被需值等级分为身边好人、心中优秀人、学校卓越人三个等级,达到一定分数自动升级。第三等级——身边好人评选办法:每年个人积分达到 10 分者自动升级为身边好人,对身边好人每年奖励 3 学分。第二等级——心中优秀人评选办法:每年个人积分达到 30 分者自动升级为心中优秀人。当选身边好人才有每年评奖心中优秀人资格,对心中优秀人每年奖励 5 学分。第一等级——学校卓越人评选办法:每年个人积分达到 50 分者自动升级为学校卓越人。对学校卓越人每年奖励 10 学分,学校卓越人直接获得学校"优秀毕业生""三好学生"称号,并可优先入党,免费自考专升本,优先参加学生游学、访问及校际学生交流活动等。

第三节 被需值教育校园精神文化

一、被需值教育精神文化的基本概念

文化一般包含物质文化、制度文化、精神文化三个层次,而物质文化和制度文化都属于显性文化,精神文化则属于隐性文化。校园精神文化是校园文化的核心和灵魂,是校园文化的最高表现形式。校园精神文化反映的是一个校园发展的价值观念和行为准则,是渗透在校园一切活动中的理念与灵魂。

校园的文化是以学校为主要活动空间,以师生为主体,以物质环境、价值观念和心理倾向等为主要特征的群体文化。被需值教育是旨在提升学生被需要的素养及其价值的教育,是素质职业教育,被需值是校园的文化基因、价值标准和行为规范,氛围和节奏是外在表现。被需值教育校园精神文化,就是通过教学与管理活动,创设和形成的精神财富、文化氛围以及承载这些精神财富、文化氛围的活动形式和物质形态。被需值精神文化建设不但可以有效地调动学生学习的积极性,更重要的是可以陶冶学生的情操,起到"润物细无声"的教育效果。有文化氛围的校园,是知识的集散地,是人格的熏陶地,是体质的培养地,是心灵的归宿地。被需值教育精神文化将给学生带来更为深切的人文关怀,引领学生在学习、生活、工作和人际交往的过程中,启迪智慧,陶冶性情,温暖心灵,在服务社会和帮助他人的实践活动中实现个体价值。

二、被需值教育精神文化的构建途径

(一)校园文化环境构建

前苏联教育家苏霍姆林斯基曾说:"只有创造一个教育人的环境,教育才能收到预期的效果。"学校通过有形的人文景观建设,塑造无形的人文价值观,使景观场和人的心理场产生共振,形成共鸣,引起心灵的激荡。深厚的人文精神与科技对话、高远的大学文化与社会生活对话、广阔的知识视野与专业体系对话、轻松浪漫的校园文化与严谨务实的企业文化对话,对立统一,启发思考,唤起觉悟,启迪智慧,引导学生形成健康的人格,构筑学生完美和谐的人生。

1. 校园人文环境建设

重视师生的品牌意识教育,打造学校品牌。

(1)学校要构建品牌形象识别体系,制作校徽、校旗、校歌和吉祥物并规范使用规则和流程。

(2)规范办公用品和所有宣传品的标准、规格、标识与设计标准,要求学生理解校训精髓、佩戴校徽,激发学生的爱校热情,提升荣誉感和归属感。

(3)以个性文化创意表现为切入点进行标识体系设计,打造出动漫形象的"小需"作为被需值精神文化的载体,并将之运用在如 T 恤衫、U 盘、钥匙扣等纪念物品中,向社会展示品牌形象。

(4)写好校史,建好校史陈列室。通过资料记载和实物展示,生动形象地反映学校办学历程,记录优秀人物的突出事迹,激励学生继承和弘扬学校优良传统。

(5)精心设计、认真组织学校重大节庆活动。发挥开学典礼、毕业典礼、评优争先活动、文化体育比赛、创新创业、优秀学生表彰等活动的教育功能,激励学生争先创优、积极向上。

(6)发挥优秀校友在校园文化建设中的独特作用。依托"校友会",与校友保持联系,采取"请进来、走出去"的方式,用优秀校友的人生经历和感悟、创业历程和成就,激励学生立志成才,报效祖国。

(7)重视公共关系。建立记者接待和突发事件应急宣传制度,重视对外宣传工作,建立新闻发布会和新闻发言人制度等。

2. 校园文化设施建设

校区人文景观建设,体现出学校办学背景、办学理念和特色;构筑功能合理的空间,将人文理念规划贯穿整个校园,提升校园整体品质,形成标识化、个性化的校园景观文化系统;注重以人为本,创造良好育人环境。

(1)石——沉淀文化精髓。端庄的石型、经典的文字,蕴含着校园文化的精髓;既突出人文色彩和艺术美感,也为校园增添一道人文景观;文化石不仅美化校园,同时也营造出教书育人的良好氛围,彰显出学校培养有情义、敢担当、高被需值、主动作为的人才目标。

（2）路——传承文化经脉。道路命名紧扣学校的办学理念和校训,以"景山、崇德、行健、行知、学园"等来命名,体现努力实践、知行合一的学校精神。

（3）廊——展现文化内涵。充分利用走廊及墙壁,开展长廊文化建设活动。在设计上,力求文化性和装饰性完美结合,让每一面墙都成为育人的载体,实现让墙壁"说话",让走廊"育人"的目的。

（4）花、草、树——孕育文化精神。植物是自然界中具有生命的活体,是构成校园环境景观的重要因素。在大学校园人文景观的构建中,植物是体现校园风格特色、创造深远意境的重要元素。校园人文景观要注重园林植物的配置,体现"一花一草见精神",达到人与自然的融合统一。学校因地制宜地选择植物品种,发挥植物本身姿态、色彩及气味,创造自然风景优美、富有诗情画意的大学校园。大学校园不仅要绿化,还要彩化。利用各种植物的色彩搭配、开花时节差异等,构建出一幅四时交替、四季芳香的园林空间。陆游曾有"花气袭人知骤暖"的诗句,如春季的夹竹桃、夏日的凤凰木、秋季的桂花树、冬日的茶花等,通过各色花木的盛开或凋谢,反映出季节和时令的变化,也让整个校园成为色彩斑斓、万紫千红的优美境地。

（5）电梯、楼梯——传递文化规范。传统文化是我国各族人民共同的精神支柱,是推动我国历史前进的力量,是一面永不褪色的旗帜,也是实现中华民族腾飞的思想基础和强大动力。传统文化教育是我国整个思想教育的基本工程,也是学校思想教育的主旋律和永恒的主题。以电梯、楼梯为载体,以条幅、镜框画的形式,宣传儒家、道家和法家等传统文化,点缀并潜移默化地熏陶整个校园。

（二）教风学风建设

职业教育要坚持立德树人,培养德、智、体、美、劳全面发展的社会主义建设者和接班人;要坚持以提高学生学习成效为目标,需求导向,校企一体化育人;要坚持被需值教育,培养"目中有人、心中有情、手中有爱""动口、动脑、动手""会学习、会交往、会生活、会工作"的高素养创新型技术技能人才;要坚持内涵发展,抓好教风学风建设,教风和学风是校园精神文化的标志。

1.教风建设

教风是教师在长期教育实践活动中形成的教育教学的特点、作风和风格,是教师道德品质、文化知识水平、教育理论、技能等素质的综合表现。学校是育人的场所,是人才的摇篮,教书育人是教师的基本职责。被需值教育严格教师培养,制定《教师职业道德规范》,完善师德考评制度,每年评选表彰优秀教职员工、教学名师,对违反职业道德的教职员工及时给予教育或处罚;完善教师引进和培养制度,从思想上、政治上关心教师的成长,关心教师的生活,为教师创造良好的发展环境和工作条件。在教师中打造"爱国敬业、教书育人、严谨笃学、与时俱进"的教风;在干部中打造"团结协作、高效严谨、服务周到、细心耐心"的工作作风。良好的教风和工作作风是学校教育教学质量的保障。

2.学风建设

学风是指学生集体在学习过程中表现出来的治学态度和方法,是学生在长期学习过程中形成的学习、生活、文体活动、行为习惯等的外在表现。抓好学风首先要抓好教风、教务、科研、教师发展等,要狠抓教学质量和教师发展,还要发挥各二级学院、学生处、团委、学生会和学生社团等的组织作用,把学风建设作为学生工作评估的主要内容,每年进行总结表彰;制定完善大学生行为规范、学生奖学金评定、学生违纪处分、学生公寓管理、考试违纪处理等规章制度,规范、激励和引导学生的学习和生活;严格执行上课考勤、考风考纪、学生公寓、集体活动的管理,定期通报学生违纪情况,纠正校园不文明行为,强化学生遵纪守法和道德实践意识;通过定期定时发放家长通知书的形式,打通学校与家长联系的通道,密切学校与家庭的关系;定期开展促进优良学风形成的主题活动,每年举办社团文化周活动,每学期开展文明宿舍评选活动,定期开展学生课外科技学术活动等。学风是学生学习状态和学习成效的标志,学风是每一位教育工作者工作成效的反应,是一个学校办学能力和办学水平的体现。

(三)组织开展校园文化活动

通过精心设计和组织开展内容丰富、形式新颖、吸引力强的思想政治、职业技术、文娱体育等校园文化活动,把德育、智育、体育、美育和劳动教育渗透到校园文化活动之中,使大学生在参与活动中受到潜移默化的影响,思想感情得到熏陶、精神生活得到充实、道德境界得到升华、技术技能水平得到提升,如重大节日歌咏比赛、运动会暨运动习惯比试大会、科技文化节、各种球类比赛、文明班级文明宿舍评选、社会实践和创新创业教育活动等(表5-1)。

表 5-1　校园常规部分活动一览表

序号	活动名称	活动时间
1	被需值主题班会	3 月上旬
2	寝室文化节	3 月上旬
3	党员师生帮扶社会实践活动	3 月下旬
4	提升被需值校园风采大赛	3 月下旬
5	"青春心向党,建功新时代"荧光夜跑活动	4 月下旬
6	"爱国、担当、被需值"级毕业生晚会	6 月下旬
7	"红色传承 福建如你"暑期社会实践专项行动	7 月上旬
8	"红色传承 福建如你"暑期社会实践专项行动	8 月上旬
9	"热血筑梦青春,军歌礼赞祖国"军歌大赛	9 月下旬
10	"歌颂爱国情 奋斗新时代"5 千名师生大合唱	9 月下旬
11	"'社'彩缤纷,为你而来"社团纳新晚会	10 月上旬
12	"被需前行"迎新晚会	10 月下旬
13	"初心 使命 被需值"校庆晚会	12 月下旬

(四)校园文化宣传阵地

(1)利用校园广播站、微信公众号、官网等渠道传播被需值教育理念。例如,及时报道学校动态,宣扬师生中的先进人物和先进事迹,普及科学文化知识,充分发挥宣传阵地的思想政治教育功能,建设好融思想性、知识性、趣味性、服务性于一体的校园网站,使网络成为校园文化建设重要阵地。

(2)利用校报、宣传栏、学生活动中心、学生社团等载体开展被需值教育。例如,定期出版校报,定期更换宣传栏,充分利用学生活动中心开展形式多样的主题活动,学生社团适时组织丰富多彩的主题特色活动,等等。

(3)举办每周一全校师生升国旗仪式,在升旗仪式上每周邀请一位老师讲个励志故事。多年如一日,日积月累,通过组织系列活动,被需值教育校园精神文化逐步形成,潜移默化地影响着每个学生,被需值教育的文化基因得以代代传承。

(本文节选自学校 2019 年 3 月《被需值教育文集》,王树生"被需值量化体系的建构")

同步思考

1.解释概念:校园文化、校园精神文化、校园物质文化。
2.简述被需值教育校园文化体系。
3.简述被需值教育校园文化建设的启示。
4.论述被需值教育精神文化建设的途径。

同步链接

教育部、共青团中央关于加强和改进高等学校校园文化建设的意见

教社政〔2014〕16 号

一、进一步明确高等学校校园文化建设的总体要求

高等学校校园文化是社会主义先进文化的重要组成部分。加强校园文化建设对于推进高等教育改革发展、加强和改进大学生思想政治教育、全面提高大学生综合素质,具有十分重要的意义。

高等学校校园文化建设的总体要求是:以邓小平理论和"三个代表"重要思想为指导,坚持社会主义先进文化的发展方向,遵循文化发展规律,借鉴吸收人类文明有益成果,以实施科学文化素质教育为基础,以建设优良的校风、教风、学风为核心,以优化校园文化环境为重点,以树立正确的世界观、人生观、价值观为导向,弘扬主旋律,突出高品位,加强管理,注重积累,努力建设体现社会主义特点、时代特征和学校特色的校园文化,不断满足大学生日益增长的精神文化需求,为培养社会主义合格建设者和可靠接班人提供强大的精神动力,使高等学校成为发展中国特色社会主义先进文化的重要基地、示范区和辐射源。

高等学校校园文化建设的主要任务是:

（1）以理想信念教育为核心，深入进行树立正确的世界观、人生观和价值观教育；以爱国主义教育为重点，深入进行弘扬和培育民族精神教育；以基本道德规范为基础，深入进行公民道德教育；以大学生全面发展为目标，深入进行素质教育。

（2）重视和加强校风建设，培育良好的教风和学风，形成对教职工具有凝聚作用、对学生具有陶冶作用、对社会具有示范作用的优良校风。

（3）积极开展校园文化活动，把德育与智育、体育、美育有机结合起来，寓教育于文化活动之中，促进大学生思想道德素质、科学文化素质和健康素质协调发展。

（4）加强校园人文环境和自然环境建设，建造精神内涵丰富的物质文化环境，努力营造良好的育人氛围。

二、扎实推进高等学校校园文化建设

深入开展校风建设。要在充分挖掘学校历史传统宝贵资源的基础上，结合学校发展战略和规划，根据学校办学思想和理念，大力营造崇尚科学、严谨求实、善于创造、具有时代特征和学校特色的良好校园风气。要扎实开展师德教育，制定完善师德规范，严格师德管理，加强教师思想品德和学术道德教育，宣传师德建设先进典型，积极建设"志存高远、爱国敬业，为人师表、教书育人，严谨笃学、与时俱进"的优良教风。要制订完善大学生行为规范，严格管理特别是考试纪律管理，营造良好的学习氛围，努力形成勤于学习、奋发向上、诚实守信、敢于创新的良好学风。要结合党风廉政建设开展廉政宣传教育，在大学生中传播廉政知识，弘扬廉政精神，培育和建设廉政文化。通过校风建设，在校园树立热爱祖国、决心为建设中国特色社会主义贡献自己全部力量的共同理想和坚定信念，培育自强不息、不怕任何艰难险阻、勇往直前的共同意志和奋斗精神，形成与时俱进、昂扬向上、勇于创新的共同追求和开拓意识。

大力加强人文素质和科学精神教育。要继续实施"大学生全面素质教育工程"，把人文素质和科学精神教育融入到高等学校人才培养的全过程，落实到教育教学的各环节。要不断整合教育资源，努力形成一支学术水平高，学科构成合理的专家学者队伍，逐步建立起内容覆盖课堂教学、课外活动和社会实践的人文素质和科学精神教育体系。要开好人文素质和科学精神教育的必修课和选修课，对理、工、农、医科学生要多开设文学、历史、哲学、艺术等人文社会科学课程，对文科学生要适当开设自然科学与工程技术课程。通过人文素质和科学精神教育，不断提升大学生的人格、气质、修养等内在品质，培养大学生的创新精神，教育引导大学生正确处理好人与人、人与社会、人与自然的关系。要建设好大学生文化素质教育基地，充分发挥现有国家和省级大学生文化素质教育基地的示范、辐射作用。

精心组织校园文化活动。要精心设计和组织开展内容丰富、形式新颖、吸引力强的思想政治、学术科技、文娱体育等校园文化活动，把德育、智育、体育、美育渗透到校园文化活动之中，使大学生在活动参与中受到潜移默化的影响，思想感情得到熏陶、精神生活得到充实、道德境界得到升华。要充分利用五四青年节、七一建党纪念日、十一国庆节、一二·九运动纪念日等重大节庆日和纪念日，开展主题教育活动，唱响爱国主义、集体主义、社会主义主旋律。要深入开展"创建文明校园、文明班级、文明宿舍，做文明大学生"的道德实践活动，把思

想道德教育的要求和任务融入大学生的学习生活之中,引导大学生从具体事情抓起,从一言一行做起,养成文明行为,培养良好的道德情操。要全面实施"大学生素质拓展计划",通过办好大学生科技文化节、大学生"挑战杯"、大学生艺术节、大学生运动会和深入开展大学生社会实践活动,不断提高大学生的综合素质。

积极开拓校园文化建设的新载体。要充分发挥网络等新型媒体在校园文化建设中的重要作用,建设好融思想性、知识性、趣味性、服务性于一体的校园网站,不断拓展校园文化建设的渠道和空间,积极开展健康向上、丰富多彩的网络文化活动,形成网络文化建设工作体系,牢牢把握网络文化建设主动权,使网络成为校园文化建设新阵地。倡导使用文明、健康的手机短信用语。要充分发挥大学生社团在校园文化建设中的重要作用,大力扶持理论学习型社团,热情鼓励学术科技型社团,正确引导兴趣爱好型社团,积极倡导社会公益型社团。要充分发挥学生社区、学生公寓、网络虚拟群体等新型大学生组织在校园文化建设中的重要作用,加强有效引导,确保校园文化的正确发展方向。

三、大力加强高等学校校园文化环境建设

重视校园人文环境建设。要写好校史、建好校史陈列室,通过资料记载和实物展示,生动形象地反映学校办学历程,激励大学生继承和弘扬学校优良传统。要确定校训、校歌、校徽、校标,提倡大学生牢记校训、学唱校歌、佩戴校徽、使用校标,激励大学生热爱学校、刻苦学习。要发挥优秀校友在校园文化建设中的独特作用,采取请进来、走出去的方式,用优秀校友的人生经历和感悟、创业历程和成就,激励大学生立志成才,报效祖国。要精心设计、认真组织好开学典礼、毕业典礼、奖学金颁发仪式等具有特殊教育意义的活动,倡导学校领导为每一位毕业生或毕业生代表颁发毕业证书和学位证书,激励大学生勤奋向上、求实创新。

重视校内文化设施建设。要按照有关规定,建设、设计好教学场所、图书馆,完善教学设施,优化学习环境,不断满足大学生学习成才的需要。规划、建设好大学生文艺、体育、科技活动场所,完善校园文化活动设施,各高等学校都要创造条件建设大学生活动中心,为开展校园文化活动提供必要的场地和条件。要加强校报、校刊、校内广播电视、校园网、学校出版社、宣传橱窗等的建设,发挥宣传舆论阵地在校园文化建设中的更大作用。

重视校园景观建设。加强校园规划和建设,特别是要做好绿化美化工作,使校园的山、水、园、林、路等达到使用功能、审美功能和教育功能的和谐统一,用优美的校园景观激发大学生的爱校热情,陶冶大学生关爱自然、关爱社会、关爱他人的美好情操。要在公共场所布置具有丰富内涵的雕塑、书画等文化作品,营造高尚健康的人文景观氛围。要组织大学生广泛参与校园楼宇、道路、景点的规划、建设、命名以及管理工作,增强大学生对校园文化环境的认同感。

重视校园治安综合治理工作。要进一步建立健全责任制,加强高等学校内部安全管理和安全保卫工作,及时处理侵害大学生合法权益、身心健康的事件和影响学校、社会稳定的事端。要在各地党委和政府领导下,在各地综治委学校及周边治安综合治理工作领导小组的协调下,积极配合公安、司法、文化、工商等部门对学校周边的文化、娱乐、商业经营活动开展专项整治工作,维护学校正常教学、工作、生活秩序。

被需值教育

四、切实建立和完善高等学校校园文化建设的保障机制

加强对校园文化建设的领导。各省(自治区、直辖市)教育部门要把校园文化建设作为社会主义先进文化建设的重要内容纳入议事日程,会同宣传、体育、文化等部门及共青团组织,统一规划、组织协调和宏观指导本地区高等学校校园文化建设。要建立和完善校园文化建设检查评估制度,把校园文化建设纳入高等学校教育教学评估体系,以评促建、以评促管。高等学校要从学校发展和人才培养的战略和全局高度,充分认识加强校园文化建设的重大意义,统筹规划校园文化建设。要成立学校党政主要领导任组长的校园文化建设领导小组,统一领导和指导本校校园文化建设。要充分发挥党团组织和学生会、研究生会和有关学生社团在校园文化建设中的重要作用,推进校园文化建设深入发展。

加强对校园文化建设的管理。要建立校园文化建设的各项管理规章制度,加强哲学社会科学研讨会、报告会、讲座的管理,加强校园 BBS 管理,绝不给错误观点和言论提供传播渠道。坚决抵制各种有害文化和腐朽生活方式对大学生的侵蚀和影响。坚决禁止在学校传播宗教。要加强对大学生组织特别是大学生社团的领导和管理,帮助大学生社团选聘指导教师,支持和引导大学生社团自主开展活动。

加强校园文化建设的保障。高等学校要把校园文化建设经费纳入学校预算,在人、财、物等方面加大投入,确保校园文化建设各项工作顺利开展。要不断完善校园文化建设的政策和措施,切实解决校园文化建设过程中遇到的实际问题和困难。要加强理论研究,积极探索新形势下加强和改进校园文化建设的新思路、新举措。

各省(自治区、直辖市)教育部门和高等学校要根据本意见,结合实际,制定具体实施意见和细则。

教育部　共青团中央

2014 年 9 月 5 日

第六章 课程建设：被需值教育的核心

📖 **内容提要**

课程是对教育目标、教学内容、教学活动方式的规划和设计，是教学计划、教学大纲等教育教学工作过程的总和，是实施人才培养方案的最基本抓手，更是人才培养和学校办学质量的基本保障。在被需值教育理念引领下，坚持需求导向，注重实效，主动对接社会企业岗位和学生成长成才需求，遵循经济社会发展和学生成长规律，根据课程构建基本原则，注重课程开发、课程体系构建和教学模式改革创新，以培育"三动""三有""四会"高素养创新型有灵气的技术技能人才。被需值教育服务人才培养质量，突出素养教育，依托课程建设，"进教材、进课堂、进头脑"，强化专业能力培养，打造线上线下精品课程，优化教学模式，扎实提高学生学习成效，有效服务学生成长成才成业。

第一节 课程构建基本原则

一、课程构建基本原则的概念

（一）课程构建基本原则的含义

课程构建是指以学生、学习内容、学习时间、空间等多维视角出发的学校整体课程的有机搭建过程；以育人目标为指引，整体规划，专业（群）统一整合，多元选择方式实现等，形成基于学校教育理念、符合学生发展需求、遵循专业认知规律的课程体系。课程构建原则是科学构建课程的灯塔，是学校课程整体规划和统合工程的风向标。

（二）课程构建基本原则的现实意义

课程构建原则有利于学校理清课程构建要素，促使学校将课程构建得更加系统和科学。目前，学校的课程构建存在一些普遍性问题，如对课程标准理解不够；对学生特点和学习能力了解不准;学习内容与学制匹配度不高;等等。课程构建原则不到位,会导致课程开发错位,课程内容重复、针对性不强,耗时费力,影响教育教学效果等。课程构建一定要遵循科学原则,不能似是而非,科学的课程构建原则有利于促进课程贴近市场需求,有利于促进课程拓展和延伸,有利于促进课程构建的理念与实践相统一,以量取胜、功利主义和形式主义。

二、课程构建基本原则

被需值教育遵循经济社会发展和学生身心发展规律。学校依托产业设置专业,依托企业岗位设置课程,工学结合,强化被需值教育的产教融合,创新育人。被需值教育着眼于产教融合、校企合作,以服务发展和促进就业为导向,适应职业教育扩招,实施"531"工程,即"五学"——学生、学籍、学分、学制、学习方式等学生及学习多元化;"三教"——教材、教师、教法主动适应;"一服务"——学生一站式服务能力建设。被需值教育重在需求导向,求真务实,瞄准学生全人教育和职业能力养成,遵循如下几个原则(图 6-1)。

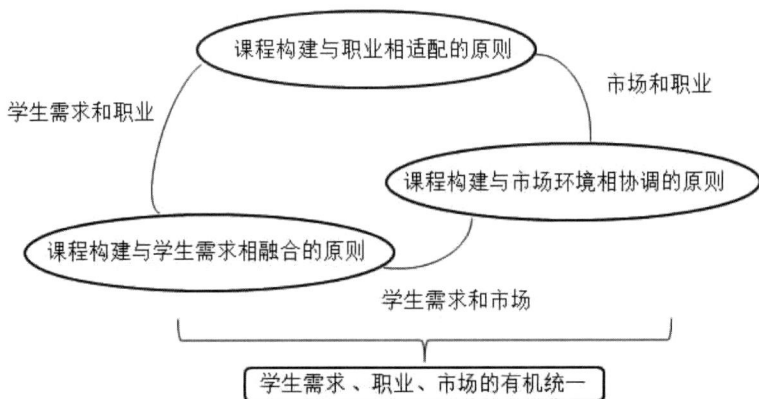

图 6-1　被需值教育的课程构建原则结构图

(一)课程构建与职业岗位需求相适配原则

课程构建必须尊重社会职业的发展,课程构建不能与职业现实相脱节。在构建课程的过程中,要严格界定该课程所属的职业领域及其职业资格的要求。在课程建构的过程中,需要按照未来从业者的合理期待来安排课程内容。课程建构所依据的职业分类体系和标准都应该事先明确。由于按照工作任务和工作对象分析所导致的职业分类体系和标准不同,因此与之相适应的职业类的课程构建也有所差异。在课程构建的过程中,还需要时刻更新有关劳动市场职业咨询的信息,让职业类教育课程变得更实用、更可靠。课程构建还需要遵循工作岗位的要求,并注重学生职业资格证书的适配度,在职业建构过程中平衡好职业需求、市场需求和学生需求之间的关系,让课程构建变成科学的综合处置,实现技能知识和最佳工作能力之间的动态平衡。

(二)课程构建与学生发展需求相融合原则

被需值教育以全人教育和学生成长成才成业为导向,需要平衡学生发展需求和职业岗位需求之间的关系,课程构建不仅仅需要和职业趋向相适应,还需要和学生的需求相融合。学生,是被需值教育的对象,也是被需值能力的载体,更是未来职业工作的主角。这意味着学生的需求也是职业能力和职业工作之间的支点,决定着学生所能掌握的职业水平,决定着职业活动和职业人之间的相配度。在课程构建过程中,要以学生需求为导向,注重学生学习的实效性,既要尊重行业(协会)、产业、企业(作坊)、岗位的内在需求及其标准,更要尊重学生身心发展规律,尊重学生的学习兴趣、学习成效、人文素养、学习能力,激发学生的主观能动性。课程构建只有满足潜在的从业者(学生)的兴趣、爱好、职业生涯目标等,才能让学生在课程学习的过程中获得自我职业设计的雏形,在学习中最大限度地实现自我需求,即学生在学习被需值教育的课程后能够在职业生涯中长本事、涨工资、增文化、增朋友、拿学历、圆梦想,取得大学浪漫的青春文化和企业利益为导向的生产文化的融合、学校人文素养与社会职业文化的融合,实现理论水平和专业技能的快速提升。

(三)课程构建与市场环境相协调原则

现代职业教育强调市场环境和职业之间相适应,职业教育下的学生更希望自己的职业选择可以满足市场大环境的需求,瞄准企业岗位需求,谋得立足资本。要面向职业(应用)、面向应(往)届高初(中职)学生、下岗工人、农民、退役军人等就业人群,形成育训融通、创建"职业—就业—终身学习"的被需值教育现代职业教育教学体系。在课程构建的过程中,需要主动适应市场的变化因素,被需值高的学生才能够找到适配的位置。职业教育的课程不是对现实职业实践的简单重复,而需要针对市场环境对学生所需要的某些技能和知识进行重构,让这些内容符合市场的标准,让课程构建符合学生发展与职业岗位相统一的要求。

三、课程构建原则的影响

被需值教育着力缩小学校的课程目标和职业岗位需求之间的距离。努力把课程构建、岗位需求、实践育人有机统一,以此实现被需值教育目标。课程构建原则为课程重构提供依据,促进课程构建过程中专业固有本质和专业素养的提炼,引导课程构建中专业边界的软化,形成跨专业的课程组合。被需值教育引导课程内部变构,促使课程构建更有利于学生个性化自主发展,更贴近企业岗位需求,为学生的学习提供多元课程选择阈限,让职业教育有了课程落脚点。被需值教育坚持以学生为中心,课程建设以学生需求为本,聆听学生的心声,创设多层次、多功能的课程。在课程构建原则与市场环境相协调原则的指引下,学校构建课程不再闭门造车,而是基于市场范畴与市场职业领域界定课程,让学生在课程学习中做到所学即所用,促进课程构建遵循知行合一的教育趋势,突出理论与实践、技能与人文相结合,让学生既拥有技术技能,又拥有人文素养和"认知＋协作＋创新＋职业"的四种能力。

(本文节选自学校 2019 年 3 月《被需值教育文集》,王树生"课程构建基本原则")

第二节　专业素养课程体系构建

被需值教育尊重教育规律,加强内涵建设,倡导爱和尊重的教育,注重课程开发建设和教学模式的改革创新,以提高学生学习成效和满意度为抓手,培育"三动""四会"高素养创新型技术技能人才,有效服务学生成长成才和区域经济社会发展。

一、专业素养课程体系建设过程与成效

(一)加大基本素养课程比例,培育学生的职业素养

通过市场调研,重新修订各专业教学计划,调整专业课程和素养课程比例,加大基本素养课程的学分比例,增设"素养拓展学分"模块,提高基本素养课程的学分占比,加大学生基本素质培育力度。

(二)遵循教学过程"三动"要求,培育学生的学习能力

教师在理论或实践教学过程中,认真贯彻"三动"教学要求,鼓励并引导学生动脑、动口、动手,教师安排 70% 以上的教学时间在引导学生自主学习上,以小组学习、讨论学习、项目学习、情景学习等形式调动学生的学习兴趣,培养学生的主观能动性;以学生出题库、当考官、答辩等创新的考试形式为主,把考试过程变成学习过程,提高教与学共鸣度和学生学习效果。

(三)开设"四会"系列课程,培育学生的"四会"能力

"会学习、会交往、会生活、会工作"是学校人才培养目标,按照岗位和学生成长成才需求设置课程,开设了"自主学习方法与技巧""身心管理和健康生活""沟通与表达""现代社交礼仪""日常生活管理""职业规划与自我发展""法律案例分析""恋爱心理学""家庭理财"等必修课程,邀请有学历、有经历、有水平的专家授课,搭建系统的"四会"学习平台。

(四)广开选修课程,激发学生的兴趣爱好

设立"课程超市",教师广泛推荐课程,学生自由选修课程。每学期都要开设百余门选修课程,包括国学、体育、美术、音乐、礼仪、法律、生活技能、安全防护、心理健康、就业指导与创新创业教育等,涉及工作、生活、情感、健康等各个领域。学生可以跨专业、跨年级任意选修。

(五)专设"素养拓展学分"模块,培育学生的参与意识

在课程体系中增设"素养拓展学分"模块,试行弹性学分制,制定《关于学生创业教育素

养拓展学分的规定(试行)》以及《关于学生参加校外活动获奖的奖励规定》,大力拓展第二课堂,把社团活动、素养培育、心理辅导、就业指导、创新创业等纳入学分认定,鼓励学生参加校外各种技能竞赛及活动,培育学生职业素养和职业精神、社会交际与合作能力,促进学生的个性发展,拓展学生成长空间。

(六)设立讲坛论坛,开阔学生的知识视野

设立"百科讲坛""大学文化建设讲坛""创业讲坛""职业教育论坛""国学沙龙"等平台,邀请国内外专家、学者、企业家、校友等进校开讲,平均每周一讲,分享经验和启迪人生,使学生开拓眼界、增长知识、开启心智,增强学生对社会主义先进文化、大学文化、企业文化的了解和认同。

(七)实施手工匠培养计划,培育学生的匠心精神

组建"手工匠大师工作室",聘请行业具有较大影响力、手工艺技术精湛的技能大师作为学校的"手工匠大师",开设"传统木工工艺""建筑模型与工艺""手工旗袍""特色小吃制作""雕塑与雕刻"等课程,采用传统学徒与现代工艺相结合的教学模式,传承传统技艺与现代科技,培养学生的匠心精神。

(八)深化创新创业教育,提升学生的就业能力

建设大学生创新创业标准园、基因裂变计划孵化基地以及省、市级众创空间,出台《基因裂变创业计划》,设立创业扶持基金,把创新创业教育植入课程,肥沃创新创业土壤,催生创业之花盛开;开设"大学生创业实训教程""创业机会识别""财经法规""企业人力资源管理"等必修和选修的创新创业课程模块;组建创新创业学院,开设创业讲坛;建立师导生创制度,创教融合,培养学生创新意识、创业精神和自信心。

(九)推进"1123 工程",培育学生的正能量

"1123 工程"是指崇拜 1 位英雄人物,突出理想信念教育,引导学生树立正确的人生观;掌握 1 门技能,赋予生存能力;擅长 2 项体育活动,良好习惯造就健康生活;唱好 3 首歌曲,打造艺术气质,提高生活品位,在群体生活工作中脱颖而出,树立自信,快乐工作,幸福生活。每年开展校运会暨运动习惯比试会,项目有球类、田径赛、舞龙舞狮、毽球、啦啦操、跳绳、多人并足跑等——竞技与娱乐同台,爱好与特长共舞。

(十)建立德育工作大数据,量化被需值

创新"课堂+活动"的实践教学模式,搭建活动平台,开展量化"我的被需值"活动,建立德育工作大数据并将其纳入学分管理体系,实施"第二课堂成绩单"制度。针对学生学习就业创业、创新创造实践、身体心理情感、志愿公益和社会参与等普遍需求,借鉴"第一课堂"的做法,从工作内容、项目供给、评价机制等方面进行系统设计和整合拓展,客观记录、认证学生参与活动的经历和成果。以被需值为基因的校园文化、校园特色和优势逐渐彰显,全校师

生为别人着想、精准服务他人的意识和能力显著增强。

二、专业素养课程体系改进对策与努力方向

(一)突破空间限制,充分发挥自媒体的作用

被需值教育的宗旨是培养学生敢于担当、主动作为的精神和能力。学校营造积极向上的校园文化育人氛围,多给学生更加自由发挥的空间,使学生在信息开放、价值观念多元、媒体渠道广泛的环境下,学会如何整合多媒体,强化自媒体,有效提高覆盖面和渗透力。

(二)建立科学评价体系,将被需值教育落到实处

从理论到实践,确立科学的被需值评价指标体系十分重要。学校依据教育理论,遵循教育规律,符合教育政策制度,努力把评价指标体系建立在科学的理论和方法基础上。从实际出发,准确把握评估体系中各指标要素的内涵、作用、结构及相互关系。

被需值教育作为学校的文化基因,成为全体教职员工和各级各届学生代代相传的精神支柱。"三动"作为学校最基本的教学方法,是每个专业、每门课程、每一堂课、每位教师必须应用的教学手段,是每个学生要着重提高的能力。"四会"是学校的人才培养目标,是统领学校教学工作、学生工作、行政后勤工作的出发点和落脚点。学校深入践行被需值教育,坚持以需求为导向,创新工作,注重实效,扎实培养学生敢于担当、主动作为的精神和能力,营造积极向上的校园文化育人氛围。同时,从实际出发,依据教育理论,遵循教育规律,根据教育政策制度,建立科学的被需值教育评价指标体系。

(本文节选自学校 2018 年 9 月《被需值教育文集》,王树生"基于被需值教育的高职院校学生素养培育实践")

三、被需值教育融入思想政治课程

被需值教育是学校德育和社会主义核心价值观教育的具体抓手,将被需值教育理念融入思政课程,能够在当今价值多元化的时代,帮助大学生树立正确的人生观、价值观、道德观和法制观,从我做起,从当下做起,从身边小事做起,自觉养成行为规范,树立道德规范,不断加强社会主义和共产主义的道德品质与修养,努力成为社会主义的建设者和合格接班人。

(一)为何将被需值教育融入思政课程

习近平在北京大学师生座谈会上强调:"青年的价值取向决定了未来整个社会的价值取向,而青年又处于价值形成和确立的时期,抓好这一时期的价值观养成十分重要"。当今大学生价值观总体上是积极、健康的,但是,随着我国社会主义市场经济的深入发展,西方文化、各种社会思潮对中国文化产生了巨大的冲击,传统的价值观念不断受到挑战,一些大学生的思想和价值观念受到影响,出现价值多元化、信仰迷茫、观念错位等问题。大学生正处

于人生观、价值观形成发展的关键期,同时又具有很强的可塑性,抓住时机,选对方法,则会事半功倍。以被需值教育为抓手,把社会主义核心价值观具体化从而引导教育青年学生,使他们树立正确的价值观念,是高校思想政治教育重要而紧迫的任务。

被需值教育理念提倡努力被需要,提升被需值,与共产党为人民服务的宗旨相切合,与社会主义核心价值观相一致。把被需值教育理念融入思政课程,把社会主义核心价值观内化为观念,外化为行为,潜移默化,润物无声,细雨浇透田,有效提高学生树立正确的人生观、价值观和世界观的主观能动性,有效提高学生坚定马克思主义理想信念的自觉性,有效提高学生成为对国家、对社会、对家庭、对他人有贡献的人的积极主动性,也有效落实了学校立德树人的根本任务。

(二)如何将被需值教育理念融入思政课

思想政治理论课承担着对大学生进行系统的马克思主义理论教育的任务,是对大学生进行思想政治教育的主渠道和主阵地,而将被需值教育理念融入思想政治教育教学,是增强学生学习主动性、提高教学实效性的有效途径。

1. 课堂教学的主渠道

(1)《思想道德修养与法律基础》课程。《思想道德修养与法律基础》是高校思想政治理论课程体系的基础课程。这门课程开设的目的就是帮助大学生树立正确的人生观、价值观、道德观、法制观和科学的理想信念,锤炼社会主义和共产主义的道德品质与修养,努力成为社会主义的建设者和合格接班人。在《思想道德修养与法律基础》的课程教学中,要突出民族精神、时代精神和社会主义教育。该课程作为大学生的入门课程,针对大学生的实际情况、时代特征和社会需要进行教学。在思想教育部分,要围绕理想信念这个核心,将爱国主义作为重点,培养树立学生正确的人生目的、人生态度和价值评判标准。在道德教育部分,要集中阐释社会主义道德教育的理论前提、内容和具体要求。在法律教育部分,要系统地将社会主义法律教育呈现在大学生面前,使大学生从整体上增强社会主义法律意识和领会社会主义法律精神。要特别注重针对大学生成长成才过程中的实际问题进行社会主义道德观、人才观教育,帮助学生树立正确的成才观,树立以为人民服务为核心,以集体主义为基本原则的人生观、价值观。

(2)《毛泽东思想和中国特色社会主义理论体系概论》课程。《毛泽东思想和中国特色社会主义理论体系概论》课程的教学要侧重于中国特色社会主义共同理想的教育。首先,要突出核心问题的教学。该课程要围绕中国共产党把马克思主义基本原理同中国实际相结合的历史进程,围绕"什么是中国特色社会主义,怎样建设中国特色社会主义""建设一个什么样的党,怎样建设党""共产党为谁执政、怎样执政""为什么发展,怎样又好又快地发展""为什么要构建社会主义和谐社会,怎样构建社会主义和谐社会""马克思主义中国化理论成果之间为什么既是一脉相承又与时俱进"等核心问题进行教学。其次,要强化问题意识和专题教学。面向中国特色社会主义实践,按照问题意识的逻辑,按照当代中国马克思主义理论的框架和逻辑结构体系,重点构建若干教学枢纽,专题讲授一系列重大的理论问题和实践问题。

在课程教学过程中帮助大学生充分认识到中国特色社会主义共同理想的科学性，不仅在情感上，更从世界观的高度，理性地接受和认同中国特色社会主义的价值目标，牢固树立中国特色社会主义共同理想。

2. 更新教学理念，创新教学模式

思想政治理论课程的教学需要紧跟时代发展的步伐，不断创新发展，这就要求课程的教学要坚持创新，要具有较强的时代性特征，并且要具有针对性，将被需值教育理念和思想政治理论教学相融合。例如，教师以主题演讲或者是辩论赛的方式开展教学，围绕被需值开展主题演讲活动，学生在准备过程中就需要收集相关资料，或者以被需值作为主题进行辩论，让学生从多个角度展开论辩，这对知识的吸收和运用都起到较大的帮助作用。

3. 主题活动

推行被需值教育，把被需值教育理念作为学校思想政治教育工作的切入点，培养学生"目中有人、心中有情、手中有爱"，努力被需要，提升被需值的道德行为习惯。结合学校思想政治教育的实际情况，在教学过程中实施创新打造"被需值＋思想政治教育"新模式，具体包含5个活动。

(1) 特色化教学活动——"寻找最美笑容"。学校通过特色化的教学活动，让学生们体会微笑的力量，感受到正能量的传递，体会到奉献温暖人间，同时深刻理解被需值的重要性，践行被需值教育。

(2) 主题教育实践活动——"爱家、爱校、被需要"主题活动。以小组为单位开展丰富多彩、形式多样的主题活动，调动学生的积极性。活动结束后学生把活动的过程和心得体会制作成PPT，在课堂上加以演示分享，丰富了实践教学的形式，较好地实现了从"以教为中心"到"以学为中心"的转变。

(3) 围绕社会主义核心价值观和"中国梦"开展主题演讲。开展社会主义核心价值观，如"理想""诚信""爱国""和谐社会""我心中的伟人""我的中国梦"等主题演讲，以小组为单位撰写演讲稿，评选出优秀作品代表演讲。通过这类活动，学生们逐渐认识到提高个人的被需值就体现为践行社会主义核心价值观和实现"中国梦"的具体行动。

(4) 社会调研、社会实践育人活动。利用假期组织大学生志愿者开展文化、科技、卫生"三下乡"社会实践活动。通过社会调查，使学生能够更深刻地了解社会，增强学生的群众意识、服务意识和大局意识。学生们通过参加社会实践，了解社会，认识国情，增长才干，奉献社会，锻炼毅力，培养品格，增强历史使命感和社会责任感，以实际行动践行中国梦。

(5) 课程考核主题化活动——"多元化、电子化课程考核"。改革课程考核方式，全部采用电子化、无纸化。具体设置了贴近社会实际、贴近区域社会发展、贴近学生生活实践的15个专题。由学生以小组为单位自行选择一个专题展开研究和实践活动。通过这类活动，学生看到自己和社会需求之间的差距，看到自身知识和能力上存在的不足，比较客观地去重新认识、评价自我，逐渐摆正个人与社会、个人与人民群众的关系。学生的服务意识增强了，就会努力提升自己的被需值。

（三）将被需值融入思政课程的成效及其意义

目前,高职院校的学生中仍然存在着享乐主义思想等不良倾向,缺乏坚定的政治信念,在生活及学习中容易受到不良影响的侵害。在思想政治理论教学中融入被需值教育,能够促使学生端正思想信念,树立正确的价值观,积极抵御不良思想和错误思潮的影响,从而形成良好的道德品质和行为规范。

1.提升学生的综合能力

将被需值融入思想政治教育教学活动,能使学生变被动为主动,充分发挥学生的主体作用,体验实践,内化践行,学以致用。例如,在课程准备阶段,教师把学生组成若干团队,每个团队选择一项实践调研主题并配备一名指导教师。学生根据选题要求,设计调查方案、调查题目,撰写调查提纲,制作调查问卷,收集数据资料,整理分析归纳总结,形成调查报告。指导教师负责评阅调查报告并对选优环节给予指导。该实践教学过程自始至终都以学生为中心,有效地改变了学生单纯听课的传统的方式,深化和巩固了学生的认知,培养了大学生"能吃苦、讲奉献"的良好作风,教学效果明显提高。学生通过思政课的实践教学环节,增强了社会责任感和使命感,加强了对基本理论的理解,提高了分析、解决问题的能力,提高了被需要的能力。

2.提炼出思政课实践教学的组织形式

一是课堂内的实践教学,学生依据教师指导和教学内容要求展开学习,教学过程以教师为辅,充分发挥学生主观能动性而开展实践活动。校内实践活动主要包括"寻找最美笑容""爱家爱校被需要""爱心雨伞",围绕社会主义核心价值观和"中国梦"开展主题演讲等主题教育活动。二是课堂外的实践教学,如参加社会实践、社会调研等,补充课堂教学,丰富学习活动,调动学生参与活动的积极性。

3.形成思政课实践教育教学的新模式

实践教育教学模式主要有服务型实践教育教学模式、虚拟实践教育教学模式、"基于问题学习"的实践教育教学模式。服务型实践教学模式是指学生在参与各类服务社会的活动时,培养专业技术技能,提高自我能力,不断更新知识,逐渐养成健全的人格和公民责任感;虚拟实践教学模式是指在原来的教学资源基础上和有限的空间、时间内,创设主题教学实践情境,实施主题情境的实践教学,以此达到理论联系实践、实践与理论的有效融合的目的;"基于问题的学习"的实践教学模式是指将学习内容隐含在解决问题的过程中,从社会现实中存在的问题入手,以解决问题为主线组织教学,以此方式培养学生解决实际问题、获取知识的能力。

总之,通过各种学习和实践活动,学生看到自己和社会需求之间的差距,看到自身知识和能力的不足,才能够比较客观地去重新认识、评价自我,逐渐摆正个人与社会、个人与群体的关系,增强服务意识,提高服务能力,努力被需要,提升被需值。

（本文节选自学校 2018 年 1 月《被需值教育文集》,王树生"被需值教育融入思政课程探索研究"）

第三节 "四会"特色课程

在教学过程中,学校提倡"三动",要求 70%以上的教学时间以小组学习、讨论学习、项目学习、情景学习等模式开展,以调动学生的学习兴趣,培养学生的主观能动性;以学生出题、当考官、答辩等创新考试形式,把考试过程变成学习过程,调动学生的学习积极性,提高教与学共鸣度和学生的学习效果。"会学习、会交往、会生活、会工作"是学校人才培养目标,学校依托产业开设专业,按照企业岗位和学生成长成才需求设置课程,搭建系统的"四会"学习平台。

一、主动应对"五三一"新形势

在国务院出台《国家职业教育改革实施方案》("职教 20 条")和职业院校扩招的背景下,职业教育进入素质教育阶段,如何应对"五学"即学生、学制、学籍、学分、学习方式的变化,"三教"即教师、教材、教法的改革,"一服务"即一站式服务学生方式方法和服务学生能力等都有所变化的情况? 职业教育要体现"服务素养、服务生活、服务需求",打造"多师课堂""全感官教学""跨界学习""三动学习"等新的教育教学模式,努力提高学生学习成效。

(一)专业课程要主动应对

职业教育进入素质教育阶段,专业课程的设置不仅是知识技术的传授,还是专业文化、价值文化和生活方式的传授;不仅是服务生产,更要服务生活。例如,食品工程学院通过"厨师学院"平台,使学生掌握一项或多项美食技能,传递一种价值观念和生活方式,提升生活技能和质量,有助于未来经营一个美好家庭。专业素质需要系统课程的支撑,课程设置不能"盲人摸象",要传授系统知识,要"庖丁解牛",传授内在规律。学生在校学习时间有限,怎样使其掌握关键知识、系统知识、核心技能,成为"业内人士"? 学校要对课程有总体的把握,形成知识体系,抓住核心课程、核心能力,同时还要培养学生的兴趣和动力。学校要逐渐实施"定制化""个性化"教学模式,使不同层次、不同个性的学生在体验参与中快乐学习,切实提高学习成效。

(二)学生服务工作要主动应对

学校坚持立德树人、文化育人、氛围育人。学生服务团队政治思想过硬,队伍有活力,氛围融洽。辅导员工作是服务工作,辅导员的"辅"是外因,它必须通过学生这个主体的内因才能发挥作用。"导"意味着辅导员要做学生活动的指导者、学生成长成才的引导者、学生工作的领导者、学生思想的疏导者和学校信息的传导者。辅导员要学会抓队伍、抓活动、抓风气、抓学习。在队伍建设中,要选择品德正派,有政策水平、大局意识、竞争意识和有责任担当的学生干部,引导学生关心国家大事,开阔眼界,胸怀世界。辅导员要学会"示弱",不要太强势,要相信学生,信任和依赖学生干部,激发学生的动力和活力;要讲究教育方法,管强服弱,要抓领头雁,关爱后进生;要善于运用信息化、智能化的优势,借用智能系统辅助学生工作,减少人为因素干扰;用心、用善良、用情感去对待工作,爱和尊重是最好的老师。

服务素养、服务生活、服务需求,是新时代职业教育的要求。教学工作要遵循这个标准,学生服务工作也是如此。教育工作者要学会调整工作方法,面对学生多元化,既要教授专业技术技能,又要从文化的角度出发,给予学生精神层面的思考和价值塑造。每一个辅导员都是一个平台,每一个学生都是一种社会资源,在辅导员的平台上激活每个学生,实现资源共享,让所有学生依赖你、需要你、喜欢你,体现被需值教育理念。在此基础上,提倡个性化服务、定制化服务,通过有针对性、精准性、有效性的服务,让学生有获得感、价值感。建设一个有温度的集体,做一个学生喜欢的"美丽"老师。

二、把控工作重心,抓好内涵建设

从大的功能上分,教育分为博雅(liberal)教育和职业(vocational)教育两大类。职业教育是生产、生活的基本教育,是给学生以生存、生产、生活能力的教育,是让多数人去生产创造的教育。我国过去在教育上走了很多弯路,学在官府,学而优则仕;重理论,轻实践;重学问,轻应用。德国、日本、美国等国家的教育重视培养应用型技术技能人才,从某种意义上说,职业技术教育是国民教育的主体。春天属于有准备的辛勤耕耘者,机会来了,挑战与竞争也会随之而至。

(一)把提高学生学习成效放在学校工作的首位

学校要将教学摆在首位,要从提高学生的学习效果出发,有教无类,因材施教,研究学生特点,不论学生能力水平高低,都要让其学有所获,应提高教学有效性,提高学生学习兴趣。教育就是要唤醒和开发学生的学习兴趣,开启学生潜在的智力,强硬灌输是没有效果的,教师的"杀手锏"就是"爱",爱学校、爱教学、爱学生,感染学生,启发学生的学习兴趣,帮助学生养成好学习、会学习的习惯。

(二)人人都是服务工作者

服务经济时代已经到来,学校是服务单位,学生的满意度、信任度和忠诚度是学校工作质量的衡量标准。教师以服务学生的态度来教学,行政人员以服务一线教师和学生的态度来工作。教师要静心研究教学,行政人员要耐心做好服务。全体员工都要平心静气,戒骄戒躁,多学习,多总结,不断提高服务水平。工作最大的价值是让这个岗位离不开你,提升服务质量,提高被需要度,才能体现个人价值。

(三)强化内涵建设,全力打造精品

1.推出精品教学

(1)课程群建设。采用"1＋＋"模式,由教研室牵头,建立课程超市,按专业(群)制作课

程包,由一位教师主讲主干课程,其他教师讲授分支。职业院校学生学习专业的时间只有一年,有效学时太短,教师要充分利用这一年的有效学时,深入浅出地授课,注重学生的学习成效。

(2)教学模式改革。鼓励开展小组学习和讨论学习,每堂课至少要有一半的时间用于小组学习或讨论学习,发挥学生的主动性、参与性,启动和激发学生学习兴趣,提高学习的有效性。

(3)学习成绩考核改革。尽可能取消书面考试,教考分离,实行口述表达、问题答疑、现场演示、项目展示等无纸化考试。题库构成由教师出题30%,学生出题70%,随机选题,学生代表和教师组成考评组,共同评分。知识理解了才能讲出来,讲话是训练出来的,会交流是重要的职业能力,要多选用口头的考核形式。

2.开展精品活动

要确定主要活动,设计活动实施方案,落实活动经费预算、活动负责人员、活动物品等,不断提高活动质量,做到活动精品化和活动外向化,即"墙里开花,墙外要红"。

3.打造精干队伍

优胜劣汰,打造几支精锐团队,依靠团队力量打造精品活动,特别要抓紧新生入学的机会开展选拔,通过有限的名额激发学生的竞争意识和兴趣,让学生有归属感,有正能量,有朋友,有圈子。

4.沉淀经典校园文化

依靠精干队伍,以精品教学为核心,精品活动为载体,不断总结、提炼、提升、沉淀,形成经典校园文化,培养有本事、有情义、负责任的人。有本事,就是想干事,能做事,做好事;有情义,就是主动为对方着想,做受欢迎的人,积极帮助别人,乐于为别人做事;负责任的人,就是工作、生活、交友都要尽职尽责,主动承担义务,敢于担当,不偷懒、不做假,堂堂正正,对人对事乐于付出的正能量的人。

三、推进教学改革,培育"四会"人才

学校的核心是教学工作,教师应以不断提高学生学习效果为出发点和落脚点,以激发和培养学生学习兴趣为着力点。在师资队伍建设、课程编排和教学模式设计方面,坚持改革创新,积极探索实践教育发展新途径、新模式,让学生们能够在良好的氛围和轻松的节奏里成长成才。

(一)创新教学模式,提升学习效果

兴趣是最好的老师,没有兴趣就没有学习的动机。当浓厚的学习兴趣、积极向上的心态转化为学习的动力并以此推动学习,相信其必然会产生积极的效果。在教学中,教师应采取积极、灵活、多变的教学方式,改进教学方法,设计教学模式,适时调整学生心态,激发学生学习的积极性和自信心。教师应严格维持教学管理秩序,在保证正常教学秩序的同时,从学生的兴趣入手,创新教学模式;加强自身的专业修养,深入探究系统教学;创新考核测试模式,提高学生学习效果。从学生的兴趣入手设计和创新教学模式;着手专业群的建设、专业核心课程的建设,要避免"瞎子摸象""蜻蜓点水";借助现代教学手段,如自媒体、微信教学等,让学生们在玩中学,充分调动学生的学习兴趣;重视教师教学模式的改革,将典型教学模式设为公开课让大家来学习,并将考试作为提高学习效果的最终手段,让学生做考官、出题库;引导学生进行小组学习、项目学习、讨论学习,甚至通过翻转课堂来培养学生的口语表达能力和交往合作能力。

(二)推进被需值教育,打造精品校园文化

被需值教育是学校文化的价值标准,氛围和节奏是学校文化的外在表现。教育是个过程,永远行走在路上。学校倡导被需值教育,希冀能培养出"目中有人、心中有情、手中有爱"的学生,不求立竿见影,但求通过良好的氛围与一致的节奏去潜移默化地影响学生的思想和言行。被需值教育的精髓之处就是要求师生做一个"有本事、有情义、负责任"的人。换言之,"人情味"是学校被需值教育的灵魂,不但要培养"四会"的有灵性的高素养专业人才,还要培养富有"人情味"的人才,为别人着想,精准服务他人,将被需值教育输入师生的骨髓,让被需值成为特有的文化基因。

(三)尊重教育规律,培养"四会"人才

遵循经济社会发展规律和学生的身心健康成长规律,负责任办学,努力改进教学模式和方法,挖掘、激发和培养学生的兴趣,调动学生的主观能动性,着力提高学习效果,做到因材施教、以生为本、服务育人。师生们努力做生活中的有心人,带着积极和感恩的心去思考,珍惜在成长过程中有可能改变自己人生轨迹的每句话、每件事和每个人。学校相信同学们能够更加明确自己未来的奋斗目标和发展方向,努力践行"四会"高素养人才培养模式,不断提高自身素质。

(本文节学校选自 2017 年 7 月《被需值教育文集》,王树生"按照'三动'要求,开设'四会'课程模块")

第四节 创新创业实践课程

一、创新创业实践课程的基本概念

(一)创新创业实践课程的含义

创新创业是基于创新基础上的创业活动,既不同于单纯的创新,也不同于单纯的创业。创新强调的是开拓性与原创性,而创业强调的是通过实际行动获取利益的行为。因此,在创

新创业这一概念中，创新是创业的基础和前提，创业是创新的体现和延伸。实践课程是指以学生自主选择的、直接体验的、研究探索的学习为课程的基本方式，以贴近现实的生活实践、工作实践、社会实践、科学实践等为主线的课程，以学生实践能力养成为基本任务的课程，这类课程需要学生密切联系自身生活和社会实践，是体现知识的综合应用的实践性课程。实践课程是创新创业教育实现的重要方式。创新创业实践课程是以培养具有创业基本素质和开创型个性的人才为目标，以培育在校学生的创业意识、创新精神、创新创业能力为主的课程，是分阶段、分层次地进行创新思维培养和创业能力锻炼的教育。

（二）创新创业实践课程的现实意义

提高自主创新能力，建设创新型国家，促进以创业带动就业已成为国家发展战略。大学生是最具创新创业潜力的群体。创新创业教育本质上是一种实用教育，依托实践课程，使理论学习和实践操作相统一，学生在学习理论的同时进行实践，在实践中掌握理论知识，实践课程的实施成效关乎创新创业教育的最终结果。创新创业实践课程将创新创业的教育理念融入实践课程中，让学生在实践课程中锻炼创新思维，培养创业实践能力，使学生创新创业能力顺应时代的要求。创新创业实践课程较少受到时间和场地的限制，实践课程不管是个体性质的项目活动课程还是集体性质的专题活动课程，都是通过课程来培养学生的创业个性心理品质和创业能力，引导学生形成综合性的知识结构和能力结构。

二、创新创业实践课程体系的构建

（一）全方位开放式的创新创业实践课程体系

1.创新创业实践课程的普及教育平台

创新创业实践课程是被需值教育的基础。普及教育平台的理论教育面向全体学生，通过开设"创业基础""创业法规""创业精神与实践""创造性思维与创新方法"等通识课程，对学生进行创新创业文化基础知识教育，着重对学生进行创新创业精神和文化的培育，引导学生掌握基础性的创新创业知识并激发其初步的创新创业意识，了解创新创业对国家、对学校、对个人发展的重要意义，提升其作为新时代青年的责任感和担当力。普及教育平台面向全体学生同步开展实践教学，如在学生修读就业指导、职业生涯规划等课程的同时，学校可要求全体大一新生进行职业测评，并结合自身特点和个性，制定《职业生涯记录本》，帮助其找准自身发展方向。

2.创新创业实践课程的专业教育平台

专业教育平台坚持把创新创业工作贯穿于人才培养的全过程，针对不同专业的学生，结合专业特点和教材内容，将创新创业基础知识融入专业课程中，引导学生了解前沿新理论、新技术和新工艺，注重学生创新创业人格的培养，让更多的师生理解科技与艺术，爱上创新与创造。专业教育平台中的实践教育主要通过开展师徒制、现代学徒制、职业启航班、"三大实习"等教学活动来引导和启发学生的创业意识,实现书本理论知识的初步转化,训练和培养学生的创新创业能力。

3.创新创业实践课程的辅导平台

针对有创新意识和创业潜质的学生,创新创业辅导平台打破校院间壁垒,进行跨专业选修,开设创新和创业型两类课程;创新型选修课程如"创新中国""大学生创新基础"等,创业型选修课程如"创业基本法""创业人生"等,注重引导学生了解创业的基本流程、基本方法和基本技能。针对有创新意识和创业潜能的学生,创新创业辅导平台主要通过组织学生参与"互联网+"创新创业大赛、职教杯创新创业大赛等重要创新创业赛事,通过理论和实践的无缝衔接,引导学生运用所学知识和技能来分析和解决现实中的问题,提升学生的创新创业能力。

(二)创新创业实践课程体系的依托

1.校内资源

校内资源除了创新创业的课程教学资源外,还有图书馆、实验室、生产性实训基地、仿真实训基地、学校大学生创新创业孵化基地等保有的文档资源、电子资源、影像资源、软件系统、各类教学设施、机器设备等。根据实际情况,设计开发学生创新创业实训情景案例和创新创业实训项目,创设生动形象的创业工作情景和教学活动项目,来激发学生创新创业的兴趣,以及对教学活动项目的理解、掌握和运用。

2.校外资源

校外资源主要包括校外"三创"实习实践基地,校外图书馆、博物馆、网络资源、学术团体、行业企业、广播电视、报纸杂志等,用于满足学生工学结合、顶岗实习等课程教学环节的实施,实现全真化创新创业课程教学,以提升学生的职业能力。

3.网络资源

以网络技术为载体开发的校内外资源所构建的网络课堂,是自主学习的平台。它提供创新创业课程的教学活动项目在线操作,突破教学空间和时间的局限性,使教学过程多样化,丰富教学活动。

三、创新创业实践课程的教学模式

创新创业课程的体系需要在教学实践中不断完善,并提炼总结经验,以促进创新创业教育质量提升。创新创业课程的教学也是提高职业教育质量、促进学生全面发展、推动毕业生创业就业、服务国家现代化建设的重要手段之一。创新创业实践课程的教学是一项系统工程,包括创新创业意识的培养、创新创业精神的激发、创新创业能力的提升等多个方面,其中,创新创业能力的提升是关键。针对当前人才培养与生产实践脱节、学生实习实训缺乏真实生产环境的问题,创新创业教育必须遵循理论与实践并重的原则,做到"教学做合一""教与学要以做为中心",构建校企双主体育人机制,校企共同制定人才培养标准和培养方案,共同实施课程教学和教材建设,共同打造专兼结合的教学团队,共同创建创新创业实习实训基地,共同实施有效的质量保障措施等,实现实践教学与企业生产的无缝对接。

(一)创新创业实践课程的教学环境

创新创业实践课程的教学环境十分重要,学校与"政、企、行、研"等多方合作建立的大学生创新创业实践基地,包括多媒体教室、智慧教室、专业实验室、生产性实训基地、仿真实训基地、大学生创新创业孵化基地等主要的教学环境。搭建创业一条街,开展创新创业微实践活动,组建创客工作室,鼓励支持广大师生的科技发明创造。搭建实现创业和互动交流的平台,创客们可以在平台上讨论设计、转让技术、展销产品、寻求帮助。开辟众创空间为有创业项目的学生提供低成本的工作、网络、社交、资源共享平台及便利化服务,帮助优秀学生创业项目申获各级各类创业扶持政策及资助。

(二)创新创业实践课程的教学方法

1.专兼结合的课程教学

创新创业实践课程,以选修课的形式计入学生的总学分,如"创新中国""大学生创新基础""创业基本法""创业人生"等,为学生提供了自助餐式的自由选择课程的学习体验。在教学过程中,鼓励教师将创新创业教育与专业教育有机融合。将创新创业教育融入通识课程、专业基础课程、专业技能课程中,使创新创业的精神浸入课程教学的各个方面,培养学生的开拓精神、拼搏精神、洞察力、意志力、兴趣与自信等。

2.丰富多彩的社团活动

除了课程教学外,依托学生社团等平台开辟第二课堂。依托学生会、各级社团等组织,开展文、体、娱、美、劳,以及公益活动、竞赛活动、表演活动、联欢活动、互助活动、挑战极限活动,还有"基因裂变"创业讲坛、报告会、讲座、座谈、沙龙等,均按照选修课折算成学分计入学生的总学分。为保障学生第二课堂实践教学的有序开展,学校为每个社团配备专门的管理和指导教师,以监督实践课程的开展和落实情况。

3."请进来"的"活教学"

学校定期邀请校友、创业导师与学生面对面交流,邀请创业成功人士现身说法,定期组织创新创业培训等活动,解决学生在创新创业过程中遇到的困难和存在的困惑,提升学生的创新创业素质。通过引入社会因素,才能令创新创业课程的教学不至于受困于理论层面,才能让学生实实在在地感受创业的现实成果,才能将创新创业课程变成活的课程。

(三)创新创业实践课程的教学评价

在创新创业实践课程教学中,教学的评价起到了至关重要的作用。不断完善创新创业实践课程的评价体系,能够促进创新创业实践课程的不断优化,促使大学生掌握的创新创业知识和具备的能力得到科学合理的综合评价,因此,应建立创新创业课程教学的评价体系(图 6-2)。

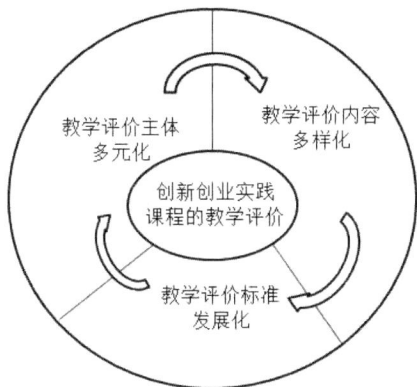

图 6-2　创新创业实践课程的教学评价

1. 多元化的评价主体

创新创业实践课程的教学评价主体应该多元化,即考核的评价主体由单一转变成多元,评价主体包括教师、学生、学生家长、学校管理者、行业企业专家、业内匠师等。根据他们的综合评价结果来评定学生创新创业课程的学习成效。综合评价的过程应公开透明,多角度、多方面地对学生展开评价,对学生做出更为客观科学的评价。整个评价的过程体现了学生的主体性,学生积极参与到评价中,根据综合评价结果,不断自我反思、自我调控、自我完善,从而自觉提高自身的创新创业的能力。同时,学生对教师的教学评价,也是促进创新创业实践课程的重要推手,体现了教学相长,在学生和专家的评价中,教学历久弥新,不断进步和改善。

2. 多样化的评价内容

创新创业实践课程的内容评价是全方位的。评价的内容围绕创新创业实践的课内和课外的相关创新创业教育展开,特别重视在创新创业实践基地上开展的教学活动和实践活动,即第一课堂和第二课堂的教学活动。评价的内容包含课程教学和实习实践评价、创新创业设计大赛、"互联网＋"创新创业大赛、职教杯创新创业大赛、创新创业专利发明、创立或参与创业公司的生产经营活动等,既有理论学习内容的评价,又有实践成果的评价。特别重视对实践性环节的考核,并将过程考核和结果考核相结合。对学生的学习成果实行阶段性考核,考核的内容严格按照规定的考核标准来执行。对第一课堂课程教学的考核方式主要包括:课业、课堂提问、平时测验、市场调研、案例分析、角色扮演、情景模拟、课上讨论等,通过阶段性、过程化的评估实现对该课程最终的评估。通过多样化和过程化的考核,检验学生的通用能力、专业能力和学习成果的应用能力,实现考核内容和手段与教学目标的统一。

3. 发展性的教学评价标准

教学评价的标准应体现项目驱动、实践导向课程的特征,体现理论与实践、操作的统一,对能否完成项目实践活动任务及其完成情况给予评定。评价标准应包括学生知识掌握情况、实践操作能力、学习态度和基本职业素质等方面,分为应知与应会两部分。

(本文节选自学校 2019 年 3 月《被需值教育文集》,王树生"创业就业实践课程的探索与实践")

同步思考

1. 解释概念:"四会"特色课程、创新创业实践课程。
2. 简述被需值教育课程构建的基本原则。
3. 简述素养课程体系建设过程与成效。
4. 论述"四会"和"四位一体"的辩证关系。
5. 简述创新创业实践课程的教学方法。

同步链接1

教育部关于加强高等学校在线开放课程建设应用与管理的意见

教高〔2015〕3号

各省、自治区、直辖市教育厅(教委),新疆生产建设兵团教育局,有关部门(单位)教育司(局),部属各高等学校:

近年来,大规模在线开放课程("慕课")等新型在线开放课程和学习平台在世界范围迅速兴起,拓展了教学时空,增强了教学吸引力,激发了学习者的学习积极性和自主性,扩大了优质教育资源受益面,正在促进教学内容、方法、模式和教学管理体制机制发生变革,给高等教育教育教学改革发展带来新的机遇和挑战。为加快推进适合我国国情的在线开放课程和平台建设,促进课程应用,加强组织管理,现提出以下意见。

一、总体要求

(一)指导思想

以邓小平理论、"三个代表"重要思想、科学发展观为指导,深入贯彻习近平系列重要讲话精神,坚持培育和践行社会主义核心价值观,落实教育规划纲要和《教育信息化十年发展规划(2011—2020年)》战略部署,紧紧围绕立德树人的根本任务,遵循教育教学规律,深化高等教育教育教学改革,主动适应学习者个性化发展和多样化终身学习需求,立足国情建设在线开放课程和公共服务平台,加强课程建设与公共服务平台运行监管,推动信息技术与教育教学深度融合,促进优质教育资源应用与共享,全面提高教育教学质量。

(二)基本原则

立足自主建设。发挥我国高等教育教学传统优势,借鉴国际先进经验,采取"高校主体、政府支持、社会参与"的方式,集聚优势力量和优质资源,构建具有中国特色在线开放课程体系和公共服务平台。坚持公益性服务为基础,引入竞争机制,建立在线开放课程和平台可持续发展的长效机制。

注重应用共享。坚持应用驱动、建以致用,着力推动在线开放课程的广泛应用。整合优质教育资源和技术资源,实现课程和平台的多种形式应用与共享,促进教育教学改革和教育制度创新,提高教育教学质量。

加强规范管理。坚持依法管理,明确学校和平台运行机构的主体责任,强化建设主体的自我管理机制,规范在线开放课程建设、应用、引进和对外推广的工作程序。完善课程内容审查制度,加强教学过程和平台运行监管,防范和制止有害信息传播,保障平台运行稳定和用户、资源等信息安全。

二、重点任务

(一)建设一批以大规模在线开放课程为代表、课程应用与教学服务相融通的优质在线开放课程。支持具有学科专业优势和现代教育技术优势的高校,以大学生文化素质教育课、受众面广量大的公共课和专业核心课程为重点,建设适合网络传播和教学活动的内容质量高、教学效果好的在线开放课程。鼓励高校间通过协同创新和集成创新的方式建设满足不同教学需要、不同学习需求的在线开放课程或课程群。有组织地建设一批高校思想政治理论课等在线开放课程。

(二)认定一批国家精品在线开放课程。综合考察课程的教学内容与资源、教学设计与方法、教学活动与评价、教学效果与影响、团队支持与服务等要素,采取先建设应用、后评价认定的方式,2017 年前认定 1000 余门国家精品在线开放课程。到 2020 年,认定 3000 余门国家精品在线开放课程。

(三)建设在线开放课程公共服务平台。在具有良好公益性、开放性的国内已运行平台中,通过申报、专家遴选的方式,选择基础良好、技术先进、符合国情、安全稳定、优质课程资源集聚、服务高效的平台,认定为在线开放课程公共服务平台。鼓励公共服务平台之间实现课程资源和应用数据共享,营造开放合作的网络教学与学习空间。鼓励高校使用在线开放课程公共服务平台。高校也可选用适合本校需求的其他国内平台以及小规模专有在线课程平台,开展在线开放课程建设和应用。鼓励公共服务平台与国家开放大学教学平台开展合作,为终身教育提供优质课程。鼓励平台建设方、高校协同建设和运用在线课程大数据,为高校师生和社会学习者提供优质高效的全方位或个性化服务。

(四)促进在线开放课程广泛应用。鼓励高校结合本校人才培养目标和需求,通过在线学习、在线学习与课堂教学相结合等多种方式应用在线开放课程,不断创新校内、校际课程共享与应用模式。鼓励承担对口支援任务的高校探索通过在线开放课程支援西部受援高校教学,受援高校应积极应用在线开放课程。鼓励在线开放课程公共服务平台在保障公益性的同时,积极探索课程拓展资源与个性化学习服务的市场化运营方式。

(五)规范在线开放课程的对外推广与引进。对外推广或引进课程应遵守我国教育、中外合作办学、互联网等相关法律法规,履行我国加入世界贸易组织有关教育服务的具体承诺,并择优推荐选择。学校或平台承担课程对外推广或引进课程的直接责任。鼓励通过在线开放课程公共服务平台和境外平台积极对外推广我国优质课程。鼓励优先引进反映学科发展前沿且具有先进的教育理念和教育经验的自然科学、工程与技术科学等学科优质课程。

(六)加强在线开放课程建设应用的师资和技术人员培训。依托高校、相关机构、专家组织和在线开放课程公共服务平台,根据教师、学习者的需求变化和技术发展,开展课程建设、课程应用以及大数据分析应用等培训。

(七)推进在线开放课程学分认定和学分管理制度创新。鼓励高校制订在线开放课程教学质量认定标准,将通过本校认定的在线课程纳入培养方案和教学计划,并制订在线课程的教学效果评价办法和学生修读在线课程的学分认定办法。在保证教学质量的前提下,鼓励高校开展在线学习、在线学习与课堂教学相结合等多种方式的学分认定、学分转换和学习过程认定。

三、组织管理

(一)教育部为在线开放课程和公共服务平台的建设提供政策研究、宏观指导和一定的条件支持,协同国家有关部门依据国家网络与信息安全的政策法规履行相应的管理职能。推动有关专家组织和机构开展在线开放课程理论、教学模式与学习方式、课程共享模式、核心技术等研究。组织公共服务平台遴选。组织"国家精品在线开放课程"认定,并对课程建设予以支持。通过使用评价、定期检查等方式,对国家精品在线开放课程的在线运行、实际应用、教学效果等进行跟踪监测和综合评价。对在线开放课程公共服务平台的网络安全、内容安全、数据安全、运行及服务进行规范管理。省级教育行政部门要鼓励在线开放课程在本区域的建设和应用,给予相应的政策支持,加强对课程建设和平台的监管。

(二)高校应切实承担在线开放课程建设应用与管理的主体责任。高校领导要深刻认识信息技术高速发展对教育教学的影响,将建设和使用在线开放课程作为推进教育教学改革的重要举措,着力提升广大教师将信息技术与高等教育深度融合的意识、水平和能力,把在线开放课程作为课堂教学的重要补充,根据本校实际建立在线开放课程教学与学习的管理、激励和评价机制,培育一批导向正确、影响力大的网络教学名师。探索建立高校内部或高校之间具备考核标准的在线学习认证和学分认定机制,积极探索并推进在线开放课程的应用,加强课程选用管理及学分管理,确保教学应用质量。课程建设高校作为课程内容和教学活动的责任主体,要将社会主义核心价值观融入课程建设,建立和实施课程建设、质量审查、课程运行保障和效果测评等制度,不断提高课程质量。

(三)在线开放课程公共服务平台建设方要切实承担课程服务和数据安全保障的主体责任。要严格遵守国家网络与信息安全管理规范,依法依规开展活动,为高校师生和社会学习者提供优质高效的全方位、个性化服务,建立全方位安全保障体系,实施对课程内容、讨论内容、学习过程内容的有效监管,防范和及时制止网络有害信息的传播。要高度重视知识产权保障,与高校、课程建设团队签订平等互利的知识产权保障协议,明确各方权利和义务,切实保障各方权益。

(四)省级教育行政部门、高校根据本意见,结合本区域、本校实际,对在线开放课程的建设、应用与管理制订实施办法。

教育部

2015 年 4 月 13 日

关于在院校实施"学历证书＋若干职业技能等级证书"制度试点方案

按照国务院印发的《国家职业教育改革实施方案》(简称"职教20条")要求,经国务院职业教育工作部际联席会议研究通过,现就在院校实施"学历证书＋若干职业技能等级证书"制度试点,制定以下工作方案。

一、总体要求

(一)指导思想和基本原则

以习近平新时代中国特色社会主义思想为指导,深入贯彻落实全国教育大会部署,完善职业教育和培训体系,按照高质量发展要求,坚持以学生为中心,深化复合型技术技能人才培养培训模式和评价模式改革,提高人才培养质量,畅通技术技能人才成长通道,拓展就业创业本领。

坚持政府引导、社会参与,育训结合、保障质量,管好两端、规范中间,试点先行、稳步推进的原则。加强政府统筹规划、政策支持、监督指导,引导社会力量积极参与职业教育与培训。落实职业院校学历教育和培训并举并重的法定职责,坚持学历教育与职业培训相结合,促进书证融通。严把证书标准和人才质量两个关口,规范培养培训过程。从试点做起,用改革的办法稳步推进,总结经验、完善机制、防控风险。

(二)目标任务

自2019年开始,重点围绕服务国家需要、市场需求、学生就业能力提升,从10个左右领域做起,启动1＋X证书制度试点工作。落实"放管服"改革要求,以社会化机制招募职业教育培训评价组织(以下简称培训评价组织),开发若干职业技能等级标准和证书。有关院校将1＋X证书制度试点与专业建设、课程建设、教师队伍建设等紧密结合,推进"1"和"X"的有机衔接,提升职业教育质量和学生就业能力。通过试点,深化教师、教材、教法"三教"改革;促进校企合作;建好用好实训基地;探索建设职业教育国家"学分银行",构建国家资历框架。

二、试点内容

(一)培育培训评价组织

培训评价组织作为职业技能等级证书及标准的建设主体,对证书质量、声誉负总责,主要职责包括标准开发、教材和学习资源开发、考核站点建设、考核颁证等,并协助试点院校实施证书培训。按照在已成熟的品牌中遴选一批、在成长中的品牌中培育一批、在有关评价证书缺失的领域中规划准备一批的原则,面向实施职业技能水平评价相关工作的社会评价组织,以社会化机制公开招募并择优遴选参与试点。试点本着严格控制数量,扶优、扶大、扶强的原则逐步推开。地方有关部门、行业组织要热心支持培训评价组织建设和发展,不得违规收取或变相收取任何费用。

（二）开发职业技能等级证书

职业技能等级证书以社会需求、企业岗位（群）需求和职业技能等级标准为依据，对学习者职业技能进行综合评价，如实反映学习者职业技术能力，证书分为初级、中级、高级。培训评价组织按照相关规范，联合行业、企业和院校等，依据国家职业标准，借鉴国际国内先进标准，体现新技术、新工艺、新规范、新要求等，开发有关职业技能等级标准。国务院教育行政部门根据国家标准化工作要求设立有关技术组织，做好职业教育与培训标准化工作的顶层设计，创新标准建设机制，编制标准化工作指南，指导职业技能等级标准开发。试点实践中充分发挥培训评价组织的作用，鼓励其不断开发更科学、更符合社会实际需要的职业技能等级标准和证书。

（三）融入专业人才培养

院校是1＋X证书制度试点的实施主体。中等职业学校、高等职业学校可结合初级、中级、高级职业技能等级开展培训评价工作，本科层次职业教育试点学校、应用型本科高校及国家开放大学可根据专业实际情况选择。试点院校要根据职业技能等级标准和专业教学标准要求，将证书培训内容有机融入专业人才培养方案，优化课程设置和教学内容，统筹教学组织与实施，深化教学方式方法改革，提高人才培养的灵活性、适应性、针对性。试点院校可以通过培训、评价使学生获得职业技能等级证书，也可探索将相关专业课程考试与职业技能等级考核统筹安排，同步考试（评价），获得学历证书相应学分和职业技能等级证书。深化校企合作，坚持工学结合，充分利用院校和企业场所、资源，与评价组织协同实施教学、培训。加强对有关领域校企合作项目与试点工作的统筹。

（四）实施高质量职业培训

试点院校要结合职业技能等级证书培训要求和相关专业建设，改善实训条件，盘活教学资源，提高培训能力，积极开展高质量培训。根据社会、市场和学生技能考证需要，对专业课程未涵盖的内容或需要特别强化的实训，组织开展专门培训。试点院校在面向本校学生开展培训的同时，积极为社会成员提供培训服务。社会成员自主选择证书类别、等级，在试点院校内、外进行培训。新入校园证书必须通过遴选渠道，已取消的职业资格证书不得再引入。教育行政部门、院校要建立健全进入院校内的各类证书的质量保障机制，杜绝乱培训、滥发证，保障学生权益，有关工作另行安排。

（五）严格职业技能等级考核与证书发放

培训评价组织负责职业技能等级考核与证书发放。考核内容要反映典型岗位（群）所需的职业素养、专业知识和职业技能，体现社会、市场、企业和学生个人发展需求。考核方式要灵活多样，强化对完成典型工作任务能力的考核。考核站点一般应设在符合条件的试点院校。要严格考核纪律，加强过程管理，推进考核工作科学化、标准化、规范化。要建立健全考核安全、保密制度，强化保障条件，加强考点（考场）和保密标准化建设。通过考核的学生和社会人员取得相应等级的职业技能等级证书。

（六）探索建立职业教育国家"学分银行"

国务院教育行政部门探索建立职业教育"学分银行"制度，研制相关规范，建设信息系统,对学历证书和职业技能等级证书所体现的学习成果进行登记和存储,计入个人学习账号,尝试学习成果的认定、积累与转换。学生和社会成员在按规定程序进入试点院校接受相关专业学历教育时,可按规定兑换学分,免修相应课程或模块,促进学历证书与职业技能等级证书互通。研究探索构建符合国情的国家资历框架。

(七)建立健全监督、管理与服务机制

建立职业技能等级证书和培训评价组织监督、管理与服务机制。建设培训评价组织遴选专家库和招募遴选管理办法。本着公正公平公开的原则进行公示公告。建立监督管理制度,教育行政部门和职业教育指导咨询委员会要加强对职业技能等级证书有关工作的指导,定期开展"双随机、一公开"的抽查和监督。对培训评价组织行为和院校培训质量进行监测和评估。培训评价组织的行为同时接受学校、社会、学生、家长等的监督评价。院校和学生自主选择 X 证书,同时加强引导,避免出现片面的"考证热"。

三、试点范围及进度安排

(一)试点范围

面向现代农业、先进制造业、现代服务业、战略性新兴产业等 20 个技能人才紧缺领域,率先从 10 个左右职业技能领域做起。省级教育行政部门根据有关要求对符合条件的申报院校进行备案。试点院校以高等职业学校、中等职业学校(不含技工学校)为主,本科层次职业教育试点学校、应用型本科高校及国家开放大学等积极参与,省级及以上示范(骨干、优质)高等职业学校和"中国特色高水平高职学校和专业建设计划"入选学校要发挥带头作用。

(二)进度安排

2019 年首批启动五个领域试点,已确定的五个培训评价组织对接试点院校,并启动有关信息化平台建设;陆续启动其他领域试点工作。2020 年下半年,做好试点工作阶段性总结,研究部署下一步工作。

四、组织实施

(一)明确组织分工

国务院教育行政部门负责做好 1+X 证书制度试点工作的整体规划、部署和宏观指导,对院校职业技能等级证书的实施工作负监督管理职责。国务院市场监督管理部门(国家标准化管理委员会)负责协调指导职业教育与培训标准化建设。各省级教育行政部门主要负责指导本区域 1+X 证书制度试点工作,会同省级有关部门研究制定支持激励教师参与试点工作的有关政策,将参与职业技能等级证书培训与考核相关工作列入教师和教学管理人员工作量范畴,帮助协调解决试点中出现的新情况、新问题。省级有关职能部门负责研究确定证书培训考核收费管理相关政策。试点院校党委要加强对试点工作的领导,按有关规定加大资源统筹调配力度。

(二)强化基础条件保障

各省(区、市)在政策、资金和项目等方面向参与实施试点的院校倾斜,支持学校教学实训资源与培训考核资源共建共享,推动学校建好用好学校自办、学校间联办、与企业合办、政府开办等各种类型的实训基地。要吸引社会投资进入职业教育培训领域。通过政府和社会资本合作(PPP 模式)等方式,积极支持社会资本参与实训基地建设和运营。产教融合实训基地和产教融合型企业要积极参与实施培训。

(三)加强师资队伍建设

各省(区、市)和试点院校要加强专兼结合的师资队伍建设,打造能够满足教学与培训需求的教学创新团队,促进教育培训质量全面提升。要将职业技能等级证书有关师资培训纳入职业院校教师素质提高计划项目。培训评价组织要组建来自行业企业、院校和研究机构的高素质专家队伍,面向试点院校定期开展师资培训和交流,提高教师实施教学、培训和考核评价能力。

(四)建立健全投入机制

中央财政建立奖补机制,通过相关转移支付对各省 1+X 证书制度试点工作予以奖补。各省(区、市)要加大资金投入,重点支持深化职业教育教学改革、加强技术技能人才培养培训等方面,并通过政府购买服务等方式支持开展职业技能等级证书培训和考核工作。参加职业技能等级证书考核的建档立卡等家庭经济困难学生免除有关考核费用。凡未纳入 1+X 证书制度试点范围的培训、评价、认证等,不享受试点有关经费支持。

(五)加强信息化管理与服务

建设 1+X 证书信息管理服务平台,开发集政策发布、过程监管、证书查询、监督评价等功能的权威性信息系统。参与 1+X 证书制度试点的学生,获取的职业技能等级证书都将进入服务平台,与职业教育国家学分银行个人学习账户系统对接,记录学分,并提供网络公开查询等社会化服务,便于用人单位识别和学生就业。运用大数据、云计算、移动互联网、人工智能等信息技术,提升证书考核、培训及管理水平,充分利用新技术平台,开展在线服务,提升学习者体验。

教育部　国家发展改革委
财政部　市场监管总局
2019 年 4 月 4 日

第七章　教学创新：被需值教育的手段

内容提要

　　提升学生被需要的素养及其价值的关键是教学，而教学创新是被需值教育的核心手段并直接影响教学质量。教学创新首先要做好教学对象、教学情境、教学方法和教学评价四个维度的分析，在完全了解教学对象的基础上，创设教学情境，创新教学方法，改革教学评价，使教学情境能够满足教学需要，使教学方法能够激发学生的学习兴趣，使教学评价更加科学合理，最终目标是使教学更有针对性、实用性和有效型，从而提高教育教学质量和学生学习成效，保障人才培养质量和学校办学水平。

第一节　教学对象分析

　　教学对象分析是指教师开展教学活动之前，根据教学对象的年龄、水平、学习动机、学习需求、学习风格以及文化背景等有目标地进行分析，并将分析结果作为教学安排的依据。教学是极具创造性和艺术性的实践活动，教学目标是否能够完成，很大程度上取决于教师对教学对象的了解程度。本节主要从学生的基础分析、需求分析、职业生涯规划这三个方面对教学对象进行分析。

一、学生的基础分析

　　职业教育面对应届初高中毕业生的同时，还面对着往届毕业生、企业工人、下岗工人、退役军人、农民等几乎所有成人群体，要赋予所有人生活知识、生产技能和生命科学，而学生年龄、知识基础、职业背景，甚至学习时间、学习方式和学习能力参差不齐，要做到有教无类、因材施教，则教师必须深入了解每一位学生。

（一）生源分析

　　职业教育学生来源复杂，涵盖所有成人群体，根据有无学籍或是否正式注册划分，可分为统招生(含留学生)、预科生(未取得学籍在学校补习一年的学生);根据学生入学前的教育背景划分,可分为普通高中生、中职毕业生、五年专("3＋2"培养模式)的学生、二元制等社会学生;根据学生工作背景划分,可分为企业在岗工人、下岗工人、退役军人和农民;根据学生学习方式划分,可分为全日制学生、非全日制学生、线上远程教育学生;等等,学生类型不同,文化基础、专业技能、专业能力和学习能力都存在较大差异。来源于普通高中的学生,文化基础相对较强,专业技能和专业能力较弱;来源于中职和五年专的学生则反之;而二元制、退役军人、农民等学生,其学习系统知识能力较弱,专业技能习得能力较强。但这些学生存在的问题却具有同质性。

1. 学习基础较差

职业教育的生源层次复杂,各层次学生的学习基础差异较大。相对普通高校学生,职业教育学生普遍的特点是基础知识差,学习知识的能力弱,某些工科类专业课程的实践操作能力对相关技术理论要求较高,学生的基础知识差、底子薄,学习能力、知识接受力又较弱,有些学生难以适应职业教育专业知识的学习和实践。

2. 自主学习能力较差

职业教育的录取线较低,考生基本上是中学阶段学习不好的学生,绝大多数学生学习兴趣不足,学习习惯不好,知识体系结构没有形成,自主学习能力差是其主要缺点。这些学生来到职业高等学校以后,也无法很快适应职业高等学校的生活学习节奏,特别是无法自主安排学习和作息,对职业高等学校的自主自律生活无所适从,学习目标不明确,学习方法不科学,甚至作息安排混乱。

3. 学习氛围不佳

职业高等学校专业知识的广度和深度、知识的结构体系与高中不同,更注重实践教学,强调学生专业技能和职业能力的提升,更注重学生自我管理、自主学习。在理论学习上,学生的积淀不够,限制了其专业技能的学习,从而导致学生的学习兴趣不足,自主学习能力不足,自我约束不强,导致学习目标不明确、学习计划不清楚,学习效果不佳,再加上职业学校没有高中的考试压力,凭自觉很难形成学习氛围,部分学生甚至出现厌学、逃学的情况。

(二)学生专业素质分析

学生的专业素质一般分为专业基础知识和专业技术技能两个方面。职业高等学校学生的专业基础知识断层严重,储备不足,仅限于基本概念的死记硬背,缺乏系统学习能力,甚至会影响到学生的专业发展。而专业技术技能学习方面,过于看重技术技能,过于功利,仅限于单一技术技能的掌握,缺失技术理论支撑,缺乏系统整合,知识和技能的学习不同步、不协调,专业基础知识和专业技术技能的学习不能成为相互促进的整体,职业技术技能无法得到深化和提升,专业运用和解决实际问题的能力需要增强,学生整体的专业学习支撑体系有待改善。

二、需求分析

(一)学生自身的学习需求分析

1.较强的岗位操作能力

为适应未来职业岗位的基本要求,学生首先要具备岗位操作能力。专业学习要瞄准岗位需求,突出课程,突出实际操作能力,突出实际操作能力背后的技术知识体系建设,这是企业对职业高等学校提出的基本要求,也是教学改革的需要,也是学生自身发展的学习诉求。

2."一专多能"的复合型学习能力

在现代经济社会,每个行业都要时刻应对扩展、提升、转型等经济形势,这势必要求职业高等学校的学生应具备较宽的认知领域、较广的知识面、较强的适应性,学生既要懂专业,又能熟练操作;尤其是当下,人类进入第四次科技革命和信息网络时代,新知识、新技术、新材料日新月异,世界经济一体化、全球化,产业、行业、企业随时遇到新挑战,对人才需求变化也越来越快,这无疑要求学生应具有学习能力。

3.可持续发展潜力和综合职业能力

未来的从业人员除了具备核心岗位能力外,自身的道德修养和发展潜力也是非常重要的。一个有发展的企业需要的不是"工具型"人才,而是具有可持续发展潜力的综合人才。只有具备了与企业发展相适应的综合素质和可持续发展潜力,才能真正在其所在的行业展现强大的工作能力,才能适应社会需要。学生的学习需求,不仅仅是学习眼前的专业能力,更多的是提升综合职业素养,不断挖掘自身的发展潜能。

(二)市场对学生素质要求分析

市场瞬息万变,对学生素质的要求也随之调整。这种变化倒逼职业高等学校的学生学习更多的知识和技能,不断提高自身的素质,以应付市场需求变化所带来的就业压力。

按照用人单位对学生职业素养要求的层次结构的逻辑点,结合国家对职业高等学校人才培养的方向和目标,职业高等学校学生的职业素养一般划分为 3 个层次和 10 个方面(表 7-1)。

表 7-1　用人单位考量学生主要因素表

用人单位考察学生职业能力因素/%				
选项		第一因素	第二因素	第三因素	提及率
专业基础技能	专业理论知识	3.3	2.6	4.2	10.1
	实践操作能力	15.4	16.3	17.8	49.5

续表

用人单位考察学生职业能力因素/%				
选项	第一因素	第二因素	第三因素	提及率
社会适应能力	正确积极的工作态度	31.0	21.4	18.3	70.7
	思想道德水平	17.6	22.7	18.1	58.4
	团队合作精神	10.9	12.1	13.5	36.5
	人际交往能力	8.8	9.8	4.9	23.5
	心理素质	2.3	3.5	6.8	12.6
专业发展能力	学习能力	3.4	4.7	8.0	16.1
	创新能力	3.3	2.1	4.7	10.1
	分析和解决问题的能力	4.0	4.8	3.7	12.5

1.专业基础技能

专业基本技能的要求包括专业基础知识和实践操作能力。专业基本技能是学生在职场上获取工作岗位的基本生存技能,这一项是必不可少的,属于第一层次的能力,只有具备了第一层次的能力,才能够进入职场,并在职场中有立足之地。

2.社会适应能力

社会适应能力是指学生与他人合作、交往、共同生活等所具有的适应力,需要学生具备端正的工作态度、良好的思想道德水平、积极的团队合作精神、健康的人际交往能力、过硬的心理素质。这一层次的能力考察的是学生"能用、好用"的重要标准。社会的变化日新月异,学生的社会适应力变得愈发重要,它代表了学生的发展潜质和发展后劲。

3.专业发展能力

专业发展能力是职业发展的底气,包括学习能力、创新能力、分析和解决问题的能力。学生的职业发展能力不仅依赖其在校所学的知识,还依赖其在职业发展过程中的自我学习和自我探索。职业发展中的创新力和解决问题的能力至关重要,职场同样重视学生这方面的能力。

二、职业生涯规划分析

(一)自我分析

1.职业期望过高

职业高等学校的学生往往动手能力强,社会化水平高,适应性、交往性、合作性、对社会的认知都相对较好,但受年龄阶段和知识能力水平所限,往往会在选择职业的过程中,出现期望值过高,又眼高手低、盲从盲目,甚至持有一次就业定终身的陈旧观念等现象。学生对自我的职业能力和职业竞争压力缺乏理性分析,往往会在职业过程中受到打击。

2.职业竞争不强

由于职业高等学校学生的入学成绩较低,知识基础不深,没有养成良好的学习习惯,导致入校后学习能力不强,特别是技术理论基础不扎实直接影响技能的学习掌握,会出现基础理论知识不如本科、实践技能不如中职学生,又没有深厚的文化素养和人文精神,进而影响其综合职业素养的提高,也就直接影响了职业的核心竞争力。

3.职业信心不足

职业高等学校的学生对社会认识不足,受挫力和抗压能力不高,自律、纪律甚至法律观念淡薄。部分学生不愿意吃学习的苦,也不愿意吃生活和工作的苦,部分学生缺乏自我反思精神和反思能力,容易在职业环境中受挫后失去信心。

(二)职业环境分析

1.职业教育尚存社会偏见

职业教育录取分数、生源质量,都在普通本科教育之后,社会上普遍对其存在着偏见——接受职业教育的学生都是出于无奈的选择。即使国家出台了不少政策,大力发展职业教育,保障职业高等学校学生就业,但是,在2000多年的"学而优则仕""劳心者治人,劳力者治于人"的传统观念影响下,社会依然把职业教育看成"低就"的"低层次"教育。"双向选择、自主择业"政策下的职业环境中,限制和歧视现象依然存在,学生所面临的职业环境依旧不理想。

2.职业教育体系和标准尚待完善

我国的职业教育发展晚,过去国家社会重视不够,中职—高职—职业本科—专业硕士博士的教育体系还未能完全形成,也未能顺畅运行。产教融合、校企合作的育人标准、育人模式、育人政策还未能调动更多企业的积极性,校企命运共同体一体化育人模式还没有形成。职业教育教学质量直接受到企业参与程度的影响。完善职业教育体系,建立职业教育教学标准,发挥企业育人主体作用,是职业教育发展和提高技术技能人才培养质量的重要保障。

3.职业教育人才供给侧与企业人才需求侧尚未完全对接

市场对人才的要求越来越高,用人单位往往根据实际需要挑选毕业生,录用标准呈日趋提高的趋势。市场上存在人才高消费的现象,受冲击最大的是职业院校学生。职业教育学制短,专业知识不扎实,加上人才市场高学历人才供应充足,普通本科或者本科以上学历的学生与职业院校学生直接竞争技能工作岗位,对国家来讲是教育和人力资源的浪费,对社会来讲是市场需求和人才供给的错位。

(本文节选自学校 2019 年 3 月《被需值教育文集》,王树生"教学对象分析")

第二节　教学情境分析

一、教学情境的基本概念

（一）教学情境的含义

广义的教学情境是指作用于学习主体，产生一定的情感反应的客观环境。狭义的教学情境则是指在教学环境中，引起学生积极学习情感反应的教学过程。它可以综合利用各种教学手段，通过外显的教学活动形式，营造浓郁的学习氛围，使学生形成良好的求知心理，参与对知识的探索、发现和认识过程。教学情境贯穿于教学全过程，也可以运用于课堂的某个阶段。教学情境也是教师在教学过程中创设的氛围，包含教学环境，即学生所处的物理环境，也包括教师所营造的情感氛围。教学情境具有一定的生活性、形象性、专业性、问题性、情感性等特点。教师在创设教学情境的过程中，不断引导学生入境入情，在特定的教学情境中不断调动学生的学习主动性和积极性，启发学生主动思考。教学情境强调的是仿真的"境"对学生的动机激励，通过物理场和心理场产生学习的共振和共鸣。情境的存在形式通常是实在的或仿真的情形，具有全程性、真实性、整体性等特点，对学生的影响也具有深刻性和持久性等特点。创设、呈现教学情境，有利于克服纯粹认知活动的缺陷，使学习成为一种包括情感体验在内的综合性活动，对提高学习效果具有重要意义。

（二）教学情境的构成要素

教学情境在形式上相对比较宏观，内涵复杂，包含的构成要素也相对多样。一般而言，创设教学情境要考虑如下要素：背景要素，包括教学活动的时间、地点、人物、起因；主题要素，包括教学问题、教学理念、教学重点、教学难点；细节要素，包括教学内容、节点、逻辑过程。在创设教学情境的过程中，应从宏观层面进行考虑，尽量采用多种方式综合创设教学情境。情境创设要讲求策略，避免牵强附会。

二、教学情境的创新

根据职业教育教学实施的范式演变，教学的过程必须伴随着学生自主学习的过程，教学情境的创新也需要按照学生的学习过程展开，符合学生的学习规律，符合学生实际的学习需求。被需值教育旨在提升学生被需要素养及其价值，在教学情境创新的过程中，教师不仅要给学生营造被需值氛围，还要围绕被需值展开一系列学习情境创设，以达到最佳的教学意境，让学生获得学习的动力和心理倾向。被需值教育所指向的职业教育的内核是希望学生获得职业素养，提升职业能力值。在被需值教育教学情境创设中，根据职业教育的规律和学生学习职业技能的顺序,设计被需值教育教学情境,帮助学生在虚拟情境中不断铸造自己的职业特色,为将来的职业发展奠定基础(图7-1)。

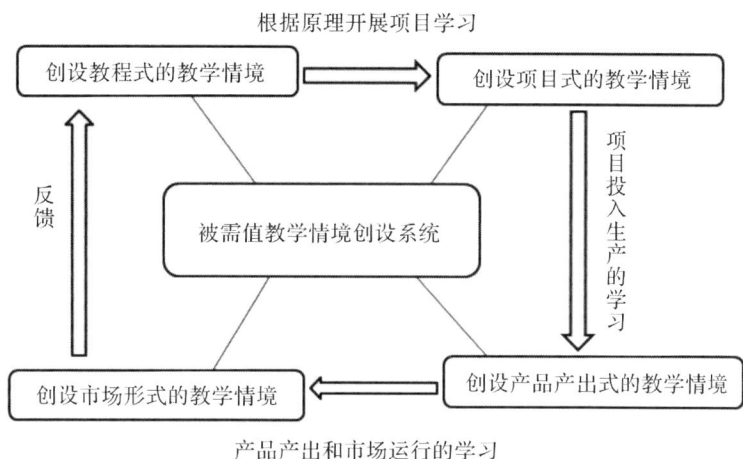

图 7-1 被需值教育教学情境创设系统结构图

(一)创设教程式教学情境

教程式教学是学生进行项目化学习过程的前提,知识原理的学习是基础,教师需要根据专业知识原理的内在系统,构建一个教程式的教学情境,让学生学习较为系统的专业知识原理,为后面的项目化学习和实践做好铺垫。教师在创设这一教学情境的过程中,依托多媒体教室的环境,并特别突出教学情境创设的形象性,尽量解决形象思维与抽象思维、感性认识与理性认识之间的矛盾关系。创设感性的、可见的、摸得着的教程式教学情境能有效丰富学生的感性认识,并促进感性认识向理性认识转化和升化;它是形象的、具体的,能有效地刺激和激发学生的想象和联想,使学生能够超越个人狭隘的经验范围和时间、空间的限制,既能使学生获得更多的知识,更好地掌握技能,又能促使学生的形象思维与抽象思维互动发展。

(二)创设项目式教学情境

项目式教学情境的创设要注意情境的目的性、适应性和新颖性。有价值的教学情境一定是内含问题的情境,能有效地引发学生思考。例如"项目工作室"教学情境,在虚拟工作室里,学生就项目问题展开研究,在高度还原真实工作室的情境中,教师将企业项目或企业实践案例引入课堂,对其进行分析与实操,训练学生的思辨能力和职业技能,以提升其职业素养。

(三)创设产品式教学情境

项目研发到产品,是学生学习的重点。职业教育的教学情境是多元化的,教师需要创设更具实用性的教学情境让学生学习。在这一阶段,学生的学习情境既可以是真实的情境,教师带领学生在生产车间或者企业空间里系统地展开教学,也可以是虚拟的情境,学生在实训室的教学情境中完成实训与生产一体化的系统学习。使教学设备与生产设备、教学内容与生产技术、教学方法与生产方法零距离,切准行业企业发展脉搏,能够促进师生共同成长,实现教学相长,能够促进校企实现化学反应,实现校企一体化育人。校内生产性实训基地与企业教室车间为创设产品式教学情境提供基础环境。学生获得更为真实的环境(企业教学车间、学校教学工厂、工作岗位),有了"教、学、做"一体的技能习得体验,教师也获得了更为优质的教学情境。这一阶段的教学情境创设要注意营造获得成就感的学习心理氛围,在产品的产出教学中不断引出问题解决路径,激发学生的创新思维能力和实践动手能力。在产品产出式的教学情境创设中,要尽量创设求新求异的情感氛围,对学生在思维过程中出现的求异因素应及时给予鼓励与肯定;在学生欲寻异解而不能时,则要细心点拨,耐心引导,帮助学生获得成功,让学生在多样化思维训练中获取成功,享受创造性思维活动的乐趣。

(四)创设市场式教学情境

对市场的了解和运行有助于学生未来的职业成功,市场式教学情境创设尤为重要。在这样的教学情境下,学生可以更快地获悉市场的运行过程,企业学院实现校企一体化育人、产教融合、工学结合,合作企业要规模大、实力强,领导重视,有内在人力需求,有社会责任,站在为国家、社会、行业企业培养人的高度,真心与学校合作,求真务实,善始善终,为职业高等学校创设市场式教学情境提供优质土壤。市场式教学情境按照市场运行的过程链接,对成本、核算、仓储、供货、合同、包装、运输、索赔、维护、保养等全过程清晰模拟,过程清楚,学生在完整的情境中习得市场规律,学会规避市场潜在风险,为学生将来在职业市场上的立足奠定基础。

三、被需值教育教学情境的作用

(一)有利于引导学生学习心向

第斯多惠说得好:"我们认为,教学的艺术不在于传授本领,而在于激励、唤醒、鼓舞。然而没有兴奋的情绪怎么能激励人,没有主动性怎么能唤醒沉睡的人,没有生气勃勃的精神怎么能鼓舞人呢?"被需值教育所产生的心理氛围是学生被尊重、被引导,继而实现被需要的价值,从而形成学生更加尊重老师、更加崇尚学习的良性循环。被需值教育教学情境下的师生,在学习中产生强烈的情感共鸣。这种共鸣以"目中有人、心中有情、手中有爱"的心理倾向为基点,让学生在学习中感受被关怀,进而关怀他人,在学习中感受被需价值,进而实现自我价值。被需值教育教学情境也有利于在价值层面上树立学生的爱国敬业精神,培养职业精神、工匠精神、劳动精神、劳模精神、自食其力精神及塑造其文化价值,实现企业文化与校园文化的交融。

（二）有利于促进学生掌控学习

被需值教育教学情境创设体现了适应性精神,使学生主动适应需求,自觉提高自身素质能力和应变能力,积极适应社会及职业生活中的不同角色和职责,在复杂多变的职业和社会环境中有效地开展工作。这样的教育教学情境,可以激发学生的主观能动性和学习的内生动力,学生可以循着职业的脉络根基,找到职业的成长轨迹,主动学习知识和职业技能。

（三）有利于鼓励学生职业知识迁移

被需值教育教学情境使学生通过具体职业情境的学习,清晰地感知所学知识的专业用途,又能从整体上把握问题依存的职业情境,学生能够掌握职业场景中知识应用的条件和变式,从而灵活地迁移和应用所学的专业理论知识。学生对自主能力的要求,不只是满足于对当下基本职业技能和社会的需求,而是积极创造和争取学习机会,掌握更高的专业知识和技能,适应不同职业的需求。

（四）有利于丰富教学的"境"

被需值教育教学情境蕴含着被认识、被尊重、被需求的氛围,使学生认识到自己的独特性、价值性、珍贵性。不管是项目式教学情境还是产品式教学情境,亦或是市场式教学情境,都在一定程度上避免了教学情境的刻板重复,变"静态"为"动态"、化"静"入"境",增强了教学过程的趣味性和探究性,这种丰富了教学的"境"建立在被需值教育根基上,让学生在教学情境中感受到"成为人"的过程和被需要的实现感,不断修行自己的职业素养和职业责任,这也是被需值教育教学情境的初衷。

（本文节选自学校 2019 年 3 月《被需值教育文集》,王树生"教学情境分析"）

第三节　教学方法分析

一、教学方法的基本概念

（一）教学方法的含义

教学方法是指在教学活动中,教师和学生为实现教学目的和教学任务所采取的综合行为方式。教学方法是服务于教学目标、师生共同完成的教学活动内容的手段,也是教学活动中师生行为体系的综合体。教学方法体现了特定的教育教学的价值观念,以实现特定的教学目标为目的。教学方法受教学内容、具体的教学组织形式的制约。好的教学方法能够促进学生进行有意义的学习,让学生有信心、有能力成就自己。

(二)教学方法创新的意义

教育创新的着眼点是教学方法的创新,因此,教学方法的创新具有时代意义。教学方法的创新是实现被需值教育的重要渠道,也是提升学生被需值的过程。教学方法创新的目的是让学生的专业知识不断增长、专业情感不断深厚、专业能力不断夯实的专业理想趋于现实。教学方法的创新也是为学生树立学习模板,教会学生如何实现创造性学习,实现自身的被需值,促使学生具有驾驭专业内容的实力,获得解决问题的创新创造能力,掌握交流的社会能力,形成独立的职业人格。

二、教学方法的创新

被需值教育强调遵循学生发展导向和社会需求导向的教学方法,实现教学内容实用化、教学建设开放化、校企合作特色化。被需值教育旨在提升学生被需要的素养及其价值,坚持"以生为本、着眼未来"的教学导向。在构建创新教学方法过程中,体现三个方面的"值":一是价值,即有用值,教学方法构建过程中提升学生有用值,让学生变成他人需要的价值主体;二是质量,即满意值,新的教学方法让学生变成高质量的社会人,获得社会的认可;三是水平,即能力值,新的教学方法让学生着眼于未来,具备能力值。教学方法要秉承解决问题的宗旨,以学生为中心,让学生在学习中有话语权和选择权,让教师有教学方法改革权,积极创新教学方法,实现教学相长。不同的学习类型应采用不同的教学法,接受性的学习适宜使用讲授教学法,社会性的学习适宜使用问题解决型教学法,自主性的学习则适宜使用自主型教学法。

(一)被需值教育导向的新教学法

1.知识体系讲授法

采用讲授法的教师主要运用语言方式,系统地向学生传授科学知识,传播思想观念,开发学生的思维能力,发展学生的智力。讲授法通过系统的语言描述、展示、讲解、示范促进学生学习。讲授法有利于知识的完整性和系统性,以职业经验构建知识体系,选取的教学知识以职业经验为纵轴,以完整的知识体系为目标,克服传统的讲授法只重视知识建构却不重视应用的弊端。教师在构建知识体系中,参照职业经验的习得规律,以职业核心知识为总线,在教师主导的教学过程中,让学生掌握最基础的知识,作为其职业能力的基石。在职业教育进程中,学生被植入被需值教育理念,在被需值理念传递中感受自我知识建构所带来的阶段性成长。

2."问题探究＋项目实践"教学法

将被需值教育理念植入教学过程,努力创设一个有利于学生进行探究发现的良好教学情境,让学生共同解决问题,提升被需值。问题解决型的教学过程:先选择和确定探究发现的问题(课题)与过程,然后有序组织教学,积极引导学生进行探究发现活动。在职业教育的实践中,形成问题解决型的教学法,遵循以下步骤:创设问题的情境→选择与确定问题→讨论与提出假设→实践与寻求结果→验证与得出结论。对于实践性较强的专业,秉持"校企合作""工学结合"的宗旨,"教—学以致用"和"实境耦合"的教学理念,与企业建立合作关系,旨在为企业培养符合行业企业岗位需求并能进行自主创新创业创造的技术技能人才,实施项目教学,将真实的项目贯穿到整个教学中。在教学实施过程中,按照"调研—定位—设计—陈列"的生产流程安排教学项目。在项目开始阶段,学生充当企业设计师的助理,配合完成各项任务,参照企业对产品的检验和验收标准,教师根据学生的岗位表现评定学生成绩和等级,学生的作业和成果也就成为符合企业要求的项目成果。在教学环节中,适当考虑本地区经济发展的趋势,每个项目的实施都要体现完整的职业岗位流程,注重工作过程的系统性、完整性、理论知识的实用性。在教学实施过程中,学生应充分调动自身的能动性,灵活运用已掌握的专业知识,以团队或小组的形式,展开项目研究。整个过程即为企业实践过程,学生在此过程中可能会遇到运用现有知识难以解决的问题,需要主动去探索和创新,有些甚至需要发挥团队和集体的力量才能予以解决,极大调动了学生学习的主动性和积极性,有利于培养学生分析问题和解决问题的能力,有利于创新创业精神、团队协作精神的培养,为学生的职业发展奠定了坚实基础。

3. 自主型教学法

学生独立解决课题,教师只是在学生需要的时候提供适时的帮助,这种方法适用于自主学习能力比较强的学生,能够培养学生的研究能力。一般步骤为:确定适合自主学习的课题→准备提供自主性学习的资源与手段→问题指导与帮助。根据职业教育的经验,提出相关专业的实践课题,要求学生在一定的时间内找到解决问题的方案,并要求学生必须寻求最佳的解决方法。在自主型教学活动中,学生自己计划并独立完成作业,或在小组计划中独立完成作业,或根据小组计划分布作业,形成团体合作作业,共同解决问题。学习的空间可以是企业教学车间,或企业教学工程,或仿真实训室,学生在适宜的地方进行自主学习,独立完成课题任务。在教学过程中,嵌入被需值教育理念中的能力值内涵,不断提升学生的职业能力素养,从而提升学生的被需值。最后,问题的解决即学生成就感和能力值的提升。自主性教学法的展开,有利于学生自我活动的开展,学生形成自主生产力,习得创造性的学习态度。在教学活动中,教师激活了学生的自我活动性、能动性、创造性,在此基础上锻造了自主型教学方法,学生形成自主性人格。自主性人格是被需值教育的人格特质,也是社会需要的人格特质。

(二)教学法创新的平台

新时代教学需要依托新科技,互联网时代的教学不仅局限于实际的物理空间,也可以依托线上平台,冲破时间和空间的限制。

1. 创新的教学法嵌入翻转课堂

2012 年,中国首次引入翻转课堂的概念。翻转课堂是由美国一所高中的两位老师——乔纳森·伯格曼(Jonathan Bergmann)和亚伦·萨姆斯(Aaron Sams)创造的,他们为了帮助落下课程的学生补课,录制了微视频来帮助这些学生。与此同时,他们也提出了让同学们通过视频在家自己学习,在课堂上练习和巩固所学知识的教学方法。翻转课堂将传统课堂知识放在课堂之前,学生先观看教师事先录制好的视频,学生自主学习知识,做好知识建构,将自我内化的知识放入课堂上,教师再有组织、有计划地进行辅导。这种学习顺序刚好与传统课堂相反,既利用了网上平台的便利,又发挥了传统课堂的优势;教师既可以引导学生进行自主学习,又克服了自主网上学习的盲点。智慧教室多用于翻转课堂的教学活动,帮助学生在网上提前自学专业知识,教师在课堂上为学生答疑解惑,与学生们一起讨论问题,共同解决问题,这也是问题解决型的教学法在翻转课堂上的嵌入,有助于提升教学效率,保障教学效果。

2.创新的教学法嵌入慕课

慕课即"大规模开放的在线课程"(massive open online course,MOOC),是"互联网＋教育"的产物,是新近涌现出来的一种在线课程开发模式。MOOC是以连通主义理论和网络化学习的开放教育学为基础的。课程的范围不仅覆盖广泛的数学、统计、计算机、自然科学和工程学,也包括社会科学和人文学科。创新的教学法应用于慕课,不仅能服务于本校的学生,更多的是教学资源的共享和传播。国内常用的慕课平台有:学堂在线(xuetang)、慕课网(mooc)、酷学习(kuxuexi)等。在慕课的推动下,创新的教学法可以更好地得到效果验证,也可以收获更多参与,不断完善与改进。

3.创新的教学法嵌入微课

微课(Microlecture),是按照认知规律,运用信息技术呈现碎片化学习内容、过程及扩展素材的结构化数字资源。"微课"的核心内容是课堂教学视频(课例片段),同时还包含教学主题相关的教学设计、素材课件、教学反思、练习测试及学生反馈、教师点评等辅助性教学资源,以一定的组织关系和呈现方式共同"营造"了一个半结构化、主题式的资源单元应用"小环境"。"微课"有别于传统单一资源类型的教学课例、教学课件、教学设计、教学反思等教学资源,可以依托专业教学资源库线上平台,将创新的教学法嵌入微课,共享微课资源。在半结构化的主题环境中,学生通过微课复习课堂教学知识点,如教学中的重点、难点、疑点等内容,达到自主型学习的教学目的和学习效果。

三、教学方法创新的几点思考

教学方法创新过程中存在着一些误区,主要表现在以下几个方面。

(一)知识割裂现象

职业教育的专业知识教学体现的是专业理论性和实践性的统一,教学创新的过程也意味着教学试错的过程,中间难免产生和传统教学方法不一样的问题,需要不断解决问题使教学方法趋于完善。最显著的问题是知识的割裂现象,在教学方法创新的过程中,不断摒弃传统教学方法的某些做法正是隐患所在:太多的"预设与演练"、知识的生成性不足、知识建构不够、知识缺乏整合和系统化。传统教学方法下的知识教授系统化程度较高,而创新教学方法中很多是基于实践问题解决的知识传授,很可能造成知识与知识之间的断裂,无法形成知识系统化的建构。

(二)标准混乱现象

　　教学方法的创新来源于实践,是教学活动方式创新的结果,影响教学创新各种因素所创设的内在逻辑关系。教学方法创新是对新的教学操作模式的建构,这种模式可能在运行上不完善也不成熟,可能带来教学过程中的标准混乱问题。教学方法的创新打破传统,突出特色和新颖,但是,其运作标准并不明确,需要在教学实践过程中印证这种教学方法的合理性和可行性。因此,在教学方法创新的过程中难免出现标准混乱问题。

(三)形式主义现象

　　在追求教学方法创新的过程中,冲击力和新颖性很容易导致教学过程中的形式主义。教学方法的形式主义就是片面追求教学形式而忽视教学内容和教学成效的形而上学的做法,夸大了教学方法的外在表现,不讲求教学实际和实践需求,产生主体性假象的教学方法。随着教学方法推陈出新,在教学方法创新过程中不乏追求表面的求新立异,实际脱离教学初衷,忽视教学效果。

(四)自主学习的变味

　　在教学方法创新过程中,很多教师倡导学生的自主学习,但是在教学过程中,课堂由教师主导演变成少数优秀学生主导,部分学生变得更为被动,自主学习中的学习讨论也出现了低水平重叠现象。自主学习的本意是学生在教师的指导下,改变被动学习的局面,尊重学习,积极发挥学生的自主性,使学生主动积极参与到学习中,根据自己的学习能力和目标,做出努力,完成学习任务。但是,学生在自主学习过程中,难免会有自主学习能力差的学生,也可能出现部分学生在自主学习讨论过程中被动学习和参与度不够等问题。因此,自主型的教学方法需要更多地考虑各方面因素,制定细致严谨的教学方案,方可施行。

　　　　　　　(本文节选自学校 2019 年 4 月《被需值教育文集》,王树生"教学方法分析")

第四节　教学评价的创新

一、教学评价的基本概念

(一)教学评价的含义

　　教学评价是依据教学目标对教学过程以及结果所做的价值判断,是教学活动实现或者潜在的价值判断过程,以此为教学决策活动服务。教学评价包括对教学过程中的教师、学生、教学内容、教学方法手段、教学环境、教学管理诸因素做出的诊断,最主要的评价落实在教师教学过程的评价和学生学习效果的评价上。评价的方法包括量化评价和质性评价。

(二)教学评价的意义

教学评价创新可以调动教师教学工作的积极性,激起学生学习的内部动因,维持教学过程中师生适度的紧张状态,可以使教师和学生把注意力集中在教学任务的重要部分。对教师而言,教学工作评价,使教师明确教学中取得的成就和需要努力的方向,促使教师进一步研究教学内容、教学方法,提高自己的教学水平。对学生而言,教师的表扬、鼓励、学习成绩测验等,可以提高其学习的积极性和学习效果。科学的教学评价是教学工作决策的基础。被需值教育理念下的教学评价着眼于学生被需值的提升和动态发展,着眼于教师教学方法的改进和能力提高,以调动师生的积极性,提高教学质量,不断提升学生能力值。从理论到实践,确立科学的被需值教育评价体系十分重要。学校依据被需值教育理念,遵循教育规律,符合教育政策制度,把握教学评价体系中各指标要素的内涵、作用、结构及相互关系。

二、教学评价的创新

依据职业教育的内在规律,构建多元主体的被需值教育的教学评价体系,即考核的评价主体由单一转向多元,评价主体扩展到教师、学生、学校管理者、企业专家、用人单位以及社会相关单位等;在被需值教育理念下,教学评价必须在一个整体的教与学的框架下才能实现。因此,教学评价体系可以分为宏观层面、中观层面和微观层面(图 7-2)。

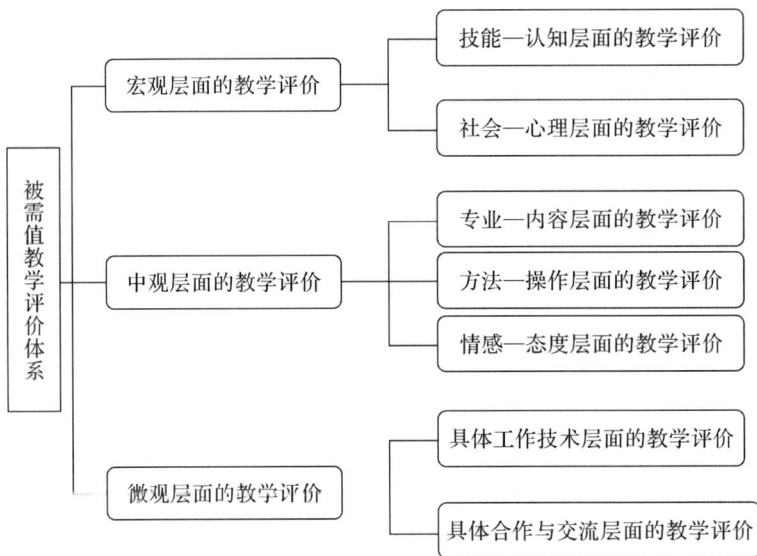

图 7-2　被需值教育教学评价体系结构图

(一)宏观层面的教学评价

宏观层面的教学评价包括客体存在技能—认知层面的教学评价,以及主观存在社会—心理层面的教学评价,包括物质和精神两个层面的宏观表现。在物质层面上,是指学生所需要掌握的技能水平、认知水平和独立自主解决问题的能力。对学生而言,这是未来职业发展至关重要的部分,是衡量被需值教育中的能力值的培养是否到位的一个重要指标。在精神层面上,是指社会—心理层面的教学评价,即教学整体效果是否推进学生社会责任与价值观念的养成,即被需值教育中的满意值,教学是否可以帮助学生变成高质量的社会人,获得社会的认可。宏观层面的教学评价体现的是被需值教育顶层设计中的评价标准。

(二)中观层面的教学评价

中观层面的教学评价,是对教学过程中的环境与对象整合程度的评价。它包括三个方面的评价:专业—内容层面的教学评价、方法—操作层面的教学评价和情感—态度层面的教学评价。被需值教育中观层面的评价是对学生在教师教学过程中所展示出来的专业、技能、情感三维度的考量。

1.专业—内容层面的教学评价

专业—内容层面的教学评价分三个方面。

(1)学生通过教师的教学获得职业技能与知识、独立思考与行动的能力以及职业认知与经验。

(2)学生在教师的教导下是否可以独立地计划、实施、评估和解决职业与生活中的问题。

(3)学生在教学互动中是否可以掌握技术系统、环境与资源方面的技术应用的系统知识、企业发展所涉及的经济系统知识。这一层面的教学评价是被需值教育能力值的中心部分,在被需值教育中,专业层面的教学评价最为考验教学实质效果。

2.方法—操作层面的教学评价

从操作性的角度来考量和评价教学,是职业教育必不可少的部分。被需值教育中的"值",从某种程度上是指学生在职业生涯中的技能维度所带来的价值。这类教学评价主要包括:评价教师在教学过程中是否引导学生获得独立掌握学习的基本方法以及复杂的任务处置方法的认知;评价教学是否让学生在从事信息化和技术自动化条件下掌握特定手工技艺工作的技能;评价教学是否让学生在职业生涯空间中学会进行团队协作交流。

3.情感—态度层面的教学评价

被需值教育在情感态度方面的作用尤为明显,它蕴含着为人、做人、成人,是真正"人"的教育,被需值教育基于教育的本真意蕴,强调"人"的教育。被需值教育的教学评价必须体现作为"人"的教育所带来这种情感和态度方面的成长与改变。情感—态度层面的评价涉及职业成熟的体验,思维和行动的条件与结果,以及机遇、事件和经验的情感反应与态度。从情感伦理自我的角度和社会自我的角度分析,情感—态度层面的教学评价包括:教学是否在一定程度上促进学生具备职业道德精神;是否促进学生具备在处理职业规范与道德相冲突的事件时应具有的系统规范自我的能力;是否在一定程度上让学生具备社会劳动就业的态度和界定自我劳动权责的系统能力。在教学过程中,教师必须促使学生以努力被需要、提升被需值为价值理念,在为人服务的过程中体验自身成长的成就感,追寻自我生存的意义,将自我内部的意义感和外部的能力需要融合在一起,达到情感和态度的被需要高度。

(三)微观层面的教学评价

微观层面的教学评价实际上是对宏观层面的技能认知类评价和中观层面的方法—操作层面的评价的具体化评价。这类评价涉及更为物化的手段,体现出以操作实践较强的具体技术和合作为绩点的教学评估。微观层面的教学评价包括:具体的工作技术层面的教学评价和具体合作与交流层面的教学评价。根据学生所选择的专业,来界定教学的评价标准。就微观层面的教学评价角度而言,学生在具体的工作技术和交流合作方面的学习成效是检验教师职业教育的具体成绩单。

三、教学评价创新的作用

在被需值教育理念引领下,发挥教学评价的诊断、引导、甄别、反馈和强化作用,使教学评价体系更好地服务于教育教学基本宗旨,以评价促建设,以评价促发展,调动和保护各方面积极性,办好职业教育,培养多样化专业人才,传承技术技能,促进就业创业,推动经济社会发展。

(一)诊断作用

被需值教育教学评价是对教育教学结果以及成因的分析过程,以此了解学校教育教学各个方面的运行情况,从而判断其成效、缺陷、矛盾和问题所在。全面被需值教育教学评价不仅评估学生多大程度上实现了教育的目标,也解释学生成长不良的各种原因,筛选出对学生影响较大的因素,加以分析和改进。被需值教育教学评价如同体格检查,是对教育教学现状严谨、科学的诊断。

(二)引导作用

按照被需值教育的方向以及学校规定的培养目标,制定专业教学大纲,规定教学目的、任务、内容,是教学评价的基本依据,通过教师的教和学生的学的具体活动实现。在评价过程中,按照教学评价体系把师生的活动分解成若干部分,并制定出评价标准。利用既定的标准判定师生的活动是否偏离了教学轨道、偏离了教育教学的宗旨和目标,是否完成了各专业教学大纲规定的目的和任务,从而保证日常的职业素养教学沿着既定的轨道发展。教学评价创新发挥教学评价的引导作用,使教学评价有利于学校端正教学思想和办学方向。

(三)甄别作用

被需值教育教学了解、评价教师教学的效果和水平、优点、缺点、矛盾和问题,对教师展开实际的考察和鉴别。教学评价成为学校和教育行政主管部门对教师聘用和晋升考量的主要因素。教师根据教学评价对学生在知识掌握和能力发展上的程度做出区分,分出等级,为升留级、选择课程、指导学生职业定向提供依据,为用人单位选拔、分配、使用人才等方面提供参考。同时,把教学评价的结果作为向家长、社会、有关部门报告和阐释学生学习状况的依据。

(四)反馈作用

被需值教育教学评价,使教师和学生了解教学过程的结果,提供反馈信息。教师获得评价的反馈信息,能够及时调节自己的教学工作;使教师了解自己在教育教学过程中的不足,诊断出学生存在的问题与困难;使教师明确教学目标的实现程度,明确教学活动中所采取的形式和方法是否有利于人才培养目标的实现,为改进教学提供必要的依据。学生获得反馈信息,能加深对自己当前学业状况的了解,确立适合自己的目标,调整自己的学习策略从而提升学习效果。

(五)强化作用

被需值教育教学评价能够调动教师工作的积极性,激发学生学习的内部动因,维持教学过程中师生适度的紧张状态,使教师和学生把注意力集中在教学任务的关键环节。适时、客观地对教师教学工作做出评价,可使教师明确教学中取得的成就和努力的方向,促进教师改进教学内容、教学方法,以提高自己的教学水平。教学评价对教师的工作动机具有激发作用,科学的教学评价给教师以心理上的满足和精神上的鼓舞,强化他们为更高的教育目标而努力。同时,在教学评价中教师出现的不足,可以督促教师深思,起到良好的推动和改进作用。

(本文节选自学校 2019 年 3 月《被需值教育文集》,王树生"教学评价的创新")

同步思考

1. 解释概念:教学对象、教学情境、教学方法、教学评价。
2. 简述教学情境的构成要素以及被需值教学情境创新的作用。
3. 简述教学方法的创新做法。
4. 论述教学评价创新的举措及其作用。

同步链接

教育部关于深化职业教育教学改革全面提高人才培养质量的若干意见

教职成〔2015〕6 号

各省、自治区、直辖市教育厅(教委),各计划单列市教育局,新疆生产建设兵团教育局,各行业职业教育教学指导委员会:

为贯彻落实全国职业教育工作会议精神和《国务院关于加快发展现代职业教育的决定》(国发〔2014〕19 号)要求,深化职业教育教学改革,全面提高人才培养质量,现提出如下意见。

一、总体要求

(一)指导思想。

全面贯彻党的教育方针,按照党中央、国务院决策部署,以立德树人为根本,以服务发展为宗旨,以促进就业为导向,坚持走内涵式发展道路,适应经济发展新常态和技术技能人才成长成才需要,完善产教融合、协同育人机制,创新人才培养模式,构建教学标准体系,健全教学质量管理和保障制度,以增强学生就业创业能力为核心,加强思想道德、人文素养教育和技术技能培养,全面提高人才培养质量。

(二)基本原则。

坚持立德树人、全面发展。遵循职业教育规律和学生身心发展规律,把培育和践行社会主义核心价值观融入教育教学全过程,关注学生职业生涯和可持续发展需要,促进学生德智体美全面发展。

坚持系统培养、多样成才。以专业课程衔接为核心,以人才培养模式创新为关键,推进中等和高等职业教育紧密衔接,拓宽技术技能人才成长通道,为学生多样化选择、多路径成才搭建"立交桥"。

坚持产教融合、校企合作。推动教育教学改革与产业转型升级衔接配套,加强行业指导、评价和服务,发挥企业重要办学主体作用,推进行业企业参与人才培养全过程,实现校企协同育人。

坚持工学结合、知行合一。注重教育与生产劳动、社会实践相结合,突出做中学、做中教,强化教育教学实践性和职业性,促进学以致用、用以促学、学用相长。

坚持国际合作、开放创新。在教学标准开发、课程建设、师资培训、学生培养等方面加强国际交流与合作,推动教育教学改革创新,积极参与国际规则制订,提升我国技术技能人才培养的国际竞争力。

二、落实立德树人根本任务

(三)坚持把德育放在首位。深入贯彻落实中共中央办公厅、国务院办公厅《关于进一步加强和改进新形势下高校宣传思想工作的意见》和教育部《中等职业学校德育大纲(2014 年修订)》,深入开展中国特色社会主义和中国梦宣传教育,大力加强社会主义核心价值观教育,帮助学生树立正确的世界观、人生观和价值观。建设学生真心喜爱、终身受益的德育和思想政治理论课程。加强法治教育,增强学生法治观念,树立法治意识。统筹推进活动育人、实践育人、文化育人,广泛开展"文明风采"竞赛、"劳模进职校"等丰富多彩的校园文化和主题教育活动,把德育与智育、体育、美育有机结合起来,努力构建全员、全过程、全方位育人格局。

(四)加强文化基础教育。发挥人文学科的独特育人优势,加强公共基础课与专业课间的相互融通和配合,注重学生文化素质、科学素养、综合职业能力和可持续发展能力培养,为学生实现更高质量就业和职业生涯更好发展奠定基础。中等职业学校要按照教育部印发的教学大纲(课程标准)规定,开齐、开足、开好德育、语文、数学、英语、历史、体育与健康、艺术、计算机应用基础等课程。高等职业学校要按照教育部相关教学文件要求,规范公共基础课课程设置与教学实施,面向全体学生开设创新创业教育专门课程群。

(五)加强中华优秀传统文化教育。要把中华优秀传统文化教育系统融入课程和教材体系,在相关课程中增加中华优秀传统文化内容比重。各地、各职业院校要充分挖掘和利用本地中华优秀传统文化教育资源，开设专题的地方课程和校本课程。有条件的职业院校要开设经典诵读、中华礼仪、传统技艺等中华优秀传统文化必修课，并拓宽选修课覆盖面。

（六）把提高学生职业技能和培养职业精神高度融合。积极探索有效的方式和途径，形成常态化、长效化的职业精神培育机制，重视崇尚劳动、敬业守信、创新务实等精神的培养。充分利用实习实训等环节，增强学生安全意识、纪律意识，培养良好的职业道德。深入挖掘劳动模范和先进工作者、先进人物的典型事迹，教育引导学生牢固树立立足岗位、增强本领、服务群众、奉献社会的职业理想，增强对职业理念、职业责任和职业使命的认识与理解。

三、改善专业结构和布局

（七）引导职业院校科学合理设置专业。职业院校要结合自身优势，科学准确定位，紧贴市场、紧贴产业、紧贴职业设置专业，参照《产业结构调整指导目录》，重点设置区域经济社会发展急需的鼓励类产业相关专业，减少或取消设置限制类、淘汰类产业相关专业。要注重传统产业相关专业改革和建设，服务传统产业向高端化、低碳化、智能化发展。要围绕"互联网＋"行动、《中国制造2025》等要求，适应新技术、新模式、新业态发展实际，既要积极发展新兴产业相关专业，又要避免盲目建设、重复建设。

（八）优化服务产业发展的专业布局。要建立专业设置动态调整机制，及时发布专业设置预警信息。各地要统筹管理本地区专业设置，围绕区域产业转型升级，加强宏观调控，努力形成与区域产业分布形态相适应的专业布局。要紧密对接"一带一路"、京津冀协同发展、长江经济带等国家战略，围绕各类经济带、产业带和产业集群，建设适应需求、特色鲜明、效益显著的专业群。要建立区域间协同发展机制，形成东、中、西部专业发展良性互动格局。支持少数民族地区发展民族特色专业。

（九）推动国家产业发展急需的示范专业建设。各地、各职业院校要围绕现代农业、先进制造业、现代服务业和战略性新兴产业发展需要，积极推进现代农业技术、装备制造、清洁能源、轨道交通、现代物流、电子商务、旅游、健康养老服务、文化创意产业等相关专业建设。要深化相关专业课程改革，突出专业特色，创新人才培养模式，强化师资队伍和实训基地建设，重点打造一批能够发挥引领辐射作用的国家级、省级示范专业点，带动专业建设水平整体提升。

四、提升系统化培养水平

（十）积极稳妥推进中高职人才培养衔接。要在坚持中高职各自办学定位的基础上，形成适应发展需求、产教深度融合，中高职优势互补、衔接贯通的培养体系。要适应行业产业特征和人才需求，研究行业企业技术等级、产业价值链特点和技术技能人才培养规律，科学确定适合衔接培养的专业，重点设置培养要求年龄小、培养周期长、复合性教学内容多的专业。要研究确定开展衔接培养的学校资质和学生入学要求，当前开展衔接培养的学校以国家级、省级示范（骨干、重点）院校为主。

（十一）完善专业课程衔接体系。统筹安排开展中高职衔接专业的公共基础课、专业课和顶岗实习，研究制订中高职衔接专业教学标准。注重中高职在培养规格、课程设置、工学比例、教学内容、教学方式方法、教学资源配置上的衔接。合理确定各阶段课程内容的难度、深度、广度和能力要求,推进课程的综合化、模块化和项目化。鼓励开发中高职衔接教材和教学资源。

(十二)拓宽技术技能人才终身学习通道。建立学分积累与转换制度,推进学习成果互认,促进工作实践、在职培训和学历教育互通互转。支持职业院校毕业生在职接受继续教育,根据职业发展需要,自主选择课程,自主安排学习进度。职业院校要根据学生以往学习情况、职业资格等级以及工作经历和业绩,完善人才培养方案,实施"学分制、菜单式、模块化、开放型"教学。

五、推进产教深度融合

(十三)深化校企协同育人。创新校企合作育人的途径与方式,充分发挥企业的重要主体作用。推动校企共建校内外生产性实训基地、技术服务和产品开发中心、技能大师工作室、创业教育实践平台等,切实增强职业院校技术技能积累能力和学生就业创业能力。发挥集团化办学优势,以产业或专业(群)为纽带,推动专业人才培养与岗位需求衔接,人才培养链和产业链相融合。积极推动校企联合招生、联合培养、一体化育人的现代学徒制试点。注重培养与中国企业和产品"走出去"相配套的技术技能人才。

(十四)强化行业对教育教学的指导。各级教育行政部门要完善职业教育行业指导体系,创新机制,提升行业指导能力,通过授权委托、购买服务等方式,把适宜行业组织承担的职责交给行业组织,完善购买服务的标准和制度。教育部联合行业部门、行业协会定期发布行业人才需求预测、制订行业人才评价标准。各职业院校要积极吸收行业专家进入学术委员会和专业建设指导机构,在专业设置评议、人才培养方案制订、专业建设、教师队伍建设、质量评价等方面主动接受行业指导。

(十五)推进专业教学紧贴技术进步和生产实际。对接最新职业标准、行业标准和岗位规范,紧贴岗位实际工作过程,调整课程结构,更新课程内容,深化多种模式的课程改革。职业院校要加强与职业技能鉴定机构、行业企业的合作,积极推行"双证书"制度,把职业岗位所需要的知识、技能和职业素养融入相关专业教学中,将相关课程考试考核与职业技能鉴定合并进行。要普及推广项目教学、案例教学、情景教学、工作过程导向教学,广泛运用启发式、探究式、讨论式、参与式教学,充分激发学生的学习兴趣和积极性。

(十六)有效开展实践性教学。公共基础课和专业课都要加强实践性教学,实践性教学课时原则上要占总课时数一半以上。要积极推行认识实习、跟岗实习、顶岗实习等多种实习形式,强化以育人为目标的实习实训考核评价。顶岗实习累计时间原则上以半年为主,可根据实际需要,集中或分阶段安排实习时间。要切实规范并加强实习教学、管理和服务,保证学生实习岗位与其所学专业面向的岗位群基本一致。推进学生实习责任保险制度建设。要加大对学生创新创业实践活动的支持和保障力度。

六、强化教学规范管理

(十七)完善教学标准体系。教育部根据经济社会发展实际,定期修订发布中、高职专业目录,组织制订公共基础必修课和部分选修课的课程标准、专业教学标准、顶岗实习标准、专业仪器设备装备规范等。省级教育行政部门要根据国家发布的相关标准,组织开发具有地方特色的专业教学指导方案和课程标准,积极开发与国际先进标准对接的专业教学标准和课程标准。鼓励职业院校结合办学定位、服务面向和创新创业教育目标要求,借鉴、引入企业岗位规范,制订人才培养方案。

(十八)加强教学常规管理。各地、各职业院校要严格执行国家制定的教学文件,适应生源、学制和培养模式的新特点,完善教学管理机制。要加强教学组织建设,健全教学管理机构,建立行业企业深度参与的教学指导机构。职业院校的院校长是教学工作的第一责任人,要定期主持召开教学工作会议,及时研究解决学校教学工作中的重大问题。要坚持和完善巡课和听课制度,严格教学纪律和课堂纪律管理。要加强教学管理信息化建设和管理人员的培训,不断提高管理和服务水平。

(十九)提高教学质量管理水平。各地、各职业院校要加强教育教学质量管理,把学生的职业道德、职业素养、技术技能水平、就业质量和创业能力作为衡量学校教学质量的重要指标。要适应技术技能人才多样化成长需要,针对不同地区、学校实际,创新方式方法,积极推行技能抽查、学业水平测试、综合素质评价和毕业生质量跟踪调查等。要按照教育部关于建立职业院校教学工作诊断与改进制度的有关要求,全面开展教学诊断与改进工作,切实发挥学校的教育质量保证主体作用,不断完善内部质量保证制度体系和运行机制。

(二十)健全教材建设管理制度。加快完善教材开发、遴选、更新和评价机制,加强教材编写、审定和出版队伍建设。各地要切实加强对本地区教材建设的指导和管理,健全区域特色教材开发和选用制度,鼓励开发适用性强的校本教材。要把教材选用纳入重点专业建设、教学质量管理等指标体系。各地要完整转发教育部公布的《职业教育国家规划教材书目》,不得删减或增加。各职业院校应严格在《书目》中选用公共基础必修课教材,优先在《书目》中选用专业课教材。

七、完善教学保障机制

(二十一)加强教师培养培训。建立健全高校与地方政府、行业企业、中职学校协同培养教师的新机制,建设一批职教师资培养培训基地和教师企业实践基地,积极探索高层次"双师型"教师培养模式。加强教师专业技能、实践教学、信息技术应用和教学研究能力提升培训,提高具备"双师"素质的专业课教师比例。落实五年一周期的教师全员培训制度,实行新任教师先实践、后上岗和教师定期实践制度,培养造就一批"教练型"教学名师和专业带头人。继续实施职业院校教师队伍素质提升计划,加强专业骨干教师培训,重视公共基础课、实习实训、职业指导教师和兼职教师培训。各地要制订职教师资培养规划,根据实际需要实施职业院校师资培养培训项目。

(二十二)提升信息化教学能力。要加强区域联合、优势互补、资源共享,构建全国职业教育教学资源信息化网络。各地、各职业院校要组织开发一批优质的专业教学资源库、网络课程、模拟仿真实训软件和生产实际教学案例等。广泛开展教师信息化教学能力提升培训,不断提高教师的信息素养。组织和支持教师和教研人员开展对教育教学信息化的研究。继续办好信息化教学大赛,推进信息技术在教学中的广泛应用。要积极推动信息技术环境中教师角色、教育理念、教学观念、教学内容、教学方法以及教学评价等方面的变革。

(二十三)提高实习实训装备水平。建立与行业企业技术要求、工艺流程、管理规范、设备水平同步的实习实训装备标准体系。要贯彻落实好教育部发布的专业仪器设备装备规范,制订本地区、本院校的实施方案,到2020年实现基本达标。各地要推进本地区学校实训装备的合理配置和衔接共享,分专业(群)建设公共实训中心,推进资源共建共享。要按照技能掌握等级序列和复杂程度要求,在中高职院校差别化配置不同技术标准的仪器设备。

(二十四)加强教科研及服务体系建设。省、市两级要尽快建立健全职业教育教科研机构,国家示范(骨干)职业院校要建立专门的教研机构,强化教科研对教学改革的指导与服务功能。要针对教育教学改革与人才培养的热点、难点问题,设立一批专项课题,鼓励支持职业院校与行业、企业合作开展教学研究。要积极组织地方教科研人员开展学术交流和专业培训,组织开展教师教学竞赛及研讨活动。完善职业教育教学成果奖推广应用机制。

八、加强组织领导

(二十五)健全工作机制。各级教育行政部门、各职业院校要高度重视,切实加强组织领导,建立以提高质量为导向的管理制度和工作机制,把教育资源配置和学校工作重点集中到教学工作和人才培养上来。各行业职业教育教学指导委员会要加强对教学工作的指导、评价和服务,选择有特点有代表性的学校或专业点,建立联系点机制,跟踪专业教学改革情况。

(二十六)加强督查落实。各省级教育行政部门要根据本意见要求,结合本地实际情况,抓紧制订具体实施方案,细化政策措施,确保各项任务落到实处。要对落实本意见和本地实施方案情况进行监督检查和跟踪分析,对典型做法和有效经验,要及时总结,积极推广。

教育部
2015 年 7 月 27 日

第八章 社会服务:被需值教育的支点

内容提要

"职教 20 条"明确职业教育两大基本职能是服务发展和服务就业。被需值教育主动适应地方经济社会发展和产业结构升级,产教深度融合,需求导向,注重实效,求真务实,实现企业学院校企一体化育人,坚持服务区域产业转型升级创新发展、服务师生成长成才创新创业。通过企业服务工程、社区服务工程、创新创业工程、就业工程、乡村振兴工程等,精准服务经济社会发展,有效服务学生成长成才成业。同时,主动服务"一带一路"倡议,通过"鲁班工坊"平台,开展留学生学历教育、华人企业员工培训、华侨华资企业咨询、华侨归国探亲服务、华裔青少年寻根之旅等,对接国际标准,服务中求合作,合作中求发展。

第一节 服务经济社会发展是职业教育的基本职能

2015 年,教育部在《国务院关于加快发展现代职业教育的决定》中要求:推进产教深度融合,发挥集团化办学优势,推动专业人才培养与岗位需求衔接、人才培养链和产业链相融合。2017 年,国务院《关于深化产教融合的若干意见》要求:深化产教融合,促进教育链、人才链与产业链、创新链有机衔接……深化职业教育改革,发挥企业重要主体作用,促进人才培养供给侧和产业需求侧结构要素全方位融合,培养大批高素质创新人才和技术技能人才……2019 年,"职教 20 条"明确:职业教育与普通教育属于并列类型的教育,提出构建国家职业教育标准,保证职业教育质量,进一步推进产教融合、校企合作,启动 1+X 证书制度,明确职业教育模式向社会企业参与、专业特色鲜明的类型教育转变,从学历教育为主向社会培训并重转变,明确职业教育以社会需求为导向,履行社会服务职能。

被需值教育坚持服务区域产业转型升级创新发展、服务师生成长成才创新创业,遵循行业企业岗位需求和学生身心发展要求,产教深度融合,切实发挥企业育人主体作用。校企建立命运共同体,整合教育资源,求真务实,建立企业学院校企一体化育人体系,通过乡村振兴工程、企业服务工程、创新创业工程、就业工程等,在有效服务社会的实践中实现精准育人,在实践育人中不断提高服务社会的能力和水平。

一、企业服务工程

职业教育的本质特征是企业是否真正参与了办学,学校办学是否真正服务了企业。现代学徒制、"二元制"人才培养模式就是发挥企业办学主体作用,以需求为导向,适应行业产业和企业岗位需求,实现教学内容与生产技术对接、实训设备与生产设备对接、校企双师型师资对接。被需值教育依托产业设专业,依托企业开课程,校企建立命运共同体,建立企业学院,实现校企一体化育人模式,共同招生招工、共同制订人才培养方案、共同选定教学内容、共同实施教育教学、共同组建师资队伍、共同使用实训生产设备、共同建设育人文化、共同指导安排就业创业、共同管理评价等,并根据地方产业和企业需要,育训结合。在学历教育的同时,开展企业员工培训、技术公关、信息技术咨询服务等,立足企业、服务企业,并依托企业办学发展。

二、社区服务工程

依托"社区教育示范基地""老年大学""老人会",中小学、幼儿园以及居委会等社会组织,发挥学校科技、文化教育资源和学生群团活动优势;开展社区各类人员的成人教育、继续教育、职业技能培训;开展社区文化、养老卫生、义务支教以及志愿者服务等活动;开放校内实训基地、图书馆、网络课程、运动场馆等教育教学资源,与社区群众共享,积极为社区做贡献,同时在服务社区中提升学生的政治思想素质和服务社会能力。

三、创业就业工程

依托学校职业技能鉴定站、成人教育学院、线上教学课程以及学校实训基地、图书馆、网络课程、运动场馆等教育教学资源;举办成人教育、技术培训、技能鉴定;举行各种文化体育活动等,开展社区教育、社区培训、社区技能鉴定、社区文化活动,举办"创办你的企业"(Start Your Business,SYB)培训等,提高社区成员科技文化素质,实施创业就业工程,服务社区人员创业就业。

四、科学文明工程

开展科学文明工程,深入社区乡村,弘扬科学精神,提倡移风易俗,婚事新办,丧事简办,祭扫雅办,节俭操办;组织教师移风易俗讲座,师生编排表演舞台剧;组织文化、卫生、科学"三下乡"宣传活动等,营造良好的社会风气。学生团委、社团定期为敬老院清洁卫生、文艺表演献爱心;为老人会、困难家庭捐款,表示慰问;与幼儿园小学文化互动;参与社区大型活动志愿服务等,将精神文明成果有效融入社区建设,融入百姓生活。

第二节　培训是职业教育服务发展的基本手段

一、需求导向,注重实效是被需值教育培训工作基本原则

2019 年 10 月,教育部办公厅等 14 部门联合印发的《职业院校全面开展职业培训促进就业创业行动计划》(以下简称《行动计划》)提出,要大力开展失业人员再就业培训:支持职业院校对接当地人力资源社会保障部门及工青妇等群团组织,面向长期失业青年、农村留守妇女、大龄失业人员等,开发周期短、需求大、易就业的培训项目。职业院校要大力开展家政、养老、护工、育婴、电商、快递、手工等领域初级技能培训,使失业人员掌握一技之长。开展培训、服务就业创业是职业教育服务经济社会发展的基本手段。

人类进入知识信息文明时代,进入服务经济和终身学习型社会,生产生活方式日新月异:随着二胎政策出台,幼儿剧增,育婴师、幼儿园教师需求迫切;进入老龄化社会,陪伴护理、养老服务人员需求迫切;产业升级,新技术、新工艺、新材料日新月异,劳动者对新生产技术技能学习需求迫切;大数据、智能家居、O2O 等新的生活方式快速变化,人们对新生活技术技能学习需求迫切;残疾人、老龄人、下岗人员、闲家妇女等困难就业群体对工作技能学习需求迫切;因社会进步快、竞争压力大等,工作者对身心健康、健美、运动休闲等文化体育爱好的学习需求迫切;特别是进入 5G 和个性化定制服务时代后,人们对衣食住行、休闲娱乐的个性化服务知识学习需求迫切……被需值教育遵循需求导向,注重实效,开展精准培训,服务终身学习。

二、用教育事业情怀和责任做好社会培训工作

为提高培训效果,必须主动进家庭、访企业,入社区、上政府,多方听取意见,摸准底细,把准需求,整合政府行业资源,调动企业和学员积极性,组织好学校和企业的师资、设备等教育教学资源,多方联动,分工协作,组织培训。为保证培训效果,必须建设涵盖多元需求的专业人才培养方案、教学标准、教材、课程 PPT、实习实训项目、习题试题,以及教学环境、教学模式设计等教学资源库或课程培训包;必须建立涵盖学校骨干教师、企业高级管理人才、技术能手、行业技能大师等的师资数据库;必须建立涵盖学生自然情况、专业技术特长、工作生活状态,及时更新信息、跟踪服务、动态管理的学员数据库。学习是终身的,培训是长久的,必须以教育事业的情怀和责任做好培训工作。

三、精准定位培训目标,确定培训方向,开发课程包

培训要遵循地方产业需求,切准支柱产业、高新科技产业、传统实体经济产业、现代服务

业;依托学校优势教育教学资源,整合教育教学师资团队;精准定位培训目标,确定培训方向;开发课程包,依托各级职业技能鉴定部门,既要学到技术本领,又要得到专业技术等级或资格证书;既有实又有名,调动和保护学员学习积极性。首先要围绕本校有能力、有资质进行职业技能鉴定的工种,结合培训对象特点,确定培训方向,开发制定培训课程包;其次要把准地方经济社会人才需求脉搏,结合各级政府产业调整、拆迁、新发展布局等工作动态,开展培训项目,开发培训课程包。

四、"线上+线下""培训+考证",创新培训模式

针对培训对象特点和技术培训需求,组织由学校骨干教师、企业人力资源管理者、技术代表、行业专家、学员代表、政府相关部门领导共同组成的培训项目论证会,制订培训方案,确定课程,教师,上课时间、地点、方式等;力求做到贴近企业岗位和学员学习需求,力求做到周期短、教学灵活、成效突出。采用"线上+线下""培训+考证"相结合方式,学员既可以面对面交流,直观感受学习,还可以通过线上学习、"学习通"等随时随地听课、反复听课;针对个别学习时间、学习能力、行动能力等条件有限的学员,可以送教上门;组建学员群、师生群,学员有问题随时提问,教师在线答疑;班级设置班主任,有问题找班主任,亦师亦友,拉近距离;针对残疾人,专门制订培训计划的培训人数、培训质量、培训效果,以及增加培训专业,建立覆盖残疾人对象广泛、培训形式多样、管理运作规范、保障措施健全的培训工作新机制。所有培训项目都要注重学习效果,既能让培训学员掌握一技之长,又能提高学员培训后的就业率。全方位精准服务,不断提高培训效率。

第三节　乡村振兴工程是职业教育服务发展的重要任务

一、乡村振兴工程实施背景

2017 年 10 月 18 日,习近平在党的"十九大"报告中提出"乡村振兴战略",农业、农村、农民问题是关系国计民生的根本性问题,必须始终把解决好"三农"问题作为全党工作的重中之重。2018 年 2 月 4 日,国务院公布了 2018 年中央一号文件,即《中共中央国务院关于实施乡村振兴战略的意见》。2018 年 3 月 5 日,国务院总理李克强在《政府工作报告》中提出,大力实施乡村振兴战略。《国家中长期教育改革和发展规划纲要(2010—2020 年)》指出:把加强职业教育作为服务社会主义新农村建设的重要内容;加强基础教育、职业教育和成人教育统筹,促进农科教结合。职业教育必须主动融入新时代经济社会发展大局,抢抓机遇,加强内涵建设,创新人才培养模式,为经济社会发展提供人才、科技、文化支撑,并在服务中促进自身发展。

二、乡村振兴工程建设目标

职业教育的根本任务是立德树人,社会主义新农村建设必须依靠爱国、爱党、爱社会主义、爱农村、愿意扎根农村、建设农村的技术技能人才。被需值教育是提升学生被需要的素质及其价值的教育,是需求导向,精准育人。乡村振兴工程就是主动对接新农村建设要求,精准发力乡村振兴,实现"人才振兴、文化振兴、生态振兴、产业振兴",通过高起点谋划,加强公共信息平台构筑,着力将学生创新创业教育与乡村振兴工程有机结合,汇聚校企政三方创新创业资源,打造"农业农村创新创业空间",服务农村创新发展;借助学校教育资源,开设专题培训课程,培养新型职业农民,带动新型职业农民创新创业;依托电子商务专业优势与农业产业有机结合,发展跨境电商,服务农产品贸易,实现电商兴农;倡导文明生活方式,开展积极向上的科普活动、帮扶活动、志愿者活动、文体活动,打造文化公园等,提升农村文化生活品位,促进美丽乡村文化建设;乡村振兴工程最大的价值在于让学生深入农村、了解农村,在服务农村中受教育,向父老乡亲学、向农村社会学、向农业产业学,达到实践育人的效果。

(一)实现"人才振兴"

通过开展"二元制"学历教育、举行各种技术技能培训、建立农村创新创业辅导站平台、举办"互联网+"大学生与当地农民创新创业大赛、科普实践等活动,依托农民专业合作小组、专业技术协会、田间课堂、网络教室等简单有效方式,培训专业技能,传导互联网思维,送教下乡,培养新一代爱农业、懂技术、善经营的新型职业农民;同时引导师生走进农村、农户、农民,深入田间地头、企业车间岗位,积极投身乡村建设,建立城乡、区域、校地之间人才培养合作与交流机制,以乡情、乡愁为纽带,通过政策倾斜和资金鼓励等策略,引导师生回乡投资兴业,支持教职人员回乡任教、大学生回乡当村官等项目。

开展新型职业农民的创新创业培训,创立新型职业农民实习实训基地和创业孵化基地,鼓励学校相关专业师生与农户、农民对接,成立农民专业合作小组,实施校地创新创业人才培养协作工程,做到"三智、双平台、一下乡"。"三智"指智孵农创理念:一是智力扶持,通过创新创业技能培训,提升新型农民创新创业意识和能力;二是智能设备推广,引入推广现代化智慧农业设备,提升农业创业生产力;三是智能分析,通过大数据智能分析农业数据,最大限度地提高农业创业资源利用率。"双平台"指线上创业平台和线下创业空间;线下创业空间,为创业者提供办公场所和设备,并为入驻创业者提供低成本的第三方服务,包括融资、工商登记、财务管理、法律咨询等;线上平台,整合线下资源,设置五大线上版块,即农业电商模块、农业设备推广、农业创新创业培训、农业生产配套服务、农业信息发布。"一下乡"指与地方图书馆联合组织"送知识下乡"活动,满足更多百姓的阅读需求。借助移动图书馆,建立以车站、大型商场、乡镇办事处为核心的覆盖网,满足乡镇人口集中区的阅读需求。

(二)实现"文化振兴"

利用学校专业优势、文化优势和师生群体优势,配合县乡(街道)社区(村屯)政府,传承和宣扬优秀文化,帮助当地村庄整理文化故事,开展文化宣传,坚定文化自信,推动"文化振兴"。

1.促进乡村文化人才聚集

根据农村文化人才相对短缺的现象,采取多种措施、多种渠道吸引和培养一批优秀的乡村本土文化人才,推动乡村文化人才培养工程,打造民间文化队伍,寻找民间艺术团体及文化能人、民间艺人、非物质文化传承人;定期组织文化交流、科普培训、善行义举、民间往来等活动,创新文化服务方式,传承优秀文化,提高政治素养,调动文化人才、乡贤良才参与社区建设的主动性与创造性,提高先进文化活动的吸引力、感召力,促进乡村文化人才的成长和集聚。

2.传承弘扬乡村优秀文化

乡村文化是民族优秀传统文化的根源与灵魂。根据区域传统风俗习惯,积极推进统筹村史、镇史、红色文化历史以及当地特色文化等相关历史资源,保护和传承具有地方特色的优秀传统文化,重塑乡村记忆。遵循传承与利用相结合的原则,系统科学地推进乡村文化建设的综合性和整体性,保护乡村历史文化特色。坚持乡村人才汇聚与乡村传统文化并重,将培养乡村文化人才和弘扬优秀的传统乡村文化相结合,挖掘乡村文化传统,打造乡村文化特色,激发群众的历史自豪感。

3.继承与发展

建设社会主义新农村文化,弘扬中华民族传统文化必须立足乡村文明,既要传承乡村传统文化、提升乡村文化生态,又要吸取城市文明及外来文化的优秀成果,还要对接革命老区、贫困山区、少数民族地区,唤醒红色记忆,传承红色精神,创造性转化,创新性发展,积极发展社会主义新农村文化。

(三)实现"生态振兴"

村容村貌的改善和基础设施提升是"生态振兴"的重头戏,也是提升村民幸福生活条件的关键。在改造村容村貌的过程中,切实加强农业和农村基础设施建设,推进社会主义新农村建设,既要着眼于改善村容村貌,又要从当地实际出发,尊重农民的意愿。

1.注重人文环境建设

帮扶乡村改造,应结合当地的历史人文环境及村民的生活方式,使整个乡村规划有机地融入所在地区城市的大环境中。力求在旧村落改造中保护原来的风貌,保留原有的城墙、街巷、树木及传统的建筑形式。延续旧村落的历史文脉,既体现出一种文化传统的积淀,又具备现代化的生活环境,满足人们对乡村人文氛围和社区功能的要求。

2.注重生态环境的保护

改造工作应充分考虑地形、地貌和地物的特点,尽可能在不破坏建设基地原有的地域特色、山坡、树木、绿地等地理条件的前提下,对环境加以利用,创造出与自然环境和谐一致、相互依存、富有地域特色的居住环境。

3.注重服务系统的完善

社会服务环境既是解决村民日常生活活动的基本保证,也是村民稳定的物质基础;公园设施设置要考虑村民的生活要求和行动轨迹,车辆停放遵循集中与分散的布置方式,并因地制宜,采取多种途径规划建设文化公园。

(四)实现"产业振兴"

以项目为载体,实施乡村"产业振兴",加快质量兴农、科技兴农、创业富农,建设都市现代农业领航区和农村创新创业集聚区。根据具体的农村区域经济特色,商讨经济发展模式和目标,具体应坚持两大原则:

1.特色发展原则

要有所为,有所不为。发挥优势,突出特色,重点发展创新创业项目,提升新型农民的创新创业意识;积极推广智能产业设备、环保产业技术产品,解决新型农民和创业者的技术与推广问题。

2.创新发展原则

要坚持"产学研"融合。立足原始创新、自主创新和集成创新,加强对创业者电商技术技能的指导与电商市场的开拓,突破传统产业发展所需的核心技术的瓶颈。

(本文节选自 2019 年 8 月《教育评论》,王树生"被需值教育下高职院校社会服务职能探索与实践")

第四节 "鲁班工坊"是职业教育国际化发展平台

一、建设"鲁班工坊",走职业教育国际化发展之路,服务"一带一路"倡议

教育部响应习近平"一带一路"倡议,出台《推进共建"一带一路"教育行动》,要求职业教育为"一带一路"沿线国家培养技术技能人才;鼓励中国优质职业教育走出去,探索开展多种形式的境外合作办学,合作设立职业院校、培训中心;合作开发教学资源和项目,开展多层次职业教育和培训,并推出"鲁班工坊"项目。

鲁班是中国春秋战国时期杰出工匠的代表人物,是中华民族勤劳智慧科技创新人物的代表,是中华民族大国工匠精神的代表。"鲁班工坊"服务"一带一路"倡议,依托政府与区域行业企业办学优势,聚焦中资、侨资企业。遵循"平等合作,优质优先,强能重技,产教融合,因地制宜"的原则,校企联合开展外国留学生学历教育、华人企业员工培训、华侨华资企业咨询、华侨归国探亲服务、华裔青少年寻根之旅活动等。"鲁班工坊"让中国职业教育"走出

去",是中国行业标准、技术标准,职业教育教学模式、教学标准等与世界分享合作的平台。"鲁班工坊"使中国职业教育对接国际标准,国际化发展,在服务中求合作,合作中求发展,加强中国的职业教育国际话语权。增强职业教育的自信,传递中国职业文化、职业教育理念,推进职业院校的内涵建设,也为国际产能合作服务,为推动构建人类职业教育命运共同体服务。

二、适应多国多元学生特点,创新教育教学方式,扎实提高国际留学生培养质量

2016年,教育部在《推进共建"一带一路"教育行动》中明确要求:"开展更大范围、更深层次、更高水平的'一带一路'教育民间合作交流,吸纳更多民间智慧、民间力量、民间方案、民间行动。大力培育和发展我国非营利组织,通过购买服务、市场调配等举措,大力支持社会机构和专业组织投身教育对外开放事业,活跃民间教育国际合作交流。"依托海外商会社团平台,以学校特色发展为目标,以规范留学生教育教学管理为基础,创新做好职业教育的国际化发展工作。

留学生工作主要分为招生、学生管理、教学管理和行政管理,确定一个分工合作、纵向指导、横向协同、齐抓共管、层层落实的管理机制至关重要。在严格执行"42号令和50号"文件的基础上,修订和完善了《关于招收和培养外国留学生的暂行规定》等一系列规章制度。在学生管理上,实施严格要求与热情服务相结合的办法,带领学生了解我国的法律法规和学校的规章制度,跟踪学生学习进度、知识掌握情况和心理状况,给予多方位关爱和照顾,尤其注意抓好安全教育工作,不断宣讲安全的重要性,建立留学生紧急联系人档案,节假日来临之际,提前一周向留学生发放假期安全教育说明书,并登记学生假期去向,做好假期安全教育。

培养质量是来华留学教育的生命线。根据教育部要求的"趋同化"管理原则,留学生与国内学生同堂授课、同质培养、同卷考试、同一标准。但趋同并不意味着等同,根据留学生现有的知识背景,在理论学习的基础上,调整优化课程安排及课程内容,增加汉语基础、中国文化、国情教育类等系列通识课程。学校鼓励留学生参加国际大学生体育联合会足球世界杯、世界沙滩排球赛等多项体育赛事的志愿者活动,提高留学生的学习主动性和融入社会的能力;增加与专业课程相关的交叉、边缘及新兴学科的选修课程,拓宽留学生知识面,优化其知识结构;在教学过程中以生为本,学校充分重视学生的主体地位,尊重个性化发展,科学培养适应多国多元发展需求的全能人才。

三、弘扬中华民族优秀文化,筑牢职业教育国际化发展之魂

深厚的传统文化和浓厚家国情怀是"鲁班工坊"项目的根本。依托海外华文教育基地,举办好马来西亚、印度尼西亚、菲律宾、欧美等国家和地区的华裔青少年寻根之旅和港澳台

地区冬(夏)令营等活动,不仅能让学生(学员)学习知识和技术,还能促进中外友好往来,特别是进行中华民族源远流长的文化交流学习,能够传递"包容、开放、共享"和"血缘、地缘、文缘、商缘、法缘"理念;建设国家、地区、校校、校企职业教育命运共同体,互通有无,优势互补,包容开放,互惠互利,共同发展。

　　(本文节选自 2019 年 4 月《泉州晚报》专访,王树生"建设'鲁班工坊',服务'一带一路',走国际化发展道路")

同步思考

1. 解释概念:乡村振兴工程、鲁班工坊。
2. 简述培训是职业教育服务发展的基本手段。
3. 简述乡村振兴工程。

同步链接1

职业院校全面开展职业培训促进就业创业行动计划

　　实施学历教育与培训并举是职业院校(含技工院校,下同)的法定职责。职业院校面向全体劳动者广泛开展职业培训,既有利于支持和促进就业创业,也有利于学校提升人才培养质量和办学能力,是深化职业教育改革发展的重要内容。当前,职业院校开展学历教育和培训"一条腿长一条腿短"的现象普遍存在,面向社会开展培训还存在学校和教师的主动性不高、课程及资源不足、针对性和适用性不够、教师实践教学能力不强等问题,仍然是职业教育发展的薄弱环节。为深入贯彻全国教育大会精神,落实《国家职业教育改革实施方案》《国务院办公厅关于印发职业技能提升行动方案(2019—2021 年)的通知》要求,推动职业院校全面开展职业培训,提高劳动者素质和职业技能水平,提升职业教育服务发展、促进就业创业能力,特制定本行动计划。

一、总体要求

　　(一)指导思想。以习近平新时代中国特色社会主义思想为指导,全面贯彻党的十九大精神,认真落实党中央、国务院决策部署,充分发挥职业教育资源优势,以健全政行企校多方协同的培训机制为突破口,增强院校和教师主动性,调动参训人员积极性,面向全体劳动者特别是重点人群及技术技能人才紧缺领域开展大规模、高质量的职业培训,加快形成学历教育与培训并举并重的办学格局,为实现更高质量和更充分就业提供有力支持。

　　(二)基本原则。坚持注重实效,促进就业。围绕服务稳定和扩大就业,紧贴区域、行业、企业和个人发展的实际需求,保障培训的针对性和实用性。坚持扩大规模,提升质量。支持职业院校敞开校门,面向社会广泛开展培训,推动学历教育与培训相互融合、相互促进。坚持统筹资源,协同推进。加强部门之间统筹协同、产教之间融合联动,形成共同推进职业培训工作合力。坚持完善机制,激发动力。健全培训激励和保障制度,创造更加规范和更有吸引力的培训环境。

（三）行动目标。到2022年，职业院校面向社会广泛开展职业培训，培训理念更加先进，培训层次更加完善，培训课程资源更加丰富，培训类型与形式更加多样；政府引导、行业参与、校企合作的多方协同培训机制基本建立，培训能力和服务就业创业能力显著增强；职业院校成为开展职业培训的重要阵地，学历教育与培训并举并重的职业教育办学格局基本形成。具体目标：

1.职业院校年承担补贴性培训达到较大规模；开展各类职业培训年均达到5000万人次以上。

2.重点培育一批校企深度合作共建的高水平实训基地、创业孵化器和企业大学。

3.建设一大批面向重点人群、学习内容和形式灵活多样的培训资源库，开发遴选一大批重点领域的典型培训项目，培养一大批能够同时承担学历教育和培训任务的教师，适应"双岗"需要的教师占专业课教师总数60%。

二、行动措施

（一）广泛开展企业职工技能培训。推动职业院校联合行业企业面向人工智能、大数据、云计算、物联网、工业互联网、建筑新技术应用、智能建筑、智慧城市等领域，大力开展新技术技能培训。通过开展现代学徒制、职业技能竞赛、在线学习等方式，促进企业职工岗位技术技能水平提升。鼓励职业院校联合行业组织、大型企业组建职工培训集团，发挥各方资源优势，共同开展补贴性培训、中小微企业职工培训和市场化社会培训。支持职业院校与企业合作共建企业大学、职工培训中心、继续教育基地。结合学校专业优势，以岗位技术规范为标准，以技术和知识更新调整为重点，加大对困难企业职工转岗转业培训力度。支持职业院校服务中国企业"走出去"，积极开展涉外培训。

（二）积极开展面向重点人群的就业创业培训。鼓励职业院校积极开发面向高校毕业生、退役军人、农民工、去产能分流职工、建档立卡贫困劳动力、残疾人等重点人群的就业创业培训项目。支持职业院校承担春潮行动、雨露计划、求学圆梦计划等政府组织的和工青妇等群团组织开展的培训任务。支持职业院校与行业企业合作开设大学生、退役军人就业技能训练班，开展先进制造业、战略性新兴产业、现代服务业及人才紧缺领域的技术技能培训。加强适应残疾人特点的民间工艺、医疗按摩等领域培训。鼓励涉农职业院校送培训下乡，把技术技能送到田间地头和养殖农牧场，深入开展技能扶贫，服务脱贫攻坚和乡村振兴，大力培育高素质农民和农村实用人才。支持职业院校开发具有专业特色的创业课程，建设创业孵化器，对自谋职业和具有创业意向的参训人员进行创业意识、创业知识、创业能力等方面的培训。

（三）大力开展失业人员再就业培训。支持职业院校对接当地人力资源社会保障部门及工青妇等群团组织，面向长期失业青年、农村留守妇女、大龄失业人员等，开发周期短、需求大、易就业的培训项目。职业院校要大力开展家政、养老、护工、育婴、电商、快递、手工等领域初级技能培训，使失业人员掌握一技之长。支持职业院校承担巾帼家政服务培训任务。要突出帮、教、扶等特点，积极联系合作企业，择优推荐工作，提供培训就业一体化服务，努力实现培训即招工、培训即就业。

（四）做好职业指导和就业服务。职业院校要引导参训人员增强市场就业意识，帮助其树立正确的职业观、择业观和创业观。加强就业有关法律法规、职业道德、职业素养、求职技巧等方面的教育。对农村和边远地区、少数民族地区的大龄参训人员，要增加普通话、常用现代化设施（工具、软件）运用等基本技能方面的培训。职业院校要密切与人力资源服务机构、行业企业的合作，共同开展招聘会、就业创业指导、政策宣传等多样化就业服务，为参训人员提供有效的就业信息。

（五）推进培训资源建设和模式改革。职业院校要深入开展培训需求调研，提升培训项目设计开发能力，增强培训项目设计的针对性。积极会同行业企业建设一批培训资源开发中心，面向重点人群、新技术、新领域等开发一批重点培训项目，共同研究制订培训方案、培训标准、课程标准等，开发分级分类的培训课程资源包。积极开发微课、慕课、VR（虚拟现实技术）等数字化培训资源，完善专业教学资源库，进一步扩大优质资源覆盖面。要加强大数据技术的应用，多渠道整合培训资源，鼓励共建共享。突出"短平快"等特点，探索推行"互联网＋培训"模式，通过智慧课堂、移动 APP（应用程序）、线上线下相结合等，开展碎片化、灵活性、实时性培训。鼓励职业院校通过"企业学区""移动教室""大篷车""小马扎"等方式，把培训送到车间和群众家门口。

（六）加强培训师资队伍建设。落实好职业院校教师定期到企业实践制度，鼓励教师参与企业培训、技术研发等活动，提升实践教学能力。充分利用学校实习实训基地、产教融合型企业等，对专业教师进行针对性培训，培养一大批适应"双岗"需要的教师，使教师能驾驭学校、企业"两个讲台"。健全职业院校自主聘任企业兼职教师制度。鼓励职业院校聘请劳动模范、能工巧匠、企业技术人才、高技能人才等担任兼职教师，承担培训任务。完善教师工作绩效考核办法，将培训服务课时量和培训成效等作为教师工作绩效考核的重要内容。

（七）支持多方合作共建培训实训基地。支持职业院校在现有实训基地基础上，建设一批标准化培训实训基地。产教融合型企业要加大对培训实训基地建设支持力度，并积极承担各类培训项目。按照培训项目与产业需求对接、培训内容与职业标准（评价规范）对接、培训过程与生产过程对接的要求，支持校企合作建设一批集实践教学、社会培训、真实生产和技术服务于一体的高水平就业创业实训基地。各地教育行政部门、人力资源社会保障部门要推动当地公共实训基地面向职业院校和城乡各类劳动者提供技能训练、技能鉴定、创业孵化、师资培训等服务。

（八）完善职业院校开展培训的激励政策。支持职业院校开展补贴性培训。推动职业院校培训量计算标准化、规范化，可按一定比例折算成全日制学生培养工作量，与绩效工资总量增长挂钩。各级人力资源社会保障、财政部门要充分考虑职业院校承担培训任务情况，合理核定绩效工资总量和水平。对承担任务较重的职业院校，在原总量基础上及时核增所需绩效工资总量。指导职业院校按规定的程序和办法搞活内部分配，在内部分配时向承担培训任务的一线教师倾斜。允许职业院校将一定比例的培训收入纳入学校公用经费。鼓励支持职业院校按同类专业（群）组建培训联合体，互聘教师开展培训。

（九）健全参训人员的支持鼓励政策。全面落实职业培训补贴、生活费补贴政策，确保符合条件的参训人员应享尽享。加快推进"学历证书＋若干职业技能等级证书"（简称1＋X证书）制度试点工作，鼓励参训人员获取职业技能等级证书和职业资格证书。依托职业教育国家"学分银行"试点，对职业技能等级证书等所体现的培训成果进行登记和储存，计入个人学习账号，为学习成果认定、积累与转换奠定基础。鼓励符合条件的参训人员接受学历教育，培训成果按规定兑换学分，免修相应课程。职业院校要实施精准培训，切实提高参训人员的就业创业能力，帮助其用好就业创业支持政策。

（十）建立培训评价与考核机制。以参训人员的技术技能水平、就业创业能力和质量等为核心，建立培训绩效考核体系。将面向社会开展培训情况作为职业院校办学能力考核评价的重要指标和职业教育项目安排的重要依据。各地要结合实际对落实本行动计划积极主动、面向社会开展培训成效明显的职业院校，在安排职业教育财政补助及有关基础设施建设资金、遴选相关试点项目方面，给予倾斜支持。完善职业院校培训工作标准体系和管理制度，对职业院校开展培训工作进行评估和督导，落实督导报告、公报、约谈、限期整改、奖惩等制度。

三、行动要求

（一）加强组织领导。各地教育、人力资源社会保障、发展改革、工业和信息化、财政、住房城乡建设、农业农村、退役军人、国资委、扶贫、工会、共青团、妇联、残联等部门要加强沟通协作，积极支持职业院校承担本部门（行业）及相关领域的培训项目，共同帮助职业院校协调解决开展培训工作中遇到的实际困难和问题。各地教育行政部门、职业院校要高度重视培训工作，切实将职业培训摆在与学历教育同等重要的地位。职业院校要把开展培训工作作为一把手工程，成立专门负责培训的机构，配备专人负责。开展1＋X证书制度试点的院校要发挥示范引领作用，主动承担有关培训任务。

（二）强化实施管理。各地要根据本行动计划内容，结合实际制定好落实方案、年度计划，逐级分解任务、明确目标、落实责任，确定时间表和任务书。各地教育行政部门要会同有关部门加强对本地区职业院校开展培训工作的日常指导、检查与跟踪。各行业职业教育教学指导委员会要推动行业部门、行业组织引导和督促相关企业参与行动计划的实施。建立行动计划进展情况上报制度，各地要分行业领域、分培训对象做好培训数据整理汇总工作，定期将本地区职业院校开展培训工作进展情况报送教育部。教育部将汇总整理各地落实方案和年度计划、进展情况，组织编制职业院校开展职业培训情况年度报告，定期向社会发布，同则做好监督管理、检查指导工作。

（三）注重宣传引导。各地和各职业院校要加大对培训工作的宣传力度，通过职业教育活动周、全民终身学习活动周等，面向城乡各类劳动者加大对培训有关政策、项目的宣传力度，帮助企业、劳动者了解熟悉政策，用足用好政策。要积极运用各种媒体，广泛宣传介绍职业院校开展的各类培训项目，特别要加强对重点人群的宣传。要扎实做好职业院校开展职业培训的经验和典型的总结推广工作。

教育部办公厅等十四部门

2019 年 10 月 16 日

"鲁班工坊"：中国职教走向世界

一只只电脑鼠在不同迷宫中选择路径，选手通过程序计算使其快速到达目的地……这是全国职业教育活动周特色活动中的一幕。5月7日，2018年"启诚杯"EPIP"鲁班工坊"国际邀请赛在天津举行。来自印度尼西亚、泰国、印度等国家"鲁班工坊"的师生参加了电脑鼠走迷宫等赛项的比赛，用中国的天津市教委倡导的工程实践创新项目（EPIP）教学资源同场竞技。

用泥土、牙签、筷子手工制作"长城沙盘"，将中华传统文化演绎得生龙活虎；利用图形化编程与贴片焊接技术制成的"舞蹈机器人"，拥有温度传感器、GPS定位搜救援助等强大功能……5月8日，借助"鲁班工坊"平台，中国·东盟职业院校学生创新创业集市在天津渤海职业技术学院举办，20组创新创业作品展示了中国、东盟职业院校学生高超的职业技能。

而远在泰国，当地的"鲁班工坊"已连续第三年成为中国职业院校技能大赛的延伸赛场，当地学生在大赛同期开展专业技能比拼。

一、"鲁班工坊"驾船出海

为更好地服务"一带一路"倡议，天津职业教育以鲁班的"大国工匠"形象为依托，在泰国、印度、印度尼西亚等国家相继设立"鲁班工坊"，将天津作为国家现代职业教育改革创新示范区的优秀职业技术和职业文化，采用学历教育与职业培训的方式走出国门，与世界分享，搭建起天津职业教育与世界沟通的桥梁。

2016年3月8日，天津渤海职业技术学院依托渤海化工集团在泰国大成技术学院建成我国首个境外"鲁班工坊"，全方位探索并初步形成输出职业教育优质资源、服务"一带一路"建设的有效路径。

2017年5月18日，天津市第二商业学校依托天津食品集团在英国奇切斯特学院建立我国首家由中等职业学校输出的"鲁班工坊"，并将专业人才培养标准纳入英国国家职业资格框架体系，成功实现职业教育标准的境外输出与国际认证。

2017年12月12日，天津市东丽区职教中心依托行业企业在印度尼西亚东爪哇省波诺罗戈市职业学校建立印度尼西亚"鲁班工坊"，围绕汽车维修专业、智能制造、新能源技术、工程实践创新项目EPIP开展交流和学习，服务当地经济发展。

"鲁班工坊"的核心教育模式EPIP得到海内外师生的高度评价，以学生的自主探究和动手制造为核心，培养学生科学探究能力和问题解决能力，以及终身学习的意愿与能力。

二、惠及双方人才培养和职教发展

泰国"鲁班工坊"是中国职业院校在国外开设的第一个工坊，建成两年来已有2000余名学生在这里接受来自中国的职教培训。"这其中不仅有泰国本地的学生，还有来自印度尼西亚、马来西亚、柬埔寨等国家的学生。'鲁班工坊'建成后，我院学生在东盟第11届技能大赛自动化生产线赛项获得有史以来第一个一等奖，让大城学院名声大振。现在，学院已成为周边职业院校乃至邻国职业教育的资源中心。"泰国大城学院院长哲仁说。

"鲁班工坊"的作用绝不仅仅是职业教育的单向输出。目前,泰国"鲁班工坊"已从最初的国外培训上升到两国学历教育的互认。自 2016 年起,泰国每年派出留学生及教师赴天津渤海职业技术学院学习。今后,双方的人才可以自由流动于两国的企业之中,为中泰合作创造出更多的机会。

借助泰国"鲁班工坊",天津圣纳科技等企业与泰国大城技术学院签订了科技服务协议,天津启诚伟业公司与泰国大城技术学院、越南胡艺工业学院签署了工程实践创新项目(EPIP)合作协议。

与此同时,伴随着"鲁班工坊"建成投入使用,中泰两国成立了职业教育研究中心。该中心为中泰职业教育国际化专业建设提供决策咨询、推广和宣传等服务,并通过组织开展中泰职业教育学术、教学交流活动推广先进技术教育。

今年全国职业院校技能大赛期间,中国天津·印度尼西亚东爪哇职业教育研究发展中心正式成立,标志着天津与东爪哇在 EPIP 职业教育理论与研究、改革与实践、师资培训与专业发展等方面迈出了坚实的一步。

三、推动"鲁班工坊"走向世界

事实上,在"鲁班工坊"建设过程中,各参与院校自身也受益良多。"鲁班工坊"建设通过项目实施,提升了职业院校的国际合作能力,拓宽了院校管理者、教师和学生的视野,带动了职业院校的内涵质量建设,加强了国际视野下的校企合作、产教融合能力;更为重要的是,通过实践,落实了教育部关于职业院校要服务国家战略,服务"中国制造 2025"的要求,在新时代彰显了职业教育的作为。

天津市教委副主任吕景泉介绍,2018 年,天津将进一步推广"鲁班工坊",成立"鲁班工坊"研究与推广中心。做实做强泰国"鲁班工坊",将其打造成境外"鲁班工坊"的首席基地;巩固推广英国、印度和印度尼西亚"鲁班工坊"的建设成果;支持天津铁道职业学院联合轨道交通企业在非洲建立"鲁班工坊";支持天津中德应用技术大学借助"澜湄职业技术培训中心"项目在柬埔寨理工学院设立"鲁班工坊";支持天津现代职业技术学院联合相关企业在巴基斯坦建立"鲁班工坊",并进一步在欧洲、非洲、美洲等地进行项目布局。

《中国教育报》
2018 年 5 月 11 日

第九章 企业学院一体化育人模式：
被需值教育的根本

📖 **内容提要**

　　企业学院是落实产教深度融合和提高人才培养质量，使学校和企业发生化学反应，整合资源，形成命运共同体，实现一体化育人的职业教育办学模式。职业教育的本质就是企业是否真正参与学校办学和学校办学是否真正为了企业。企业学院遵循行业企业岗位需求和学生身心发展规律要求，以课程为抓手，打破专业设置和院系格局限制，建立企业学院"12335"人才培养模式，校企管理干部、校企教师"AB角"和"九个一"育人机制。课程对接岗位，职前衔接职后，学习融合工作，精准服务行业企业用人需求，有效服务学生成长成才和就业创业。企业学院发挥企业办学主观能动性，校企一体化育人，需求导向，精准育人，既是校企合作办学机构，也是职业教育理念、模式、机制和方法，旨在提高职业教育服务经济社会发展能力和技术技能人才培养水平。

第一节　企业学院校企一体化育人模式

一、企业学院的概念

　　企业学院是落实产教深度融合和提高人才培养质量，使学校和企业发生化学反应，整合资源，形成命运共同体，实现一体化育人的职业教育办学模式。职业教育区别于其他类型教育的本质特征是学校是否真正为企业服务，企业是否真正参与办学；本质职能是给人以生活能力，给企业以生产能力，给国家以生产力。企业学院既是校企共建的有章程、有资产、有队伍、有任务的行动组织，也是一种需求导向、精准育人的职业教育理念、职业教育教学模式和职业院校运行管理机制；职业教育遵循行业企业发展需求和学生身心发展规律要求，打破专业限制和院系格局，以岗位需求为导向，以课程为抓手，以师资队伍建设为关键，是落实产教融合、深化校企合作、发挥企业办学主观能动性、提高人才培养质量的必然选择，是学校真正为企业服务、企业真正参与办学的职业教育本质要求。由此可见,企业学院是校企合作最高境界,是产教融合的高级阶段,是深化职业教育改革的重要途径,是培养高素质技术技能型人才最有效的方式。企业学院区别于以往分配式、就业式、订单式的传统校企供需方式,实现了从"联盟"到"联姻"的升级,企业学院校企一体化培养出来的学生体内承袭着学校和企业共同的基因和血脉。

企业学院实施"12335"人才培养模式,构建了校企管理干部、校企教师"AB角"互换和"九个一"育人机制;极大发挥了企业办学主观能动性,实现校企一体化育人、产教融合、校企合作;以现代学徒制、"二元制"和"职业启航班"为抓手,课程对接岗位,职前衔接职后,学习融合工作,精准服务行业企业用人需求,有效服务学生成长成才和就业创业。企业学院需求导向、精准育人,切实发挥企业办学主体作用,实现企业真正参与办学,学校真正服务于企业;破解了职业教育办学体制不适应、机制不健全、体系标准不完善以及企业参与办学的动力不足、产教融合不深入等问题;有效提高了职业教育服务经济社会发展能力和技术技能人才培养水平。

二、企业学院"12335"人才培养模式

以校企一体化育人为主线,整合校企教育教学资源,统一校企教育教学实施系统,制定"12335"人才培养模式,即一个校企合作人才培养平台(企业学院);两个人才培养实施系统(学院专业教学、企业技术培训系统);"三维"人才培养环境(理实一体化教室、专业化产教融合实训基地、企业车间);"三段式"人才培养过程(基本职业能力、专项职业能力、综合职业能力培养阶段);"五化"课程教学体系(模块化课程体系、项目化课程内容、多师化课程教学、信息化教学手段、多元化课程评价)。

三、企业学院"九个一"人才培养机制

实施"九个一"育人工作机制,即人才培养方案一体化、招工招生一体化、专业教学标准一体化、教学管理团队一体化、教学模式一体化、教学科研实训基地一体化、校企文化一体化、创业就业一体化以及教学评价一体化,实现校企一体化人才培养。

(一)人才培养方案一体化

根据"12335"人才培养模式,以立德树人为根本,以企业岗位需求和学生兴趣为导向,以课程体系改革为抓手,校企共同制订人才培养方案,加强职业精神、劳动精神、工匠精神和文物精神的塑造;注重课程包设置、教学内容的制定,并遵循职业教育、技术技能人才培养和学生身心发展规律,整体设计教学活动,健全多方参与的动态调整机制。通过方案的实施,力争实现学生素养、智慧和能力全面提升。

(二)招生招工一体化

(1)依托"二元制"人才培养模式改革项目,实现"招生招工一体化"。针对与企业签订正式合同的在职员工,采用"基础知识考试＋员工岗位技能测试"相结合的单独招生考试办法,将其录取为有正式学籍的在校生,组成"二元制"人才培养班,送教入企。

(2)依托现代学徒制人才培养模式改革项目,实现"招生招工一体化"。校企共同制定选拔方案,采取面试、现场能力考核等方式,合作企业与学校共同招收学徒的选拔工作,组成"现代学徒制"人才培养班。学校、企业、学徒签订三方协议,明确三方的职责与权益。

(3)开展"职业启航班"人才培养试点项目,依托企业学院,与行业(企业)合作,并根据合作行业(企业)所属行业或主生产经营业务作为人才培养主方向,依据企业岗位需求和学生兴趣,以课程为抓手,打破院系、专业格局,成立职业启航班。职业启航班实施"1＋2(1年学校,2年企业)工学结合人才培养模式",以学校为主导、学生为主体,企业融合,开展多点上课、学分互认、教学改革。

(4)依托"鲁班工坊",服务"一带一路"倡议,开展国际留学生学历教育,举办华资企业员工技能培训、企业技术信息咨询等,服务"一带一路"倡议,服务海外中资、华侨企业人才需求。

(三)专业教学标准一体化

以职业能力为主线,校企共建专业教学标准、课程标准、实训标准。依据专业教学标准,构建"以能力为本位、以职业实践为主线、以项目课程为主体的模块化"课证融合的课程体系。根据课程标准,制订基于岗位工作任务,融入"1＋X"证书制度标准的教学内容,用真实产品制作引领工作任务,用工作任务引领专业知识的学习。校企双师联合建设优质专业核心课程、精品在线资源课程、教学资源库,开发校企一体化培养活页式特色教材,实现课程内容与职业标准、教学过程与生产过程一体化。

(四)教学管理团队一体化

打破一人双师型、二人双师结构传统模式,校企共同建设由行业匠师、企业技师与学校教师共同组成,能教学、能实践、能育人的"三师三能"的"三元双师"师资队伍。实施全员导师制,教学促行政、技能促知识,专业团队带动教育教学团队,不断提高教学、实践、科研、育人和服务社会水平与能力,实现企业学院校企一体化育人。

(五)教学模式一体化

针对企业学院应(往)届高中(中职)毕业生、企业职工、农民工、新型农民、退役军人以及留学生等生源多样化特点,以提高学习成效为目标,设计"O2O＋智慧教育教学"模式,深化"三教"改革,采用项目、场景、线上线下混合、感官式、新媒体微信等多样化教学方式,以及"三动"、跨界、活页式、口语交流式、个体定制等多种学习方式,开发多师、老生特长生教师资源等。进行线上线下"三教"改革,实现教学模式一体化,以确保线上线下教育教学实质等效。

(六)教学科研实训基地一体化

与合作企业共同建设"产业实训基地""企业教学实践基地""专业化产教融合实训基地"等,实现集实习实训教学、技能考核、师资及企业职工培训、技能竞赛、研发服务"五位一体"的校企教育实习实训与企业生产研发一体化,实现校企共建共享共同育人一体化。为企业职工生产培训、对外服务和职业教育教学科研实训提供一站式服务。

(七)校企文化一体化

以激发学生爱国、爱党、爱社会主义的热情,增强学生爱国主义、集体主义、科学精神、劳动精神以及互相帮助、扶贫济困等中华民族文化自豪感为目标,着力将浪漫的大学文化与务实的企业文化相融合;将努力被需要、提升被需值的利他的被需值文化与合作竞争利己的企业文化相融合;将校企文化互通互融,交锋碰撞,再生繁荣;着力组织开展各类爱国教育、劳动教育、文艺体育、生产竞技、科技创新等活动,深化校企合作,沉淀企业学院一体化特色育人文化。

(八)创业就业一体化

在学校主导下,企业全过程参与,按照岗位需求和学生身心发展规律要求育人,需求导向,精准育人。"二元制"、现代学徒制育人,创业就业导向育人,确保学生的实用技能、职业素养和适应能力符合企业岗位需求,确保企业与学校命运共同体一体化育人,面对产业转型升级发展要求,确保毕业生高素质发展,高质量创业就业。

(九)教学评价一体化

实施"横向联动、纵向贯穿"的评价制度,以创新创业和就业能力为导向,形成对学生的发展性评价。加大过程考核、实践技能考核、行业技能证书在课程总成绩中的比重,发挥企业学院优势,建立学校、行业、企业、学生等多方参与一体化教学评价机制;形成"知识＋能力＋素质"节点式过程性多元一体化的教育教学评价体系。

四、企业学院校企一体化育人模式运行保障机制

以现代学徒制、"二元制"、职业启航址等为抓手,以组织、机制、制度、经费"四维保障"措施建设为基本,保障企业学院校企一体化育人。

(一)组织保障

成立由校企主要领导以及学校职能部门负责人、企业相关部门负责人等组成的企业学院建设领导小组,全面协调校企教育教学资源,下设产教融合办公室,建立企业学院学校、企业、社会代表共同参与的联席会议制度,实施双院长、双专业带头人"AB角"互换机制,为企业学院校企一体化育人提供组织保障。

(二)机制保障

与合作企业签订《产教融合、校企合作协议》《校企一体化育人协议》《"二元制"、现代学徒制人才培养协议》《职业启航班人才培养合作协议》等,明确学校和企业在人才培养过程中的合作机制、方式、内容以及权益与责任;建立企业学院学校、企业互动机制,双院长、双专业带头人、校企双师"AB角"和"九个一"育人机制,为企业学院校企一体化人才培养提供机制保障。

(三)制度保障

制定实施《企业学院建设管理办法》《企业学院校企一体化教育教学管理办法》《企业学院校企一体化教育教学考核评价与督查实施办法》《企业学院校企师资互聘管理办法》《"二元制"、现代学徒制招生招工一体化管理办法》《"二元制"、现代学徒制师资队伍管理办法》《"二元制"、现代学徒制学生管理办法》《二元制、现代学徒制学生教学管理办法》《"职业启航班"教育教学管理办法》等制度文件,为企业学院建设、企业学院校企一体化育人提供制度保障。

(四)经费保障

设立企业学院办学专项资金,引进合作企业共建资金,实施《企业学院建设资金管理办法》《"二元制"、现代学徒制人才培养模式改革专项资金管理办法》《"职业启航班"试点建设资金管理办法》等,为企业学院校企一体化育人提供经费保障。

第二节　企业学院的理论逻辑与实践探索

一、企业学院的产生与发展

(一)企业学院的产生

19世纪60年代,第二次工业革命的到来使电气化工业生产开始成为主流,社会急需大量掌握机械生产方法的技能工人,企业学院应运而生。早期的企业学院办在企业,教育对象仅局限于企业内部员工,又被称为公司学院或企业大学,属于企业内部的员工培训机构,培训项目取决于企业需求。总体来看,早期的企业学院按照岗位需求分类开展教育培训,由企业主导,重视岗位实用技能和企业文化培训,未能从全人教育的角度注重学生人文素养和学习能力的培训,也未能与教育机构合作,依照学校教育教学规律培训,只是通过考核管理将员工职场学习与工作绩效紧密结合在一起,是企业进行人力资本投资的有效方式。

(二)企业学院在中国的发展

企业学院在中国先后经历了探索时期、产业学院时期和企业学院时期三个阶段,从1949 年中华人民共和国成立初期到 1977 年,一直探索实践工农教育、劳动教育、技术教育、半工半读,甚至把半工半读确定为我国的一种基本教育制度。1978 年至 2013 年,这一阶段可以定位为产业学院时期,国家出台各种政策,各部委举办行业本科、大专及中专等各级院校,为行业发展输送了大批实用型专业技术人才和产业管理人才,有效促进了产业、行业和经济社会的发展。

从 2014 年开始进入企业学院阶段,其特点是办学主体从过去的政府主导下的行业办学,转变为政府引导企业办学,鼓励和推动企业在职业教育发展方面做出更大的贡献。2014年教育部发布《关于开展现代学徒制试点工作的意见》,强调"坚持产教融合发展,校企双主体,学校要主导,学生双身份",这意味着企业作为职业教育的办学主体,势必要积极发挥企业优势,主动担负起职业教育的育人主体作用,与学校形成合力,共同致力于学生的培养。2019 年 2 月"职教 20 条"指出:"在开展国家产教融合建设试点基础上,建立产教融合型企业认证制度,对产教融合型企业给予'金融＋财政＋土地＋信用'的组合式激励,并按规定落实相关税收政策",这意味着在校企合作中"校热企冷"的局面将逐渐被打破。企业与学校顺应形势,需求导向,遵循教育规律、学生身心发展规律和经济社会发展对人才需求规律,发生化学反应,整合资源,形成命运共同体,形成校企一体化育人模式就是应运而生,大势所趋。

二、企业学院的理论逻辑和内涵特征

为更好地实现"五个对接",不断深化校企合作、产教融合,学校和企业基于自身需求考虑,从早期的"订单培养""工学结合"模式逐步过渡到"企业学院"模式,进一步增强了学校教育和企业生产的吻合度,铺设了一条校企合作的高速通道。企业学院通过二元制、现代学徒制、职业导航班等校企"二元"人才培养模式改革试点,建设"校内生产性实训基地""企业教学基地""校中厂""厂中校",呈现出特有的理论逻辑和内涵特征。

职业教育的本质特征是学校办学是否真正为企业服务和企业是否真正参与学校办学。产教融合、校企合作、工学结合、知行合一,都离不开企业的深度参与。建立企业学院,校企形成命运共同体,依据双方需求,共同设计人才培养方案、运行机制、发展模式、管理体制、师资培训制度、实训基地等,深入合作与交流,同心同德,凝心聚力,精准育人,既可以提高企业生产能力、经济效益,也可以有效提高职业教育人才培养质量,实现互利共赢,共同发展。对企业而言,把企业文化和优势资源融入校园,有利于树立企业的公众形象,增强人才培养的针对性和人才的吸引力;对学校而言,以需求为导向,可有效增强教学效果,提高学校服务区域经济社会发展的能力。企业学院充分体现了职业院校集团化办学优势,企业深度参与校企合作,建设产教融合型企业的具体举措,有利于发挥企业在技术技能人才培养过程中的主体作用。企业学院既具有校企双办学主体的一体化育人特征,既是"横向一体化"人才培养模式,同时,学校作为培育人才的直接实施者和校企一体化育人的主导者,也是"纵向一体化"人才培养模式。"横纵一体化"有机结合形成立体结构,多元联动,符合新时代职业教育体系建设要求。

三、企业学院的现实路径和育人成效

企业学院以需求导向、促进就业和服务发展为建设目标,不断创新专业群建设机制,深化产教融合育人机制,推动校企双主体建设,探索实践"1 + X"证书制度,实施校企协同育人模式,建设校企命运共同体。深化"引企入校、引企入教",探索混合所有制办学模式,为行业企业提供人才支撑,为学生成才成业服务。

(一) 立足企业学院,推动校企一体化育人机制建设

创新育人载体和机制是企业学院的关键。二元制、现代学徒制、职业启航班等的专业人才培养方案,主动适应市场和岗位需求,差异化、多元化育人,企业学院以"三个对接"为切入点,推动人才培养模式创新,在机制上建立"双院长""双班导师""双专业带头人"等制度,尤其对学校和企业的双重办学主体,作为职业教育组织的新起点和新突破,需要进一步厘清责任边界,在实现学校和企业权利、义务对等的基础上,开启校企合作、产教融合的新路径。基于企业学院视角下的校企双主体人才培养模式能够实现学校、企业和学生的三方共赢。从学校层面看,增进了校企深度融合,精确了人才规格标准,提升了教师双师素质,"校中厂"的建设拓展和延伸了学生的学习和实践空间,实现了"学中做";从企业层面看,积极参与办学和人才培养,供需无缝对接,降低了人才培训成本,普及了企业文化,提升了企业社会影响力,打通了人才需求和人才培养的"最后一公里";从学生层面看,理实一体,手脑并用,工学结合,知行合一,学习的积极性高,针对性强,成效显著,获得感显著提升。

(二)企业学院坚持书证融通,落实"1+X"证书制度

"1+X"证书制度是我国职业教育落实立德树人根本任务,整合教育资源,深化产教融合、校企合作的一项重要制度设计。"1"是指学历证书,"X"是指若干职业技能等级证书,鼓励职业院校学生在获得学历证书的同时,积极取得多类职业技能等级证书,将职业技能等级证书培训内容有机融入专业人才培养方案。优化课程设置和教学内容,统筹教学组织与实施,有效解决以往学历教育与职业资格证书"两张皮"的问题,旨在通过育训结合、书证融通,真正培养出产业所需要的高质量复合型技术技能人才。

(三)企业学院育人成效不断提升

依托企业学院,通过行业企业举办特训班、订单班,实施现代学徒制、二元制人才培养模式等,提升人才培养供给侧改革成效,需求导向,精准育人,有效提高学校人才培养质量和学生就业质量。同时,构建多方参与的科技创新综合平台,为企业提供技术培训,组织行业技能大赛等,精准服务企业转型升级。企业学院通过"搭平台、建机制、树品牌、强保障",构建校企协同育人新模式,建成一批校企合作教学、实训、实践生产性共同体,深化了产教融合育人机制。

四、企业学院的困境分析和发展策略

企业学院作为一种校企合作、产教融合的办学模式,在拥有机制、组织、制度和经费四大保障的情况下,搭建校企协同育人"九个一"的工作机制,企业全过程参与人才培养,一体化育人,取得了一定成效。然而在实际运行中,企业学院也存在发展的困境。

(一)进一步激发企业合作办学热情

依据《国家职业教育改革实施方案》《国务院办公厅关于深化产教融合的若干意见》等文件的要求,地方政府应尽快出台配套政策和法规,出台含金量高的配套政策,制定激发企业深度参与职业教育的奖励办法,拓宽企业参与职业教育的路径,激发企业的积极性和主动性,激励企业参与,推动多元办学。在具体执行过程中,应由教育行政主管部门牵头,依据现代学徒制、二元制的特征和学生认知成长规律,以岗位需求为导向,以课程为抓手,以"教师＋技师＋大师"的多师型师资队伍建设为根本,制定专业教学标准、课程标准、评价标准等,真正形成融合学生人文素养、专业知识、职业技能和职业素养的人才培养标准体系。推动职业院校和行业企业形成命运共同体,激发企业办学的主观能动性,提高产教融合校企合作水平。

(二)进一步健全企业学院一体化育人机制

在企业学院办学过程中,企业参与办学和人才培养,要平衡好营利性和公益性之间的关系。片面追求利益最大化,不符合教育规律和学生成长规律,违背教育的宗旨;但若只强调企业的公益性办学,则会伤害企业办学的积极性,致使校企双方无法长期合作。必须建立健全企业学院校企一体化育人机制:

1. 健全组织机制

校企双方作为企业学院的办学主体,需要建立起一种互利共赢的"校企命运共同体"组织形式和深度合作机制,否则无法充分发挥各自优势,最终只能落得"集而不合"与"貌合神离"。

2. 健全沟通机制

企业学院由校企双方人员参与,难免存在权利义务不均衡、信息沟通渠道不畅通、协商议事机制不完备现象,健全沟通协作机制,避免信息不对称使企业学院成为"孤岛"。

3. 健全制约机制

企业学院如果缺乏完善而具体的制度规划,仅以框架性的合作文件来维持日常运转,容易产生工作的随意性,对学校和企业约束力不足,导致企业学院陷入发展困境。

(三)进一步创新校企合作模式

企业学院是以企业人才需求和培养为导向的新模式,要确保培养的人才符合企业需求,就要求在实践中,不能简单停留在冠名式、订单式的初级阶段,要遵循经济社会发展和学生身心发展规律,遵循行业企业岗位人才规格要求,遵循学生全面发展和学习兴趣特长要求,在人才培养、科研转化、企业服务等方面全方位融合与推进,需求导向,求真务实,精准育人。

(四)加强校企文化协同共融的力度和深度

职业高等学校和企业是企业学院两个不同的育人主体,都有其特有的文化生态和文化特质。校园文化注重育人功能,讲究丰富多彩,青春浪漫,传递正能量;企业文化则更多地强调效益,规范务实,具有较强的功利主义色彩,二者在行为规范、价值取向、文化环境、活动方式等方面均存在明显差异。企业学院作为产教融合的平台和桥梁,可实现校企文化协同共融,创新文化育人载体和方式,使文化具有双重特质。企业学院的文化模式是一种企业化的校园文化,即做到企业文化和校园文化的无缝对接和渗透融合。企业学院的文化是一种融入了典型企业特质的企业式文化,包含了职业道德、岗位意识、团队协作、责任意识等方面。企业文化提早进校园,渗透在人才培养的全过程中,有助于学生提前感受企业氛围和职场文化,有助于学生获得文化归属感。在具体的实施过程中,也要不断创新文化内容、载体,全方位提升校企文化的协同融合力度和深度。

(本文节选自学校 2019 年 3 月《被需值教育文集》,王树生"探索和实践企业学院的理论逻辑与现实路径")

第三节　企业学院引发"育人革命"

一、企业学院的现实意义

企业学院是新时代产教深度融合视域下的校企一体化育人模式,企业和学校共同办学,校企发生化学反应,学生的体内承载着校企双方的基因和血液;企业学院瞄准岗位需求,以课程为抓手,为行业、企业培养适销对路的创新型人才。

在行业中,企业学院合作企业的技术、产品和社会责任应处于领先地位,要规模大、有实力、社会责任感强,有人才技术内在需求,具有主动办学意愿,培养的学生才能达到甚至引领行业先进技术技能水平;企业学院合作学校要组建由教育专家、行业匠师、企业技师组成的企业学院专业建设专家指导委员会(以下简称委员会),为企业学院建立完善的人才培养机制、实现校企深度对接提供咨询与指导等工作;下设产教融合办公室(委员会的常设办事机构),为企业学院提供服务与监督等工作;组建由校企双方组成的专业建设工作委员会,负责本专业人才培养方案的制定与实施等工作;企业学院制定章程,建立理事会决策制度,实施校企双院长、双专业带头人"AB 角"工作制,搭建校企二元协同育人平台。企业学院以提升学生的专业技能水平和职业素养为主要培养目标,打破了学校范围内的既定学习空间,打破了专业界限和院系格局,以需求为导向,求真务实,切实发挥了企业办学主体作用和职业院校的办学活力,有效连接职前与职后的学习阶段,促进工作与学习的融合,有效提高了人才培养质量。

二、企业学院实践探索

企业学院以现代学徒制、"二元制"、职业启航班为依托,全面推进校企一体化育人。依据"能力核心、系统培养、岗位成才"的人才培养思路,以校企联合培养为主线,整合校企双方资源,融合学校和企业两个教学实施系统,校企共同制定企业学院"12334"人才培养模式,即一个校企合作人才培养平台——企业学院;两个人才培养实施系统——学院专业教学、企业技术培训两个实施系统;"三维"人才培养环境——理实一体化教室、专业化产教融合实训基地、企业车间;"三段式"人才培养过程——基本职业能力、专项职业能力、综合职业能力三个培养阶段;"四化"课程教学体系——模块化课程体系、项目化课程内容、双师化课程教学、多元化课程评价。

校企共同实施招生招工一体化:一是依托"二元制"人才培养模式改革项目,实施"招工即招生"。采用"基础知识考试+员工岗位技能测试"相结合的单独招生考试办法,招录企业在职员工为有正式学籍的在校生,组成"二元制"人才培养班;二是依托现代学徒制人才培养模式改革项目,实现"招生即招工"。校企共同研讨制定选拔方案,合作企业与学校共同开展学徒的选拔工作,组成"现代学徒制"人才培养班;三是开展"一带一路"沿线国家留学生的学历教育,开展外籍员工技术技能培训,打造"鲁班工坊班",服务海外华人华资企业人才需求。

学校与合作企业共同建设专业教学指导、专业教师、学生管理等专兼结构合理的教师团队,服务教育教学和行政管理,特别要建设一支由校内教师、企业技师、行业大师组成的能教学、能实践、能育人的"三能三师"型双师教学团队,通过与合作企业共建"生产性实训基地""企业教学基地""专业化产教融合实训基地"等教学实训基地,实现校企共建共享,为现代学徒制人才培养、开展职工培训和对外服务提供支撑,并逐步向集实习实训教学、技能考核、师资及企业职工培训、技能竞赛、研发服务"五位一体"的现代职业教育实训中心发展,着力为行业企业发展提供人才支撑,精准服务区域经济社会发展。

(本文节选自 2019 年 12 月 11 日《中国教育报》访谈,王树生"企业学院引发'育人革命'")

第四节 现代学徒制、"二元制"人才培养模式试点

2014 年 5 月,国务院下发《关于加快发展现代职业教育的决定》(以下简称《决定》),指出要开展校企联合招生、联合培养现代学徒制试点。2014 年 8 月,教育部下发《关于开展现代学徒制试点工作的意见》,标志着我国现代学徒制改革试点进入了实质推进阶段。2015年 9 月,福建省出台《关于加快发展现代职业教育的若干意见》,对建立福建特色现代职业教育体系进行顶层设计,系统筹划,推出了招生即招工、入校即入场、校企联合培养的现代学徒制试点,探索建立校企双主体协同育人新机制,并于当年开始试点。2016 年 2 月,福建省五部门发布的《关于实施二元制技术技能人才培养模式改革试点工作的通知》提出:实施以"招工招生一体化、企校主导联合育人"为主要内容的现代学徒制人才培养模式改革试点,以满

足行业企业和经济社会发展方式转变对人才的支撑需求，全力打造福建版现代学徒制的职业教育品牌，并于当年开始试点。

一、现代学徒制、"二元制"的主要特征及现实意义

现代学徒制是对传统学徒制的继承和发展。与传统学徒制相比，现代学徒制是职业教育而非就业培训。企业与职业院校二元主体协同育人，企业员工与院校学生二元身份，企业师傅与学校教师二元教学，学历教育与非学历教育并举，这是现代学徒制的本质特征。

（一）现代学徒制、"二元制"人才培养模式的主要特征

二元制的核心是"学校与行业（企业）二元主体、学校与企业二元管理、学校与企业二元评价、学生与学徒二元身份、教师与师傅二元教学、毕业证与职业资格证二元证书、全日制与非全日制二元学制"七个"二元"。二元制除了具备现代学徒制的本质特征外，与教育部推行的现代学徒制还有明显区别。

1. 学生来源层面

现代学徒制的学生来源于参加高考的学生或来源于社会，拟建立的是"招生即招工，入校即入场，校企联合培养"的协同育人机制；二元制的学生来源于企业，拟建立的是"招工招生一体化、企校主导联合育人"机制。

2. 发起单位层面

就人才培养模式而言，现代学徒制是国家倡导的一种融传统学徒制和学校职业教育优势于一身的人才培养模式，是职业教育办学模式的重大突破。"二元制"是福建省试点推广、建立在教育部现代学徒制核心思想上，为推进福建省现代职业教育人才培养的改革创新之举。"二元制"使职业院校与企业无缝对接，使教学与企业需求接轨，使人才培养更具针对性。

3. 法律制度层面

从国家层面上看，现代学徒制的"产教融合、校企合作、工学结合、知行合一"已经成为办学理念，但具有国家特色的现代学徒制运行机制尚未形成，至今仍没有出台现代学徒制的法律法规和实质性的政策制度。仅就我国现代学徒制办学主体看，目前全国存在着"院校—企业""院校—园区""院校—行业""院校—集团""院校—联盟""院校—大师"等合作模式。其中，"院校—大师""院校—企业"多以院校为主体，"院校—行业""院校—园区""院校—集团"多以企业为主体，"院校—园区""院校—集团""院校—联盟"多以政府支持为主。在二元制试点的一年时间里，福建省政府相继出台了一系列针对招生工作、教学质量保障、师资团队建设、日常教务管理、保障机制等方面的制度政策。

在保障机制上，福建省各级政府为二元制项目设立了专项基金，对承办院校予以一定的经费补贴支持，这些都为二元制试点推广提供了有力的制度保障。在国家尚未出台现代学徒制法律政策的情况下，福建省根据本省职业教育发展面临的实际情况，推出了二元制人才

培养模式试点项目,并在实践中不断探索、创新以寻求突破。从实践效果看,福建省的二元制是各种人才培养模式相互交错、相互融合的一种混合模式,集中了我国现代学徒制所有模式的优势,并将逐步形成具有区域特色的现代学徒制品牌。

(二)现代学徒制、"二元制"的现实意义

1.宏观层面

从宏观上看,现代学徒制是加快发展现代职业教育的战略选择。现代学徒制的主要作用体现在如下方面:

(1)现代学徒制在企业直接参与到职业教育的人才培养全过程中起到了重大推动作用,推动了专业设置与产业需求、教学过程与生产过程、课程内容与职业标准、毕业证书与职业资格证书等方面的无缝对接,全面提升了人才培养质量。

(2)现代学徒制符合现代职业教育的规律,解决了职业能力岗位要求错位问题,为用人单位培养合格的应用型、技能型人才,缓解日益严峻的就业矛盾,提高了大学生的创业和实践能力。

(3)现代学徒制能够使我国职业教育资源得到有效利用,节约企业的人力成本,促使企业积极参与到职业教育的改革中来,提高教育与产业的融合度,促进职业院校教学水平全面提升。从福建省"二元制"人才培养模式的实践情况看,二元制人才培养模式实现了校、企、生三方共赢。

2.学校层面

从学校层面看,主要体现在以下三个方面:

(1)提升了教师的双师素质。"二元制"切准了企业、行业、产业发展脉搏,促进教师成长,实现教学相长。

(2)实现了校企深度融合。校企实现了教学设备与生产设备、教学内容与生产技术、教学方法与生产方法无缝对接。

(3)实现了"做中学"和"学中做"。"二元制"学员在企业师傅的直接辅导下在车间式教室学习各种操作技能,实现了"做中学"。此外,在校内建设生产性实训基地,拓展并延伸了教室的物理空间和功能,使学校教学真正实现"学中做"。

3.企业层面

从企业层面看,"二元制"越来越受到企业欢迎,主要有三方面:

(1)企业得到教育资源的反哺。"二元制"能减少培训成本,在教学内容、教学模式、教学时间等方面,以企业和学员需求为导向,采取灵活多样的授课模式,这为企业授课和员工学习提供了便利。

(2)为企业输送正能量。在优秀团队培育、企业文化塑造、价值观植入等方面,为企业输送正能量,校企合作能提高公司声誉,提升企业社会影响,全面提升企业技术、企业人才、企业品牌。

(3)提升企业可持续发展能力。企业发展需要高素质员工,而"二元制"企业员工参加学

习和技能训练,学员提升专业技能的同时得到所在企业的认同,这为企业提供了人才储备,增强了企业发展后劲。

4.学生层面

从学生层面看,主要体现在以下方面:

(1)难得的学习提高机会,学生积极性高。学生既是企业指定师傅的徒弟,又是学校的注册学生,具有双重性身份,加上"三个不",即不脱产、不交学费(地方政府给予承办院校经费补贴)、不参加全国统考(由承办学校和企业共同出题进行入学考试),由此提升了学员学习的积极性。

(2)起到点石成金的作用。在有效的学习时间里,合理分配学员在校学习与在岗工作时间,理论联系实际,举一反三,触类旁通,事半功倍,学员长本事、涨工资、增文化、交朋友、拿学历、圆梦想,自身价值和社会价值得到全面提升。

(3)实现学员的学习内容与国家职业资格证书体系相互对接。经过学习和训练,参与由院校和企业一同实行的考核并通过后,学生在获得毕业证书的同时获得相应的职业资格证书。大学文化和企业文化相互渗透、有机融合,使学生受到了浪漫的青春文化、以利益为导向的生产文化、人文素养与职业文化的熏陶,更加自信和充满理想。

二、现代学徒制、"二元制"人才培养模式的探索与实践

"12345"工作方案实践现代学徒制和"二元制"人才培养模式改革试点。

(一)打造"1"个协同育人平台

在整合学校现有教学资源的基础上,充分利用和挖掘合作企业的技术力量和教育资源,共同完善校企人才培养工作方案,共建以全面提升劳动者技术技能水平、职业素养。增强院校办学活力,提高人才培养质量为主要目标的校企协同育人平台。

(二)融合"2"个教育教学实施系统

建立学校与企业两个教育教学系统,实现"信息对流""产教融合",主要做法如下:

1.制订人才培养方案,搭建课程体系,确定授课内容

根据岗位和专业需要,校企双方共同制订人才培养方案;根据岗位知识、技能、能力需求和专业未来发展需要共同搭建课程体系,确定开设的理论课程内容和实训课程项目、技能等。

2.组建教师团队

由企业遴选出高级技术人员、技术能手与学校"双师型"教师组建的教师团队来实施教学计划。

3.确立二元评价机制

由企业人力资源培训部与学校教务处共同形成"二元"评价机制。

（三）建设好"3"支团队

1.组建机构

组建二元制教学指导委员会,由学校的领导、教授、专业带头人、专业主任与企业领导、高级管理人员、技术人员、经理等组成二元制教学指导委员会。

2.组建教师团队

组建专业师资团队,组建了"1＋1＋1"即"学校教师＋企业技术人才＋行业大师"组成的专业师资团队。

3.组建班导师团队

组建班导师团队,实行双导师制,校企双方分别聘请两名班导师,负责学生在校内及企业的学习工作和生活的服务指导等工作。

（四）落实"4"项保障措施

1.组织保障

成立由校企主要领导以及学校职能部门负责人、企业相关部门负责人等组成的企业学院建设领导小组。全面协调校企教育教学资源,下设产教融合办公室,建立企业学院学校、企业、社会代表共同参与联席会议制度,实施双院长、双专业带头人"AB角"互换机制,为企业学院校企一体化育人提供组织保障。

2.机制保障

与合作企业签订《产教融合、校企合作协议》《校企一体化育人协议》《"二元制"、现代学徒制人才培养协议》《职业启航班人才培养合作协议》等,明确学校和企业在人才培养过程中的合作机制、方式、内容以及权益与责任。建立企业学院学校、企业互动机制,双院长、双专业带头人、校企双师"AB角"和"九个一"育人机制,为企业学院校企一体化人才培养提供机制保障。

3.制度保障

制定实施《企业学院建设管理办法》《企业学院校企一体化教育教学管理办法》《企业学院校企一体化教育教学考核评价与督查实施办法》《企业学院校企师资互聘管理办法》《"二元制"、现代学徒制招生招工一体化管理办法》《"二元制"、现代学徒制师资队伍管理办法》《"二元制"、现代学徒制学生管理办法》《"二元制"、现代学徒制学生教学管理办法》《"职业启航班"教育教学管理办法》等制度文件,为企业学院建设、企业学院校企一体化育人提供制度保障。

4.经费保障

设立企业学院办学专项资金,引进合作企业共建资金,实施《企业学院建设资金管理办法》《"二元制"、现代学徒制人才培养模式改革专项资金管理办法》《"职业启航班"试点建设资金管理办法》等,为企业学院校企一体化育人提供经费保障。

(五)推进"5"大建设项目

1.人才培养模式改革

实践"二元制校企协同育人"培养模式,加强校企深度融合和工学结合的力度,以企业岗位所需知识、能力、技术为切入点,实施项目式教学模式。第一学年:规划职业生涯,夯实基础。学生集中学习公共基础课程和专业理论课,形成本专业的基本素质和能力。公共基础课提升学生文化素养,为专业课学习服务。专业理论课坚持"实用、实效",为专业技能的提高奠定基础。第二学年和第三学年:方向引领,专项实训。学生以专门化发展方向为引领,由企业师傅与校内"双师型"教师共同实施教学,主要采取轮岗制和项目制相结合的培养方式,在校企共建的实训基地及企业的相应岗位上进行专项实训,形成专业核心技能,培养精益求精的工匠精神。

2.课程体系建设

实现教学环境与职场环境、教学内容与岗位技术标准、教学过程与生产过程三个对接,提高学生综合职业素养。在教学过程中,实施项目教学法,以"典型工作项目"为引领,校企合作开发并形成专业核心课程项目体系,循序渐进地对学生进行专项技能实训。

3."三师三能"型教师团队建设

借助地方优秀人才政策和学校灵活的办学机制,大力引进各类优秀教师、企业技术骨干和行业专家,建设了一支高学历与高技能的"1+1+1"模式,即"学校教师+企业技师+行业匠师"组成的"能教学、能实践、能育人"的双师型教师团队。同时,加大教师培养力度,着重培养和提拔优秀年轻骨干教师,并给予相关进修和培养资源倾斜,有针对性地组织专业教师到省内外、境内外、国内外职业教育发达国家和地区进修培训,充分发挥年轻骨干教师的主动性和创造性。此外,通过实行教师学习制度、教师与企业行业人员一对一联系制度、企业顶岗实践制度、学期教学成果考核制度、听课补贴课时制度等促进教师团队成长和教学水平的提高。

4.评价模式改革

改革以学校为单一主体的评价模式,建立行业企业、学校、学生、社会参与的多元化综合评价体系,以就业创业能力为导向,形成对学生的发展性评价。采取周评价、月总结和期末总评相结合的形式,通过企业技术人员评定、教师评价、家长评价、学生自评互评等过程性动态化多元评价体系。注重过程评价、增值评价、结果评价和综合评价,对评价结果进行个性化分析,分类制定专门的培养方案,提高人才培养的针对性和有效性。

5.实践教学环境建设

根据企业的职业岗位设置实训基地的实训岗位,增加生产性实训设备,扩建完善校内实训基地,实施企业的"7S"车间管理,为学生开展生产性实训创造条件。建成一体化教室,突出学生动手能力和专业技能的培养。

被需值教育

三、现代学徒制、"二元制"人才培养模式的实践体会

(一)搭建平台是基础

职业高等学校与行业企业的深度融合,必须搭建校企深度合作的平台,如行业教育指导委员会、职业教育集团等,发挥合作企业的行业优势,为现代学徒制、"二元制"的探索与实践提供平台支撑,在发挥群体优势和规模效应的基础上,助力校企深度融合。

(二)构建机制是保障

构建良好的运行机制是实现校企广度和深度融合的根本。在校企合作实践中,要逐步构建体制、组织、制度、资金等在内的校企协同育人的长效机制,为现代学徒制、"二元制"的实践探索保驾护航。

(三)需求导向是关键

职业院校必须以企业需求为导向,主动服务企业。学校要主动深入企业了解其真实的用人需求,适时调整专业结构,修订专业人才培养方案,与企业合作编写教材,重构课程内容,并根据企业生产的实际情况采取灵活的授课方式。学校要以主动服务的精神、严谨的办学态度和高质量的学生培养,带动合作企业参与职业教育的积极性,推进现代学徒制、"二元制"人才培养工作顺利开展。

(四)文化对接是精髓

企业文化是企业的灵魂,是推动企业前进和发展的动力,校园文化是学校的价值标准和行为规范。企业文化规范务实重利,校园文化青春浪漫重情,通过学习、文化体育活动交流、参观考察体验等活动,将校企文化融合对接,有机结合,互相借鉴提升,缩小了校企之间的文化差距,成为现代学徒制、"二元制"校企协同育人,校、企、政、研和学生多赢的助推器。

(五)提高质量是根本

实践证明,现代学徒制、"二元制"校企协同育人是职业教育的有效办学模式。以行业企业岗位需求为导向,以课程为抓手,以师资队伍建设为关键,着重提高人才培养质量,培养出了企业所需求、具备专业知识与职业技能的应用型人才,毕业生受到企业的广泛好评,满足企业需求,得到企业信任和忠诚,必将引来更多企业主动合作,积极参与现代学徒制、"二元制"人才培养工作。

四、完善现代学徒制、"二元制"人才培养模式的策略选择

(一)加强领导,构建组织管理体系

纵观西方国家,现代学徒制的利益相关者较多,大多数国家形成了至少包括政府、行业、工会和学校四方利益相对平衡的合作机制。在我国,政府首先要充分发挥在发展现代职业教育中的统筹和推动作用,主动服务地方产业转型升级对职业教育提出的新要求,坚持问题导向、项目带动,在大力推进"校企合作、工学结合"的框架内,全力推进职业教育深化改革、创新发展,精准提升职业教育与产业发展的契合度。一方面,要组建工作指导委员会。由地方行政主管部门牵头,联合各行业职业教育指导委员会、职教集团、行业协会、龙头企业、科研院所等,组建工作指导委员会,统筹指导现代学徒制、"二元制"建设项目,加强对相关院校和企业的引领和扶持,加强指导和监督;另一方面,构建分权、分级、分块的管理模式,从制度上规范实施,加大过程监管。省级负责总体规划和领导责任,具体管理由市级成立的专门机构负责,具体实施的是企业和职业院校。

(二)加强立法,发挥多元主体的主导作用

西方发达国家把现代学徒制视为国家发展战略,出台了劳动和教育相关的法律政策,为学徒制提供法律保障。我国也相继出台了有关激励和保障企业主动参与职业教育的法律法规和相应的政策制度,明确了现代学徒制是我国职业教育体系的一个重要组成部分,明确了校企合作中多元主体的权利和义务。但没有做到有法可依和有法必依,政府、职教集团、行业协会、企业、学校等多方还没有在职业教育中发挥各自应有的作用,因此,各职能部门要尽快出台相应的配套政策,建立联动机制。例如,在学校经费补助、企业税收减免、学生学费减免等方面予以立法明确,并强制执行,以激发学校、企业、行业协会、科研机构等社会各界以及学生参与职业教育的积极性和主动性。

(本文节选自 2017 年 7 月《教育评论》,王树生"'二元'视角下现代学徒制人才培养模式研究与实践")

(三)共建公共实训基地,推进现代学徒制和"二元制"

公共实训基地是集教学、技能鉴定和技术服务于一体的多功能职业教育平台。校企合作共建实训基地,是积极实施"校企主导联合育人"的现代学徒制的举措之一,切合现代职业教育人才培养模式。新一轮高等职业教育教学改革要求继续深化校企合作,以培养切合企业需求、社会满意的学生为主线,创新体制机制,深化教育教学改革。学校可以同时与多家科研机构共建公共实训基地,校企双方展开更深层次的合作与交流,创新人才培养模式,提升专业服务产业能力,为职业高等教育服务行业、服务社会提供保障。

(本文节选自 2016 年 4 月《泉州晚报》访谈,王树生"共建公共实训基地 推进'现代学徒制'")

第五节 "二元制"催生校企化学反应

"二元制"是福建版的现代学徒制。"二元制"是由企业根据需要提出订单,职业院校从企业员工中招录学生,校企双方共同教学和管理,学生要接受学校教师和企业技师的授课考核的一种双元主体的人才培养模式。"二元制"教育的核心是高校资源为企业服务,高校资源下移到企业办学。由于区域经济活跃和产业集群发展,因此企业有人才需求,企业员工也有提高自身知识储备的需求,职业院校要主动服务需求。而过去传统的校企合作是企业资源为高职院校服务,企业为高职院校输出,提供实训岗位、见习机会等。"二元制"教育,为企业员工输出的是专业知识、大学校园文化。其学员学习不脱产、入学不参加全国统考、读书不需要交学费,学生"轻松上阵"参与学习。

一、"二元制"人才培养模式的实践探索

"二元制"学生既是学校学生又是工厂员工,既接受学校教师的专业理论教学,又可获得企业师傅的经验传授。"二元制"采取的是灵活的授课方式。

(1)学习时间上,学生想学的时候才教。"二元制"的学生平时要在工作岗位上忙碌,教师去企业上课的时间,以学生时间为准,基本都安排在周末或者晚上。

(2)学习内容上,学生能学会的内容才教。教师在授课时,要选择好知识的难易度,重要的是激发学生学习的兴趣,培养他们的学习习惯和学习能力,避免死记硬背的"填鸭式"教学。

"二元制"教师标准较高。教师一定要懂得实践,懂得教育方法,懂得因材施教,注重学生的学习效率,只有学到知识且有所收获,才有学习兴趣和动力。由于学生的特殊性,教学内容、教学模式都要改变,更多的是进行理论联系实际、操作性的示范性教育,让学生"想学、能学、学得会"。教师对一些知识点的筛选和语言的转化,更要通俗易懂;结合企业的语言,应用教学技术手段,针对学生较长时间没有学习的特点,要逐步融入企业的文化氛围,花更多时间备课。"二元制"校园文化熏陶使学生重返青春时代。企业文化和校园文化不同,校园文化青春浪漫,企业文化务实规范,通过校企文化的对流,让企业学员在校园文化体育活动中重返学生时代,体验青春生活,感受校园文化,培育他们"会学习、会交往、会生活、会工作"能力。"二元制"同学有了自己的班集体,班级建了微信群,交流学习,交往互助,虽然年龄和阅历不同,但都能够逐步融进班集体,对学习有了信心和兴趣,很快有了凝聚力。实行学校和企业双班导师制。教师负责"二元制"学生的学习、工作和生活的指导服务,学生参加开班仪式、开学典礼、拔河比赛、羽毛球比赛、运动会、科技文化节等大学生校内活动,实现文化对流,让企业文化进课堂,校园文化进企业。

二、"二元制"人才培养模式的现实意义

"点石成金"变化的不仅是学历。企业员工一直在一线工作,模仿也好,操作也罢,对技术层面更多的是简单的理解或感性的认识,经过课程学习后,他们在理论方面得到点化、提升,起到了"点石成金"的效果。"二元制"试点班,将为企业人才知识储备提供积极帮助。"二元制"人才培养模式,对企业发展起到的影响更为深远,许多一线的管理员和生产线员工因自身的知识储备不足而忧心忡忡,试点班满足了他们继续学习的需求。

"二元制"教育,让学校和企业真正发生化学反应,这也是学校开展"二元制"教育模式的动力。过去的校企合作,是物理的"1+1",现在是化学反应后的"你中有我,我中有你"。职业院校的教学要与企业接轨,要清楚企业员工的素质,发生"化学反应"后,学校教师对自己的教学将有所调整,拉近企业需求和课本的距离。

实现"信息对流",落实"产教融合"。为加强"二元制"学生的专业技能,学校与企业共建教学实训室,更直观地将专业知识与综合实训课程传授给学生。学校教师和企业工程师在实训室一起为学生上课。通过试点班,学校与企业的合作发生了化学反应,起到"1+1 > 2"的效果,福建省先行先试,或将引领全国高职人才培养模式改革。

(本文节选自 2017 年 2 月《泉州晚报》专访,王树生"'二元制'带来校企化学反应")

第六节　中国职业教育新纪元

2019 年是中国职业教育新纪元,是企业学院新纪元,是立德树人、文化育人新纪元。基因有两种,一种是生物基因,属于物质层面,是具体的,通过血液、体液、染色体遗传,是一切生命体生命特征的传递;另外一种是文化基因,是人们通过参与某种活动而留下的物质、精神等方面的影响因素。

一、职业教育的新纪元

职业教育是教育的起源。一万多年前,燧人氏钻木取火,开启华夏文明;3000 多年前,庠、序、校以老人教会孩子生产生活知识开启人类教育的先河;2000 多年来,以鲁班、李时珍、张衡为代表的科学技术大师开启了中华民族征服自然,进行生产生活的技术技能职业的历史;100 多年前,黄炎培、蔡元培等创办中华职教社,倡导"谋个人之发展、为个人谋生之准备,为个人服务社会之准备,为国家及世界发展生产力之准备",开启了中国现代职业教育。2019 年 2 月 13 日"职教 20 条"出台,明确了"职业教育与普通教育是两种不同教育类型,具有同等重要地位",并确定了职业教育在经济社会发展中的重要作用和标准体系建设等。国务院牵头以及教育部、人社部、财政部、发改委等部门联合发文超过 10 个,包括顶层设计,具体到人才培养方案、产教融合、师资队伍、1+X 等,把职业教育推到了一个带动中国教育改

革、服务中国经济社会发展的最高层面上。由此可见,2019 年是中国职业教育的新纪元,是跨越式发展起步之年。

作为职教人,能够参与到职业教育大发展的时代洪流中,我们感到荣幸和自豪。我们要对得起职教人的称号,对得起国家的期待,特别是要对得起学生的期待。我经常问我们的老师,学生从入学到毕业这三年中,发生了什么变化? 教师应该让学生发生怎样的变化? 应该教他们什么? 应该让他们成为怎样的人? 评估回访实际上是教学评估、人才培养工作的评估,就是要评估一个学生怎么成长,成长为什么样的人? 这是职教人要思考的问题。

二、企业学院的新纪元

从 1949 年中华人民共和国成立初期到 1977 年,我国一直探索实践工农教育、劳动教育、技术教育、半工半读,甚至把半工半读确定为基本教育制度。1978 年至 2013 年,这一阶段可以定位为产业学院时期,国家出台各种政策,各部委举办行业本科、大专及中专等各级院校,为行业发展输送了大批实用型专业技术人才和产业管理人才,有效促进了产业、行业和经济社会的发展。从 2014 年开始,我国职业教育逐渐进入企业学院阶段,其特点是办学主体从过去的政府主导下的行业办学,转变为政府引导企业办学,鼓励和推动企业在职业教育发展方面做出更大的贡献。2014 年,教育部发布《关于开展现代学徒制试点工作的意见》,强调"坚持产教融合发展,校企双主体,学校要主导,学生双身份",这意味着企业作为职业教育的办学主体,势必要积极发挥企业优势,主动担负起职业教育的育人主体作用,与学校形成合力,共同致力于学生的培养。

2019 年 2 月"职教 20 条"提出:"在开展国家产教融合建设试点基础上,建立产教融合型企业认证制度,对产教融合型企业给予'金融＋财政＋土地＋信用'的组合式激励,并按规定落实相关税收政策"。全国要培育一万个产教融合企业。产教融合、校企合作,产业和企业是什么关系呢? 其实是树林与树的关系,是群体与个体的关系。产业和行业最后一定要落实到企业,一定要以具体的企业为主体,按照企业需求、社会责任、产业行业标准,企业学院发挥校企一体化育人作用,共同培养岗位需要的人才。这意味着在校企合作中"校热企冷"的局面将逐渐被打破。企业与学校顺应形势,以需求为导向,遵循经济社会发展和学生身心发展规律,发生化学反应,整合资源,形成命运共同体,形成校企一体化育人模式。

办教育需要情怀,但情怀的背后还要有实力。从世界大学发展的历史来看,第一所大学博洛尼亚大学诞生于公元 1088 年的意大利。意大利的博洛尼亚大学诞生 100 多年之后,法国的巴黎学院,英国的剑桥大学、牛津大学陆续出现了。后来,美国出现了许多大学,现在世界排名前十名的大学有七八所是美国的。一个国家教育的发展一定和本国经济发展紧密相连,国家经济发展了,才能有更多的资金投入教育,才能有更多的人才集聚在这个国家,集聚在学校。我国现在快速发展,是世界第二大经济体。我们迎来了中国发展的新时代,未来世界名校一定有清华大学、北京大学、上海交通大学、浙江大学这些学校。职业教育的发展也恰逢其时,未来能够作为国际标准,可以引领世界的就是中国特色、中国范式的职业教育。中国职业教育过去学德国、学日本,我们也出去认真考察和交流过,但并不看好甚至是反对全盘引进他国的教育模式,因为教育一定要扎根于本国国土,一定要培养本国企业需要的人才。

三、立德树人、文化育人的新纪元

第三个新纪元是职业教育进入了立德树人、文化育人的新纪元。长期以来,职业教育培养学生倾向于工具化,针对那些考不上大学、学而不优的人,把他们集中到职业院校,教他们一些谋生的技能。现在的职业教育不同以往了,要立德树人、文化育人,培养德、智、体、美、劳全面发展的社会主义建设者和接班人,培养既有工匠精神、职业精神、劳动精神,还会学习、会生活、会交往的创新型技术技能人才,这些都是职教人应该思考和正确面对的问题。

2019年是职业教育新纪元,企业学院新纪元,立德树人、文化育人新纪元。可以预见,未来我们肩上的担子沉甸甸的。挑重担的人力量来源于哪里呢?办教育要有爱心,爱是教育的初心,是做好职业教育工作的力量源泉,愿我们职教人永远保住爱的初心。

(本文节选自2019年11月1日学校二轮评估回访汇报会上王树生讲话)

同步思考

1.解释概念:二元制、现代学徒制、企业学院。

2.简述企业学院"12335"育人模式。

3.简述企业学院"九个一"育人机制。

4.简述"二元制"和现代学徒制人才培养模式的本质特征。

同步链接1

国家职业教育改革实施方案

国发〔2019〕4号

职业教育与普通教育是两种不同教育类型,具有同等重要地位。改革开放以来,职业教育为我国经济社会发展提供了有力的人才和智力支撑,现代职业教育体系框架全面建成,服务经济社会发展能力和社会吸引力不断增强,具备了基本实现现代化的诸多有利条件和良好工作基础。随着我国进入新的发展阶段,产业升级和经济结构调整不断加快,各行各业对技术技能人才的需求越来越紧迫,职业教育重要地位和作用越来越凸显。但是,与发达国家相比,与建设现代化经济体系、建设教育强国的要求相比,我国职业教育还存在着体系建设不够完善、职业技能实训基地建设有待加强、制度标准不够健全、企业参与办学的动力不足、有利于技术技能人才成长的配套政策尚待完善、办学和人才培养质量水平参差不齐等问题,到了必须下大力气抓好的时候。没有职业教育现代化就没有教育现代化。为贯彻全国教育大会精神,进一步办好新时代职业教育,落实《中华人民共和国职业教育法》,制定本实施方案。

总体要求与目标:坚持以习近平新时代中国特色社会主义思想为指导,把职业教育摆在教育改革创新和经济社会发展中更加突出的位置。牢固树立新发展理念,服务建设现代化经济体系和实现更高质量更充分就业需要,对接科技发展趋势和市场需求,完善职业教育和培训体系,优化学校、专业布局,深化办学体制改革和育人机制改革,以促进就业和适应产业发展需求为导向,鼓励和支持社会各界特别是企业积极支持职业教育,着力培养高素质劳动者和技术技能人才。经过5—10年左右时间,职业教育基本完成由政府举办为主向政府统筹管理、社会多元办学的格局转变,由追求规模扩张向提高质量转变,由参照普通教育办学模式向企业社会参与、专业特色鲜明的类型教育转变,大幅提升新时代职业教育现代化水平,为促进经济社会发展和提高国家竞争力提供优质人才资源支撑。

具体指标:到2022年,职业院校教学条件基本达标,一大批普通本科高等学校向应用型转变,建设50所高水平高等职业学校和150个骨干专业(群)。建成覆盖大部分行业领域、具有国际先进水平的中国职业教育标准体系。企业参与职业教育的积极性有较大提升,培育数以万计的产教融合型企业,打造一批优秀职业教育培训评价组织,推动建设300个具有辐射引领作用的高水平专业化产教融合实训基地。职业院校实践性教学课时原则上占总课时一半以上,顶岗实习时间一般为6个月。"双师型"教师(同时具备理论教学和实践教学能力的教师)占专业课教师总数超过一半,分专业建设一批国家级职业教育教师教学创新团队。从2019年开始,在职业院校、应用型本科高校启动"学历证书+若干职业技能等级证书"制度试点(以下称1+X证书制度试点)工作。

一、完善国家职业教育制度体系

(一)健全国家职业教育制度框架。把握好正确的改革方向,按照"管好两端、规范中间、书证融通、办学多元"的原则,严把教学标准和毕业学生质量标准两个关口。将标准化建设作为统领职业教育发展的突破口,完善职业教育体系,为服务现代制造业、现代服务业、现代农业发展和职业教育现代化提供制度保障与人才支持。建立健全学校设置、师资团队、教学教材、信息化建设、安全设施等办学标准,引领职业教育服务发展、促进就业创业。落实好立德树人根本任务,健全德技并修、工学结合的育人机制,完善评价机制,规范人才培养全过程。深化产教融合、校企合作,育训结合,健全多元化办学格局,推动企业深度参与协同育人,扶持鼓励企业和社会力量参与举办各类职业教育。推进资历框架建设,探索实现学历证书和职业技能等级证书互通衔接。

(二)提高中等职业教育发展水平。优化教育结构,把发展中等职业教育作为普及高中阶段教育和建设中国特色职业教育体系的重要基础,保持高中阶段教育职普比大体相当,使绝大多数城乡新增劳动力接受高中阶段教育。改善中等职业学校基本办学条件。加强省级统筹,建好办好一批县域职教中心,重点支持集中连片特困地区每个地(市、州、盟)原则上至少建设一所符合当地经济社会发展和技术技能人才培养需要的中等职业学校。指导各地优化中等职业学校布局结构,科学配置并做大做强职业教育资源。加大对民族地区、贫困地区和残疾人职业教育的政策、金融支持力度,落实职业教育东西协作行动计划,办好内地少数民族中职班。完善招生机制,建立中等职业学校和普通高中统一招生平台,精准服务区域发展需求。积极招收初高中毕业未升学学生、退役军人、退役运动员、下岗职工、返乡农民工等接受中等职业教育;服务乡村振兴战略,为广大农村培养以新型职业农民为主体的农村实用人才。发挥中等职业学校作用,帮助部分学业困难学生按规定在职业学校完成义务教育,并接受部分职业技能学习。鼓励中等职业学校联合中小学开展劳动和职业启蒙教育,将动手实践内容纳入中小学相关课程和学生综合素质评价。

(三)推进高等职业教育高质量发展。把发展高等职业教育作为优化高等教育结构和培养大国工匠、能工巧匠的重要方式,使城乡新增劳动力更多接受高等教育。高等职业学校要培养服务区域发展的高素质技术技能人才,重点服务企业特别是中小微企业的技术研发和产品升级,加强社区教育和终身学习服务。建立"职教高考"制度,完善"文化素质+职业技能"的考试招生办法,提高生源质量,为学生接受高等职业教育提供多种入学方式和学习方式。在学前教育、护理、养老服务、健康服务、现代服务业等领域,扩大对初中毕业生实行中高职贯通培养的招生规模。启动实施中国特色高水平高等职业学校和专业建设计划,建设一批引领改革、支撑发展、中国特色、世界水平的高等职业学校和骨干专业(群)。根据高等学校设置制度规定,将符合条件的技师学院纳入高等学校序列。

(四)完善高层次应用型人才培养体系。完善学历教育与培训并重的现代职业教育体系,畅通技术技能人才成长渠道。发展以职业需求为导向、以实践能力培养为重点、以产学研用结合为途径的专业学位研究生培养模式,加强专业学位硕士研究生培养。推动具备条件的普通本科高校向应用型转变,鼓励有条件的普通高校开办应用技术类型专业或课程。开展本科层次职业教育试点。制定中国技能大赛、全国职业院校技能大赛、世界技能大赛获奖选手等免试入学政策,探索长学制培养高端技术技能人才。服务军民融合发展,把军队相关的职业教育纳入国家职业教育大体系,共同做好面向现役军人的教育培训,支持其在服役期间取得多类职业技能等级证书,提升技术技能水平。落实好定向培养直招士官政策,推动地方院校与军队院校有效对接,推动优质职业教育资源向军事人才培养开放,建立军地网络教育资源共享机制。制订具体政策办法,支持适合的退役军人进入职业院校和普通本科高校接受教育和培训,鼓励支持设立退役军人教育培训集团(联盟),推动退役、培训、就业有机衔接,为促进退役军人特别是退役士兵就业创业作出贡献。

二、构建职业教育国家标准

(五)完善教育教学相关标准。发挥标准在职业教育质量提升中的基础性作用。按照专业设置与产业需求对接、课程内容与职业标准对接、教学过程与生产过程对接的要求,完善中等、高等职业学校设置标准,规范职业院校设置;实施教师和校长专业标准,提升职业院校教学管理和教学实践能力。持续更新并推进专业目录、专业教学标准、课程标准、顶岗实习标准、实训条件建设标准(仪器设备配备规范)建设和在职业院校落地实施。巩固和发展国务院教育行政部门联合行业制定国家教学标准、职业院校依据标准自主制订人才培养方案的工作格局。

(六)启动1+X证书制度试点工作。深化复合型技术技能人才培养培训模式改革,借鉴国际职业教育培训普遍做法,制订工作方案和具体管理办法,启动1+X证书制度试点工作。试点工作要进一步发挥好学历证书作用,夯实学生可持续发展基础,鼓励职业院校学生在获得学历证书的同时,积极取得多类职业技能等级证书,拓展就业创业本领,缓解结构性就业矛盾。国务院人力资源社会保障行政部门、教育行政部门在职责范围内,分别负责管理监督考核院校外、院校内职业技能等级证书的实施(技工院校内由人力资源社会保障行政部门负责),国务院人力资源社会保障行政部门组织制定职业标准,国务院教育行政部门依照职业标准牵头组织开发教学等相关标准。院校内培训可面向社会人群,院校外培训也可面向在校学生。各类职业技能等级证书具有同等效力,持有证书人员享受同等待遇。院校内实施的职业技能等级证书分为初级、中级、高级,是职业技能水平的凭证,反映职业活动和个人职业生涯发展所需要的综合能力。

(七)开展高质量职业培训。落实职业院校实施学历教育与培训并举的法定职责,按照育训结合、长短结合、内外结合的要求,面向在校学生和全体社会成员开展职业培训。自2019年开始,围绕现代农业、先进制造业、现代服务业、战略性新兴产业,推动职业院校在10个左右技术技能人才紧缺领域大力开展职业培训。引导行业企业深度参与技术技能人才培养培训,促进职业院校加强专业建设、深化课程改革、增强实训内容、提高师资水平,全面提升教育教学质量。各级政府要积极支持职业培训,行政部门要简政放权并履行好监管职责,相关下属机构要优化服务,对于违规收取费用的要严肃处理。畅通技术技能人才职业发展通道,鼓励其持续获得适应经济社会发展需要的职业培训证书,引导和支持企业等用人单位落实相关待遇。对取得职业技能等级证书的离校未就业高校毕业生,按规定落实职业培训补贴政策。

(八)实现学习成果的认定、积累和转换。加快推进职业教育国家"学分银行"建设,从2019年开始,探索建立职业教育个人学习账号,实现学习成果可追溯、可查询、可转换。有序开展学历证书和职业技能等级证书所体现的学习成果的认定、积累和转换,为技术技能人才持续成长拓宽通道。职业院校对取得若干职业技能等级证书的社会成员,支持其根据证书等级和类别免修部分课程,在完成规定内容学习后依法依规取得学历证书。对接受职业院校学历教育并取得毕业证书的学生,在参加相应的职业技能等级证书考试时,可免试部分内容。从2019年起,在有条件的地区和高校探索实施试点工作,制定符合国情的国家资历框架。

三、促进产教融合校企"双元"育人

(九)坚持知行合一、工学结合。借鉴"双元制"等模式,总结现代学徒制和企业新型学徒制试点经验,校企共同研究制定人才培养方案,及时将新技术、新工艺、新规范纳入教学标准和教学内容,强化学生实习实训。健全专业设置定期评估机制,强化地方引导本区域职业院校优化专业设置的职责,原则上每5年修订1次职业院校专业目录,学校依据目录灵活自主设置专业,每年调整1次专业。健全专业教学资源库,建立共建共享平台的资源认证标准和交易机制,进一步扩大优质资源覆盖面。遴选认定一大批职业教育在线精品课程,建设一大批校企"双元"合作开发的国家规划教材,倡导使用新型活页式、工作手册式教材并配套开发信息化资源。每3年修订1次教材,其中专业教材随信息技术发展和产业升级情况及时动态更新。适应"互联网+职业教育"发展需求,运用现代信息技术改进教学方式方法,推进虚

拟工厂等网络学习空间建设和普遍应用。

（十）推动校企全面加强深度合作。职业院校应当根据自身特点和人才培养需要，主动与具备条件的企业在人才培养、技术创新、就业创业、社会服务、文化传承等方面开展合作。学校积极为企业提供所需的课程、师资等资源，企业应当依法履行实施职业教育的义务，利用资本、技术、知识、设施、设备和管理等要素参与校企合作，促进人力资源开发。校企合作中，学校可从中获得智力、专利、教育、劳务等报酬，具体分配由学校按规定自行处理。在开展国家产教融合建设试点基础上，建立产教融合型企业认证制度，对进入目录的产教融合型企业给予"金融＋财政＋土地＋信用"的组合式激励，并按规定落实相关税收政策。试点企业兴办职业教育的投资符合条件的，可按投资额一定比例抵免该企业当年应缴教育费附加和地方教育附加。厚植企业承担职业教育责任的社会环境，推动职业院校和行业企业形成命运共同体。

（十一）打造一批高水平实训基地。加大政策引导力度，充分调动各方面深化职业教育改革创新的积极性，带动各级政府、企业和职业院校建设一批资源共享，集实践教学、社会培训、企业真实生产和社会技术服务于一体的高水平职业教育实训基地。面向先进制造业等技术技能人才紧缺领域，统筹多种资源，建设若干具有辐射引领作用的高水平专业化产教融合实训基地，推动开放共享，辐射区域内学校和企业；鼓励职业院校建设或校企共建一批校内实训基地，提升重点专业建设和校企合作育人水平。积极吸引企业和社会力量参与，指导各地各校借鉴德国、日本、瑞士等国家经验，探索创新实训基地运营模式。提高实训基地规划、管理水平，为社会公众、职业院校在校生取得职业技能等级证书和企业提升人力资源水平提供有力支撑。

（十二）多措并举打造"双师型"教师团队。从 2019 年起，职业院校、应用型本科高校相关专业教师原则上从具有 3 年以上企业工作经历并具有高职以上学历的人员中公开招聘，特殊高技能人才（含具有高级工以上职业资格人员）可适当放宽学历要求，2020 年起基本不再从应届毕业生中招聘。加强职业技术师范院校建设，优化结构布局，引导一批高水平工科学校举办职业技术师范教育。实施职业院校教师素质提高计划，建立 100 个"双师型"教师培养培训基地，职业院校、应用型本科高校教师每年至少 1 个月在企业或实训基地实训，落实教师 5 年一周期的全员轮训制度。探索组建高水平、结构化教师教学创新团队，教师分工协作进行模块化教学。定期组织选派职业院校专业骨干教师赴国外研修访学。在职业院校实行高层次、高技能人才以直接考察的方式公开招聘。建立健全职业院校自主聘任兼职教师的办法，推动企业工程技术人员、高技能人才和职业院校教师双向流动。职业院校通过校企合作、技术服务、社会培训、自办企业等所得收入，可按一定比例作为绩效工资来源。

四、建设多元办学格局

（十三）推动企业和社会力量举办高质量职业教育。

各级政府部门要深化"放管服"改革，加快推进职能转变，由注重"办"职业教育向"管理与服务"过渡。政府主要负责规划战略、制定政策、依法依规监管。发挥企业重要办学主体作用，鼓励有条件的企业特别是大企业举办高质量职业教育，各级人民政府可按规定给予适当支持。完善企业经营管理和技术人员与学校领导、骨干教师相互兼职兼薪制度。2020年初步建成300个示范性职业教育集团(联盟),带动中小企业参与。支持和规范社会力量兴办职业教育培训,鼓励发展股份制、混合所有制等职业院校和各类职业培训机构。建立公开透明规范的民办职业教育准入、审批制度,探索民办职业教育负面清单制度,建立健全退出机制。

(十四)做优职业教育培训评价组织。职业教育包括职业学校教育和职业培训,职业院校和应用型本科高校按照国家教学标准和规定职责完成教学任务和职业技能人才培养。同时,也必须调动社会力量,补充校园不足,助力校园办学。能够依据国家有关法规和职业标准、教学标准完成的职业技能培训,要更多通过职业教育培训评价组织(以下简称培训评价组织)等参与实施。政府通过放宽准入,严格末端监督执法,严格控制数量,扶优、扶大、扶强,保证培训质量和学生能力水平。要按照在已成熟的品牌中遴选一批、在成长中的品牌中培育一批、在有需要但还没有建立项目的领域中规划一批的原则,以社会化机制公开招募并择优遴选培训评价组织,优先从制订过国家职业标准并完成标准教材编写,具有专家、师资团队、资金实力和5年以上优秀培训业绩的机构中选择。培训评价组织应对接职业标准,与国际先进标准接轨,按有关规定开发职业技能等级标准,负责实施职业技能考核、评价和证书发放。政府部门要加强监管,防止出现乱培训、滥发证现象。行业协会要积极配合政府,为培训评价组织提供好服务环境支持,不得以任何方式收取费用或干预企业办学行为。

五、完善技术技能人才保障政策

(十五)提高技术技能人才待遇水平。支持技术技能人才凭技能提升待遇,鼓励企业职务职级晋升和工资分配向关键岗位、生产一线岗位和紧缺急需的高层次、高技能人才倾斜。建立国家技术技能大师库,鼓励技术技能大师建立大师工作室,并按规定给予政策和资金支持,支持技术技能大师到职业院校担任兼职教师,参与国家重大工程项目联合攻关。积极推动职业院校毕业生在落户、就业、参加机关事业单位招聘、职称评审、职级晋升等方面与普通高校毕业生享受同等待遇。逐步提高技术技能人才特别是技术工人收入水平和地位。机关和企事业单位招用人员不得歧视职业院校毕业生。国务院人力资源社会保障行政部门会同有关部门,适时组织清理调整对技术技能人才的歧视政策,推动形成人人皆可成才、人人尽展其才的良好环境。按照国家有关规定加大对职业院校参加有关技能大赛成绩突出毕业生的表彰奖励力度。办好职业教育活动周和世界青年技能日宣传活动,深入开展"大国工匠进校园"、"劳模进校园"、"优秀职校生校园分享"等活动,宣传展示大国工匠、能工巧匠和高素质劳动者的事迹和形象,培育和传承好工匠精神。

(十六)健全经费投入机制。各级政府要建立与办学规模、培养成本、办学质量等相适应的财政投入制度,地方政府要按规定制定并落实职业院校生均经费标准或公用经费标准。在保障教育合理投入的同时,优化教育支出结构,新增教育经费要向职业教育倾斜。鼓励社会力量捐资、出资兴办职业教育,拓宽办学筹资渠道。进一步完善中等职业学校生均拨款制度,各地中等职业学校生均财政拨款水平可适当高于当地普通高中。各地在继续巩固落实好高等职业教育生均财政拨款水平达到12000元的基础上,根据发展需要和财力可能逐步提高拨款水平。组织实施好现代职业教育质量提升计划、产教融合工程等。经费投入要进一步突出改革导向,支持校企合作,注重向中西部、贫困地区和民族地区倾斜。进一步扩大职业院校助学金覆盖面,完善补助标准动态调整机制,落实对建档立卡等家庭经济困难学生的倾斜政策,健全职业教育奖学金制度。

六、加强职业教育办学质量督导评价

(十七)建立健全职业教育质量评价和督导评估制度。以学习者的职业道德、技术技能水平和就业质量,以及产教融合、校企合作水平为核心,建立职业教育质量评价体系。定期对职业技能等级证书有关工作进行"双随机、一公开"的抽查和监督,从2019年起,对培训评价组织行为和职业院校培训质量进行监测和评估。实施职业教育质量年度报告制度,报告向社会公开。完善政府、行业、企业、职业院校等共同参与的质量评价机制,积极支持第三方机构开展评估,将考核结果作为政策支持、绩效考核、表彰奖励的重要依据。完善职业教育督导评估办法,建立职业教育定期督导评估和专项督导评估制度,落实督导报告、公报、约谈、限期整改、奖惩等制度。国务院教育督导委员会定期听取职业教育督导评估情况汇报。

(十八)支持组建国家职业教育指导咨询委员会。为把握正确的国家职业教育改革发展方向,创新我国职业教育改革发展模式,提出重大政策研究建议,参与起草、制订国家职业教育法律法规,开展重大改革调研,提供各种咨询意见,进一步提高政府决策科学化水平,规划并审议职业教育标准等,在政府指导下组建国家职业教育指导咨询委员会。成员包括政府人员、职业教育专家、行业企业专家、管理专家、职业教育研究人员、中华职业教育社等团体和社会各方面热心职业教育的人士。通过政府购买服务等方式,听取咨询机构提出的意见建议并鼓励社会和民间智库参与。政府可以委托国家职业教育指导咨询委员会作为第三方,对全国职业院校、普通高校、校企合作企业、培训评价组织的教育管理、教学质量、办学方式模式、师资培养、学生职业技能提升等情况,进行指导、考核、评估等。

七、做好改革组织实施工作

(十九)加强党对职业教育工作的全面领导。以习近平新时代中国特色社会主义思想特别是习近平关于职业教育的重要论述武装头脑、指导实践、推动工作。加强党对教育事业的全面领导,全面贯彻党的教育方针,落实中央教育工作领导小组各项要求,保证职业教育改革发展正确方向。要充分发挥党组织在职业院校的领导核心和政治核心作用,牢牢把握学校意识形态工作领导权,将党建工作与学校事业发展同部署、同落实、同考评。指导职业院校上好思想政治理论课,实施好中等职业学校"文明风采"活动,推进职业教育领域"三全育人"综合改革试点工作,使各类课程与思想政治理论课同向同行,努力实现职业技能和职业精神培养高度融合。加强基层党组织建设,有效发挥基层党组织的战斗堡垒作用和共产党员的先锋模范作用,带动学校工会、共青团等群团组织和学生会组织建设,汇聚每一位师生员工的积极性和主动性。

(二十)完善国务院职业教育工作部际联席会议制度。国务院职业教育工作部际联席会议由教育、人力资源社会保障、发展改革、工业和信息化、财政、农业农村、国资、税务、扶贫等单位组成,国务院分管教育工作的副总理担任召集人。联席会议统筹协调全国职业教育工

作,研究协调解决工作中重大问题,听取国家职业教育指导咨询委员会等方面的意见建议,部署实施职业教育改革创新重大事项,每年召开两次会议,各成员单位就有关工作情况向联席会议报告。国务院教育行政部门负责职业教育工作的统筹规划、综合协调、宏观管理,国务院教育行政部门、人力资源社会保障行政部门和其他有关部门在职责范围内,分别负责有关的职业教育工作。各成员单位要加强沟通协调,做好相关政策配套衔接,在国家和区域战略规划、重大项目安排、经费投入、企业办学、人力资源开发等方面形成政策合力。推动落实《中华人民共和国职业教育法》,为职业教育改革创新提供重要的制度保障。

同步链接 2

教育部产学合作协同育人项目管理办法
第一章 总 则

第一条 为贯彻落实《国务院办公厅关于深化产教融合的若干意见》(国办发〔2017〕95号)和《关于加快建设发展新工科 实施卓越工程师教育培养计划 2.0 的意见》(教高〔2018〕3号)精神,加强和规范教育部产学合作协同育人项目(以下简称产学合作协同育人项目)管理,特制定本办法。

第二条 产学合作协同育人项目旨在通过政府搭台、企业支持、高校对接、共建共享,深化产教融合,促进教育链、人才链与产业链、创新链有机衔接,以产业和技术发展的最新需求推动高校人才培养改革。

第三条 产学合作协同育人项目坚持主动服务国家经济社会发展需求,服务战略性新兴产业发展需求,服务新工科、新医科、新农科、新文科建设需求,服务企业基础性、战略性研究需求,鼓励相关企业不以直接商业利益作为目标,深化与高校产学合作,促进培养目标、师资队伍、资源配置、管理服务的多方协同,培养支撑引领经济社会发展需要的高素质专门人才。

第四条 产学合作协同育人项目实行项目制管理,主要包括六类:

(一)新工科、新医科、新农科、新文科建设项目。企业提供经费和资源,支持高校开展新工科、新医科、新农科、新文科研究与实践,推动校企合作办学、合作育人、合作就业、合作发展,深入开展多样化探索实践,形成可推广的建设改革成果。

(二)教学内容和课程体系改革项目。企业提供经费、师资、技术、平台等,将产业和技术最新进展、行业对人才培养的最新要求引入教学过程,推动高校更新教学内容、完善课程体系,建设适应行业发展需要、可共享的课程、教材、教学案例等资源并推广应用。

(三)师资培训项目。企业提供经费和资源,由高校和企业共同组织开展面向教师的技术培训、经验分享、项目研究等工作,提升教师教学水平和实践能力。

(四)实践条件和实践基地建设项目。企业提供资金、软硬件设备或平台,支持高校建设实验室、实践基地、实践教学资源等,鼓励企业接收学生实习实训,提高实践教学质量。

(五)创新创业教育改革项目。企业提供师资、软硬件条件、投资基金等,支持高校加强创新创业教育课程体系、实践训练体系、创客空间、项目孵化转化平台等建设,深化创新创业教育改革。

（六）创新创业联合基金项目。企业提供资金、指导教师和项目研究方向,支持高校学生进行创新创业实践。

第二章 管理职责

第五条 教育部是产学合作协同育人项目的宏观管理部门,主要职责是:

（一）制定有关政策和项目管理办法,编制发展规划和年度工作重点,统筹推进和指导项目规范运行;

（二）组建并指导专家组织开展研究、咨询、指导、评估、成果交流等工作;

（三）指导开展指南征集、项目遴选、过程监管、结题验收、成果展示等工作。

第六条 省级教育行政部门的主要职责是:

（一）制定本区域深化产教融合、推进产学合作的政策措施;

（二）指导本区域高校积极参加产学合作协同育人项目,做好过程监管、优秀项目推选等工作;

（三）指导本区域相关专家组织开展研究、咨询、指导、评估、成果交流等工作。

第七条 参与产学合作协同育人项目的高校是项目运行管理的主体,主要职责是:

（一）建立健全高校产学合作协同育人项目组织管理体系,制定工作实施细则;

（二）为项目实施提供环境及条件支持,配备项目管理人员;

（三）负责高校产学合作协同育人项目的论证、遴选、中期检查、结题验收、优秀项目推选等运行管理工作;

（四）负责高校产学合作协同育人项目的日常监督管理和年度总结工作,遴选推荐优秀项目。

第八条 参与产学合作协同育人项目的企业的主要职责是:

（一）发布项目指南,接受高校项目合作申请,开展指南解读、高校合作洽谈、项目咨询、合作意向对接等工作;

（二）规范项目运行,严格过程管理,确保承诺的项目支持经费、软硬件等资源及时足额到位,保障项目顺利实施;

（三）组织项目结题验收,报送项目年度实施情况报告。

第三章 项目指南征集与发布

第九条 根据国家经济社会发展需求确定年度征集重点领域和批次,面向企业征集产学合作协同育人项目指南。

第十条 支持鼓励符合下列要求的企业提交产学合作协同育人项目指南。

（一）具有独立法人资格,成立至少2年,在所属行业及领域具有较为领先的技术力量和研发实力,业务稳定、业绩良好,注册实缴资金原则上在500万元以上;

（二）参与企业应具有健全的财务制度,信用良好,无欺瞒、诈骗等不良记录,并能提供国家相关职能部门或机构出具的企业信用良好报告,且未发现有本办法第三十一条所列禁止性行为。在相关领域具有与高校开展合作的良好基础,有2名（含）以上合作高校高级职称

专家出具的推荐材料;

(三)鼓励企业每批次提供的实际支持资金总额不少于 50 万元(不包含软硬件等投入)。实际支持资金作为产学合作协同育人项目专项经费,不附带附加条件;

(四)企业指定专人负责产学合作协同育人项目相关事宜。

第十一条 符合参与要求且有校企合作意向的企业根据相关规定,按要求编制提交项目指南。指南应包括支持项目类型及规模、申请条件、建设目标、支持举措、预期成果及有关要求等内容。指南应在符合法律法规规定的基础上,与产业发展需求、企业人才需求、高校人才培养要求相结合,预期成果应具有创新性和可考核性。

第十二条 鼓励企业对产学合作协同育人项目在符合法律法规规定基础之上进行资助,资助应满足以下基本条件:

(一)新工科、新医科、新农科、新文科建设项目,教学内容和课程体系改革项目,创新创业教育改革项目等实际支持资金不少于 5 万元/项;

(二)师资培训项目、创新创业联合基金项目等实际支持资金不少于 2 万元/项;

(三)实践条件和实践基地建设项目软硬件支持价值总额不少于 20 万元/项;

(四)申请条件应公开、透明,面向全体符合条件的高校;不得指定合作高校,不得强制要求高校建立联合实验室、提供软硬件及资金配套、挂牌等;

(五)项目实施期限一般为 1—2 年,特殊情况以项目合同约定为准。

第十三条 组织专家对企业材料和项目指南进行指导,提出指导意见。

第十四条 经备案审查,符合要求的项目指南面向社会公开发布。

第四章 项目申请、论证与立项

第十五条 高校根据项目指南,组织师生自主进行项目申请,做好申请项目的遴选工作。

第十六条 企业根据项目指南约定,按照公平公正的原则自主组织专家开展项目论证工作,并将校企双方达成合作意向的项目向社会公示。

第十七条 企业每批次立项数量不应少于 2 项;高校提交数量超过指南发布项目数量时,立项项目数量不应低于指南发布项目数量的 50%;高校提交数量未达到指南发布项目数量时,立项项目数量不应低于提交数量的 50%。

第十八条 经公示无异议的项目,校企双方签署合作协议,协议须明确项目内容、资助形式及时间、预期成果、项目周期和验收标准等事项。高校负责将签订后的协议进行报备。

第十九条 组织专家对企业提交的项目立项结果进行核定,最终结果经审查备案后向社会公布。

第五章 项目启动与实施

第二十条 立项结果发布后,校企双方应积极启动项目研究,按照合作协议约定确保落实经费拨款及软硬件支持等事项。

第二十一条 项目负责人应组织好项目实施,做好项目实施情况记录,及时向高校主管部门和企业相关负责人报告项目执行中出现的重大事项,按要求提供项目进展情况报告。

项目实施过程中,项目负责人一般不得更换。确因项目负责人调离或不能继续履行合作协议等情况,由校企双方协商更换人选,协商不一致时可终止该项目,并将项目变更情况上报备案。

第二十二条 校企双方应保持密切沟通联系,落实项目指南及合作协议承诺,保证项目顺利实施,接受并配合有关方面对项目的运行监管。

第六章 项目结题验收

第二十三条 项目负责人在合作协议约定时间内完成全部任务,经高校同意,向企业提出项目结题申请,并按合作协议提交相关证明材料。

第二十四条 企业组织专家进行项目验收,按要求报告验收结论。企业对项目的验收结论分为"通过""不通过"两类。

(一)按期完成合作协议约定的各项任务,提供的验收资料齐全、数据真实,验收结论为"通过";

(二)项目存在下列情况之一者,验收结论为"不通过":

1. 未按合作协议约定完成预定的目标、任务或私自更改项目研究目标、任务;

2. 提供的验收文件、资料、数据不真实;

3. 实施过程中出现重大问题,或存在尚未解决的纠纷;

4. 实施过程中存在违法违规行为。

第二十五条 高校从当年申请结题的项目中,择优向省级教育行政部门推荐优秀项目;省级教育行政部门组织相关专家在本区域高校推荐的优秀项目中择优进行推荐。高校推荐的优秀项目数量原则上不超过本校当年已通过结题验收项目数量的10%。

第二十六条 组织专家对企业提交的验收结论和省级教育行政部门推荐的优秀项目进行评估和汇总,发布本年度验收情况。

第七章 知识产权与成果转化

第二十七条 项目成果的知识产权由企业、高校和项目承担人员依合作协议确定。

第二十八条 建立产学合作协同育人项目成果库,将验收通过的项目成果集中向社会公开,对优秀项目成果以适当方式展示推广。

第二十九条 充分发挥项目成果的经济效益和社会效益,支持项目成果向课程、教材、课件、案例转化,向解决方案及决策咨询方案转化,向公共服务平台产品转化。

第八章 项目监管

第三十条 积极支持第三方机构开展项目评价,健全统计评价体系。强化监测评价结果运用,作为试点开展、激励约束的重要依据。

第三十一条 参与企业应进一步规范、约束自身行为,坚决杜绝下列类似情况发生。

(一)在项目指南、项目结题等材料中出现不实陈述,伪造企业信用证明、专家推荐材料等;

(二)未按协议约定落实资金及软硬件资源,在合作协议约定之外,强制要求高校提供软

硬件及资金配套,项目实施内容与协议约定不一致等违背项目指南及合作协议约定的行为;

(三)以评审费、咨询费、押金等形式要求高校交纳相关费用,因企业原因造成沟通不畅、项目执行困难等行为;

(四)借教育部、产学合作协同育人项目名义进行产品或服务搭售、商业推广宣传,擅自印发带有教育部及相关组织机构名称的立项证书、结题证书、牌匾等不当行为;

(五)其他不按项目管理办法执行及违法违规的行为。

第三十二条 参与高校应积极组织相关部门开展项目监管工作,坚决杜绝下列类似情况发生。

(一)项目组织管理体系不健全、管理制度缺失、条件支持保障不到位;

(二)因高校自身原因出现超期未完成或终止项目达到当年立项总数的30%或以上;

(三)高校相关部门未尽到财务、国有资产、纪检监察等监管职责,致使项目运行中出现违法违规行为;

(四)其他违背产教融合精神及违法违规行为。

第三十三条 项目负责人应积极开展项目研究工作,坚决杜绝下列类似情况发生。

(一)提供虚假材料,对项目运行中出现的问题谎报瞒报,对项目成果进行虚假宣传等行为;

(二)以项目名义进行营利、套取教学及科研资源、以权谋私等行为;

(三)因个人原因导致项目超期未完成或终止,项目成果与预期有较大差距;

(四)私自篡改项目名称,研究内容与批准的项目设计严重不符、研究过程中剽窃他人成果等行为;

(五)存在其他违法违规行为。

第九章 附 则

第三十四条 "产学合作协同育人项目"的英文名称为:University - Industry Collaborative Education Program。

第三十五条 本办法自印发之日起施行,由教育部负责解释。

教育部

2020 年 1 月 8 日

参 考 文 献

[1]安希孟.作人的意义：为人,是人,成为人［J］.太原师范学院学报(社会科学版),2010(11):3.

[2]崔雪茹.如何化解道德冷漠现 Q1 象［N］.光明日报,2014-02-26(13).

[3]程镭鳕.基于校企合作的高职教育服务社会能力研究［J］.中外企业文化(下旬刊),2014(7).

[4]陈竞晓.需求层次与企业激励机制的建构［J］.学术研究,2002:29-31.

[5]陈昌学.高职高专公共英语教学改革的思考［J］.成都教育学院学报,2005(11):124-126.

[6]方展画,弓静."教"与"学":学校教育的博弈与回归［J］.教育研究,2018(10):93.

[7]冯来兴.坚持用社会主义核心价值观引领高校思想政治理论课教学［J］.文教资料,2009:178-181.

[8]教育部高教司.高职高专教育英语课程教学基本要求(试行)［S］.北京:高等教育出版社,2006.

[9]葛金国,石中英.论校园文化的内涵、特征和功能［J］.高等教育研究,1990(03):60-64.

[10]高德胜.道德冷漠与道德教育［J］.教育学报,2009(3):81.

[11]高丹.高校公共体育武术课程开展情况的调查研究［J］.运动,2014(20):78-79.

[12]关晶,石伟平.西方现代学徒制的特征及启示［J］.职业技术教育,2011(31):80-83.

[13]郭浩.浅析 CUBA 中国大学生篮球联赛与高校校园文化建设［J］.科技信息,2012(1):323.

[14]谷志忠.专门用途英语课程教学设计研究［D］.上海:上海外国语大学,2010:164.

[15]侯波,辛香玲,等.高职院校校园文化结构与功能分析［J］.中国青年政治学院学报,2006(04):60-66.

[16]胡文鹏.国内期刊关于"现代学徒制"研究的内容分析［J］.职业教育研究(理论与应用研究版),2015(12):10-16.

[17]今道有信.东西方哲学美学比较［M］.李心峰,等,译.北京:中国人民大学出版社,1990:54-55.

[18]姜志明,刘甄悦.中外大学校园体育文化比较研究［J］.体育文化导刊,2010(9):105-108.

[19]吕冲.谈高职英语教育的应用性［J］.内蒙古师范大学学报,2005(3):107-108.

被需值教育

[20]靳慧.高职生职业素养培养途径研究［J］.淮北职业技术学院学报，2010(02)：31-33.

[21]李源.职业院校教师职业倦怠及相关因素调查研究［D］.长沙：湖南农业大学 2014：74.

[22]李振汕,蒋萍."案例教学法"在 Photoshop 教学中的应用［J］.计算机教育，2009：(02).

[23]雷久相.探析高职校园文化建设的定位及内涵［J］.教育与职业，2006(05)：20-22.

[24]李华.基于专业方向的高职公共英语课教学策略［M］.北京：高等教育出版社，2003：20-33.

[25]刘法公.论基础英语与专门用途英语的教学关系［J］.外语与外语教学，2003(1)：31-33.

[26]连建峰,罗裙娣.多重思维下的被需值教育理念——关于被需值教育理念的内涵解读［J］.科学大众（科学教育），2017(10)：136.

[27]连建峰.被需值在二元制人才培养模式中的导向性研究——从教师的被需值角度审视教师功能的转变［J］.市场论坛，2018(5)：92-94.

[28]刘庆昌.教育理论向实践转化的现实路径［J］.教育学术期刊，2015(6)：3.

[29]刘友红,崔俊杰.价值重估：从狭义价值到系统价值——走出现代人类中心主义困境的探索［J］.理论探索，2010(4)：29-34.

[30]刘伟.对高职院校学生职业素养培养的探索［J］.职教论坛，2010(20)：71-72.

[31]刘耀明.从教学对话到对话教学［D］.上海：华东师范大学，2005：5.

[32]李芸.专业群建设背景下高职校园文化与行业文化的融合［J］.江苏高教，2017(01)：90-92.

[33]刘志安,张凌,高殿帅,赵世鸿,朱元业.在大学教学过程中加强素质教育的理论探讨和实践摸索［J］.西北医学教育，2009：1127-1136.

[34]联合国教科文组织.反思教育：向"全球共同利益"的理念转变［M］.北京：教育科学出版社，2017：01-13.

[35]李小霞.高职教育实践教学体系的构建与培育［J］.产业与科技论坛，2015(16).

[36]马克思,恩格斯.马克思恩格斯全集（第 2 卷)[M].北京：人民出版社，1957：164.

[37]裴德海.马克思"需要理论"的价值向度［J］.安徽大学学报（哲学社会科学版），2009(1)：4.

后　记

　　谨以此书献给泉州轻工学院建校十周年。

　　泉州轻工学院位于享有盛名的数十年经济发展水平稳居全国百强县前五名的泉州晋江市，是省内唯一民办高职院校入选的福建省示范校，也是全国唯一民办高职院校入选的教育部现代学徒制试点校和国家高技能人才培训基地。学校 10 年的发展成就，主要得力于深化产教融合，探索实践企业学院校企一体化育人模式，得益于原创和践行"被需值教育"。

　　教育的根本任务是立德树人。职业教育是一种独立的教育类型，其自身内在规律要求坚持产教融合、校企合作、工学结合、知行合一、德技兼修。相对于普通教育而言，职业教育突显需求导向，精准育人，即做好"需"和"求"的结合。我国职业教育虽然发展迅猛，但就业市场依然存在两大问题：首先，忽视了社会发展需求与学校专业设置的动态调整，进而导致毕业生就业结构性矛盾突出；其次，忽视了学生个体发展需求与学习动力的互动作用，进而造成毕业生职业能力不强、职业忠诚度不高等。为打造现代职业教育发展的新引擎、克服经济社会发展新常态背景下职业教育发展的既有弊端，急需变革传统职业教育的育人模式。

　　职业教育本质上是就业教育，因此要特别注重提高"被需值"。"被需值教育"是旨在提升学生被需要的素养及其价值的教育，就是要提高学生为他人着想，以需求为导向，注重实效和主动担当作为、精准帮助他人的意识和能力。2013 年，我们原创性地提出了"被需值教育"的办学理念，将"被需值"教育作为德育工作的切入点、教学工作的渗透点、学生工作的落脚点、教辅行政工作的示范点。经过多年探索实践，"被需值教育"已成为我校师生员工的文化基因、价值标准和行为规范。理论和实践的有机结合，是认识提高的有效途径，也正是本书的精髓和特色所在。本书秉持理论创新和实践探索良性互动的理念，探赜索隐，有理论分析，有实践例子，既务虚又务实，推事论理，事理结合，字里行间铺叙自己的理解和体会，意在作为职业教育研究领域的一芹之献，引发思考，增进联想，让广大学者继续探微。

　　本书实际上也是集体智慧的结晶。我的博士导师东北师范大学柳海民教授对本书思维逻辑的建立和理论系统的形成起着重要的指导作用，并在百忙中亲自为本书作序；在写作过程中，我的同门师弟师妹周霖、杨进、林丹、杨清溪，我的博士生王贞惠，以及本校的王艳君、林圣娥、连建峰、张丹、徐露维等教师帮助收集第一手资料，有的还直接参与了部分内容的撰写，他们对本书成稿都做出了一定贡献，在此致以最诚挚的感谢。本书在很多地方引用和发挥了许多知名和未知名的作者观点,并实际引用了他们的成果,值此付梓之际一并致以谢意。

还要特别感谢家人的支持和启发。我的妻子是中国劳动关系学院燕晓飞教授,其学术研究、行政工作和相夫教子均殚精竭虑,努力被需要,各方面都很出彩;女儿王嘉怡小学毕业时以"被需要是幸福的"为主题演讲,荣获全校十佳少先队员标兵;儿子王嘉懿七岁时就说:"被需值就是小孩更喜欢奶嘴而不喜欢钻戒的道理,被需要才有价值";岳母王桂兰女士,年过古稀,任劳任怨,担起家庭生活重任;还有默默奉献、默默支持我工作的兄弟姐妹、亲朋好友……生活给了被需值教育丰富的营养,在此感恩不尽!

由于本人学识和资料等有制,文中许多观点和见解难免存在纰漏,这些不足将成为本人日后进一步完善本研究的努力方向,以利"被需值教育"走向科学性、指导性和可操作性。

诚望学界的前辈时贤不吝赐教。

王树生

2019 年 10 月于晋江